대한민국 선거의 진실을 파헤친

엔지니어의 눈물

제1권 2020년 415총선

장영후 지음

반구오엔엠솔루션즈

목 차

I. 부여군개표장 투표지분류기 재분류 상황 사실 - 7

II. 첫 번째 눈물 - 비밀투표원칙 침해사건 - 22

III. 두 번째 눈물 - 사전투표용지 발급속도 사건 - 58
    (부천 신중동 포함)

IV. 세 번째 눈물 - 유령표 사건 - 90
    (전주시 완산구 삼천3동)

V. 네 번째 눈물 - 재검표 난장 - 116
  1. 재검표장에서 확인된 일련번호 꼬리가 붙어있는 당일투표지
  2. 서로 붙어있는 사전투표지
  3. 비례대표투표지가 겹쳐 인쇄 된 오·훼손된 지역구 투표지
  4. 투표관리관 인영이 뭉개진 투표지

VI. 다섯 번째 눈물 - 소송재판지연, 대법원 판결

- 164

VII. 여섯 번째 눈물 - 고소고발, 경찰, 검찰 대응

- 190

VIII. 일곱 번째 눈물 - 언론의 보도 행태   - 212

IX. 2020. 4.10에서 2020. 5.15까지 회상   - 231

부록
  415총선 소송참여 일반 국민들   - 296

서언

    이 책은 총 3권 예정으로 집필될 엔지니어의 눈물 제1권으로 엔지니어이자 정보시스템 개발 특급기술자인 필자가 증거에 입각, 사실로 확인한 내용에 대하여 백서 형식으로 기술하였다. 2권은 대선,지방선거, 2024년 410총선에 대해 백서형식으로, 3권은 필자의 경험과 추론이 반영된 형식으로 집필예정이다.

    이 책에 사용된 모든 근거자료는 홈페이지 구축 이전에는 필자의 네이버 "엔지니어의 눈물"카페에 회원가입 후 원본그대로 독자들이 조회할 수 있다. (https://cafe.naver.com/engineerstear)

    사실을 다루는 엔지니어로 살아오고, 정보시스템 개발 시 사실확인에 해당하는 업무분석을 수 없이 해왔음에도 415총선 이후 각 분야의 전문가들이 투개표 결과의 문제점을 제시하였으나 되돌아보면 2020년 당시 자기분야에 전문가라 해도 선거에 관해서는 모두 아마추어였다라는 결론을 버릴수가 없다.
    1권의 첫 번째 주제, 2권, 3권의 첫 번째 주제가 선거, 투·개표에 있어서 아마추어였음을 증명하는 대표적인 사례가 될 것이다.

    필자도 415총선 후 방심을 벗어나, 사실에 기반한 원칙으로 되돌아가 415총선 모든 선거소송이 종국 된 후 거부되던 정보공개가 풀렸고, 2024년 410총선 전까지 천여건의 정보공개 요청, 정리 및 분석을 통해 선거때 마다 확인해야 할 항목들에 대한 경험을 축적하였고, 410총선 후에는 소송이 접수되기전 신속하게 필요 정보를 공개 요청하여 확보하였다. 이 410 분석 결과는 2권에 기술된다.

대법원은 415총선의 기준 소송이라할 수 있는 인천연수구을 소송 44쪽 판결문에 "볼 수 없다, 이유 없다, 수 없다, 어렵다, 보이지 않는다, 되지 못한다, 관련이 없다, 증거가 없다, 사정이 없다, 증명도 없다, 부족하다, 존재하지 않는다"와 같은 종결어를 약 66차례 사용하였다. 제대한지 오래되서 기억은 나지 않지만 군에 전투교범이 있지 않았을까 한다. 선관위 위원장이나 중앙선거관리위원장을 겸직하고 있는 법관, 대법관이 선거소송에서 방어 해야할 주제가 그렇게 많다는 것을 위 종결어로부터 알 수 있다. 그러나 공격하는 입장에서는 단 하나만 뚫어도 된다. **투·개표 결과에 대해서 논쟁이 필요할 때** 결론을 낼 수 없는 주제보다는 **이 책에 기술된 주제에 한정하면 되며 이때 이 책 내용이 전투교범이 되었으면 하는** 바람이다. 채택된 주제 외 다른 주제들은 책의 두께를 줄여 항상 들고다닐 수 있게 한정하면서 우선순위에서 밀린 것도 있음을 말해둔다.

이 책 마지막 주제에 415 당시 분위기를 잃어버리지 않기 위해 2020년 4월10일부터 5월15일까지 일자별 선거관련 보도를 정리 및 기사링크를 QR코드로 제공한다. 링크이외에는 다른 정보는 없으니 안심하고 QR스캐너를 통해 읽어 해당 출처로 가서 확인하면 된다.

부록에 415총선 120여 소송에 참여한 일반시민의 성명을 기록보존을 위해 일부 익명처리해서 담았다. 127개 소송 중 광명시갑,구리시,고양시 덕양구,송파구갑,남양주시갑 선거구와 3243명 참여한 비례대표 소송은 필자의 정보수집력 한계로 확보하지 못하였으니 이 책을 보고 소송관련 자료를 보내주시면 차기 집필에 반영하겠다.

2024.9.

I. 부여군개표장 투표지분류기 재분류 상황 사실

* 충남 부여개표장 상황을 서술하게 된 사유는 이 책을 집필하면서 소송, 고소고발 주제 집필 중 부여선관위 고발사건의 내용 검증을 위해 부여개표장 동영상을 세밀히 분석해야 했다.

이 과정에서 맹목적으로 학습되었던 사실에 반하는 예상하지 못한 결과가 확인되었고 고등학교 때 인상 깊게 읽었던 헤르만 헤세의 소설 데미안의 구절 "**새는 알에서 나오려고 투쟁한다. 알은 세계이다. 태어나려는 자는 하나의 세계를 파괴하지 않으면 안 된다**"라는 심정으로 이 사건을 이 책의 첫 주제로 다룬다.

이 책 시리즈를 저술하는 목적은 사실에 입각한 현상을 인식해야지만 미래를 바로 준비할 수 있다는 엔지니어의 단순한 생각 때문이다.

첫 번째로 증거를 통해 객관적으로 입증이 가능한 제21대 국회의원선거(이하 "415총선")의 부여개표장 투표지분류기 사건 심층분석 결과를 통해 기존에 가졌던 인식의 변화가 필요함을 말하고자 한다.

* 사건개요

2020.5.14. 415총선 후 부정선거 관련 관심이 있었으면 모두 알고 있을 중앙일보 인터넷판 보도로 부여개표소 투표지분류기에 대한 "부여개표소 분류기 이상했다. 선관위 기계이상 없다" 제목의 기사가 있다. 이 기사는 필자가 아는 한 주류 언론이 탐사해서 보도한 거의 유일한 선거의 문제점을 지적한 기사로 요약하면 다음과 같다.

개표시 문제 상황 사전투표소 : 충남 부여군 옥산면 관내사전투표
개표참관인 주장 : 정진석 당시 미래통합당 후보 우세지역임에도 1차 개표 결과 더불어민주당 박수현후보가 지나치게 많이 득표하였음을 투표지분류기 화면에서 확인 하였고 그 차이가 박수현후보가 180표로 정진석후보를 100표 정도 앞선 것으로 기억함. 이에 개표사무원에게 분류된 투표지를 보여달라고 하여 확인한 결과 박수현후보표에 정진석후보표가 썩여 있어, 재분류를 요청해 2차 분류 결과 정진석후보가 박수현 후보보다 11표 앞선 170표가 확인됨. 2차 분류를 시도하는 과정에서 투표지분류기 운영 노트북을 껐다 켠 것 같다고 함.

그 외 다른 참관인도 주로 사전투표 개표 시 박수현후보표 적재함에 정진석후보표가 가는 것을 확인 했고 그때마다 항의하여 재분류를 통해 바로잡았다는 것임.

2020.5.16. 충남선거관리위원회는 "알림"을 통해 위 사건에 대한 입장문을 발표하였다.

"○ 옥산면 관내사전투표의 투표지분류기 운영 시 1번 후보자의 투표지 묶음에 2번 후보자의 투표지가 섞여 있었고, 개표사무원이 노트북

컴퓨터를 껐다가 켠 다음 분류기를 작동했다는 주장은 사실이 아닙니다.

○ 옥산면 관내사전투표를 가장 처음 개표하였고, 투표지분류기로 분류 후 적재함에서 투표지를 꺼내 정리하는 과정에서 개표 사무원이 숙달되지 않아 착오로 11번 적재함의 후보자 투표지와 바로 옆에 있는 12번 적재함의 재확인 대상 투표지를 합해서 고무밴딩하였기에, 개표참관인에게 상황을 설명한 후 해당 개표 데이터를 삭제하고 재분류한 것이며, 노트북 컴퓨터를 껐다가 켠 사실은 없습니다. 이 과정에서 후보자간 투표지 혼표 등에 대한 개표참관인의 이의 제기는 없었습니다"

2022. 어느 날 가까스로 415총선 부여군 개표장의 영상을 한OO기자, 김OO기자를 통해서 확보할 수 있었다. 파일이 두 개로 CCTV 영상으로는 보기 드물게 4K 해상도로 음성과 함께 촬영된 고화질 영상이다. 음성은 단상에서 스피커를 통해 안내되는 소리만 구분 가능하고 나머지 소리는 인식이 불가하였으며 영상으로만 심층 분석하였다.

4K 해상도의 화질을 보자

① 영역을 확대하였다.(왼쪽 가장 위)

②영역으로 얼굴인식을 하지 못하게 하였다.(왼쪽 위)

③영역이다.(중간)

고화질 영상 덕분에 확대를 통해 개표시작부터 정보공개된 영상의 마지막 부분인 2020.4.15. 22:40분경까지 심층분석이 가능하였다.

옥산면 관내사전투표(이하 "옥산면사전투표")가 개표된 투표지분류기는 ②위치 분류기 기기번호 142이다.

가. ②투표지분류기 운영노트북PC는 재부팅된 적이 없다.

컴퓨터를 한번이라도 사용해본 경험이 있는 독자는 이해하겠지만 보통 PC를 껐다 켜면 로그인과정이 있고 암호를 입력해야 한다. 영상 내 0:34:2초에서 10초 구간에 암호를 입력하는 양팔의 움직임을 확인 할 수 있다. (아래 그림: 4월15일 18시23분경)

그러나 옥산면사전투표 재분류를 위한 설정과정에서 참관인들에게 설정내용을 설명하였으나 이때 암호입력을 위한 양팔을 움직임은 볼 수 없고 마우스를 조작하는 오른팔의 움직임만이 확인 된다. 절차상 단지 재분류를 위한 기존 분류하였던 데이터 삭제 등 재설정만 있었다. (아래그림 8시43분경 0:54:24 ~ 0:55:12 구간)

나. 옥산면사전투표의 재분류한 사유는 오분류가 아니라 개표장에서 첫 개표를 하는 투표지분류기 개표사무원들의 3가지 미숙한 점이 겹쳤기 때문이다. 아주 면밀하게 영상을 분석해야 했다.

이해를 위해 필자의 개표참관 경험과 영상자료를 통해 통상적인 투표지분류기 후보자별 적재함 할당, 투표사무원의 배치 및 1차 분류 후 책임사무원 책상에 놓인 투표지위치를 도식화하였다. 적재함 ①,②가 박수현후보, ③,④가 정진석후보, ⑫는 재확인대상 적재함으로 변경 불가이다.

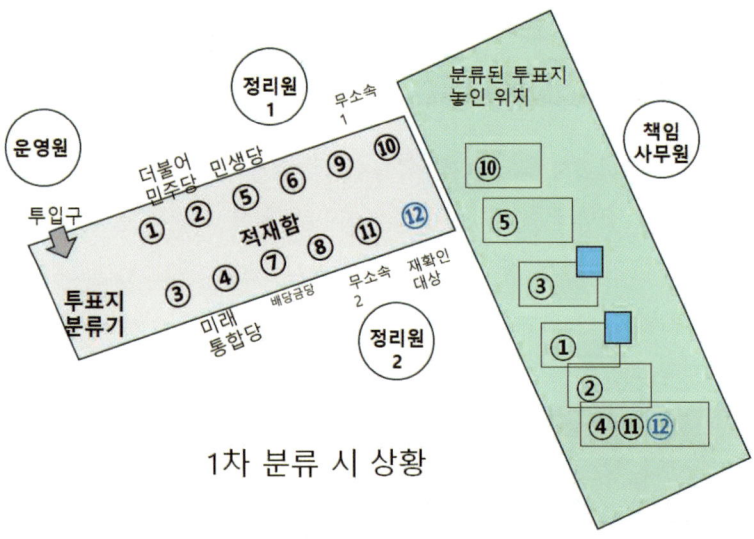

1차 분류 시 상황

첫 번째 미숙한 점으로 정리원1,2이 분류기에서 분류된 표를 100묶음단위 또는 마지막 잔여 투표지를 빼낸 후 고무줄로 묶어 책임사무원에게 전달해야 하는데 묶지 않고 전달했고 책임사무원도 묶지 않고 유효투표집계전 뭉치를 투표지위에 올려놓는 방법으로 대응하였다.

두 번째 미숙함으로 분류가 완료된 후 정리원2가 ④번,⑪번,⑫번 적재함에 있는 정진석후보표 + 무소속 후보표 + 재확인대상표를 합쳐서 책임사무원에게 전달하였다. 원래는 후보자별로 분리된 표를 고무줄로 묶어 주어야 한다.

세 번째 미숙함으로 책임사무원이 정리원2가 건네 준 3개 적재함표가 합쳐진 뭉치를 박수현후보 ①에서 꺼낸 100표 묶음 옆에 두면서 고무줄 묶음이 되지 않아 ①번, ②번, ④번, ⑪번, ⑫번표가 함께 같은 후보의 표로 인식되는 상황이 되어버렸다.

그 결과 총 4개 후보표로 정리된 것으로 책임사무원이 후보별로 분류된 투표지 맨 위에 끼우는 유효투표지집계전 양식을 4후보 것만 작성 한 것으로도 알 수 있다. 정상적으로는 득표한 5명 후보와 1개 재확인대상 총 6개가 작성되어야 했다.

다. 부여군 개표장 첫 번째 개표인 옥산면사전투표의 최초 분류 (재분류 전)에서 정진석후보는 정확한 숫자는 모르나 100표보다 훨씬 많은(적재함 2개 사용) 득표를 하였으며, 2020.5.15. 보도와 다르다.

보도에 따르면 분류기 운영노트북 화면에 더불어민주당 박수현후보가 180여표로 정진석후보보다 100표 가까이 앞선 것으로 기억한다고 했다. 즉, 화면상에 정진석후보표가 80여표 정도가 된다는 것이다.
 영상에서 최초 분류 상황을 확인한 결과 1,2번 후보는 모두 100매 묶음이 완성되어 (다음 사진왼쪽 정진석 : 0:46:14 시점, 사진 오른쪽 박수현 : 0:46:16시점) 한 번씩 ③,①적재함에서 제거되었다.

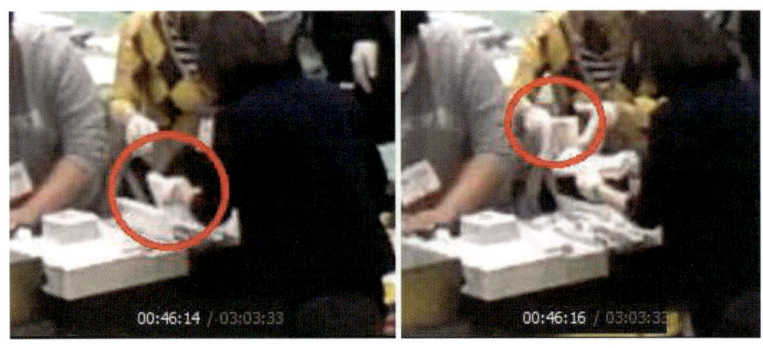

　1차 최종 분류 후 ②,④적재함에 남아있는 박수현, 정진석후보표는 정확한 수량은 알 수 없지만 상당수가 남아있음을 확인할 수 있다. ④적재함투표지 위에 정리원2가 손을 올려 놓고 토닥거리고 있는 상황(다음 그림 내 오른쪽 아래, 영상구간 0:48:07)으로 투표지의 양이 적지 않음을 알 수 있다. 사진에는 확대로 인하여 희미하나 영상을 보면 그 매수가 적지 않음을 용이하게 확인할 수 있다.

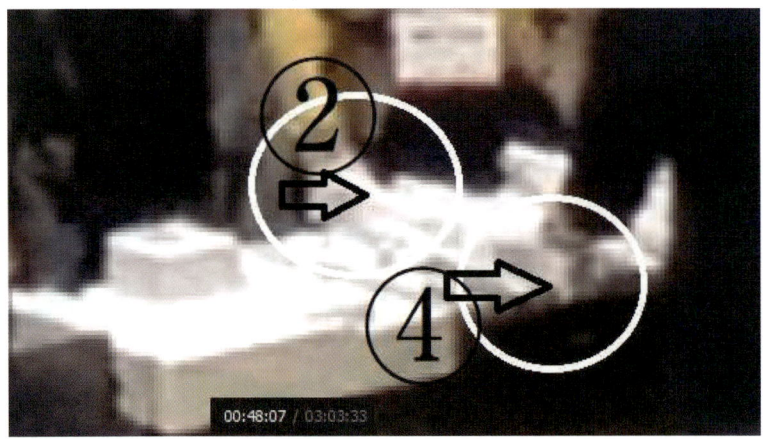

　즉, 정진석후보도 최초 분류에서 100표가 훨씬 넘게 득표하였다는 것으로 보도내용의 80표와 일치하지 않는다.

화면상에 표시된 수와 적재함에 분류된 표수는 불일치 할 수가 없다. 적재함에 있는 분류된 표가 고무줄로 묶여 책임사무원에게 전달되고 이 숫자를 기준으로 출력된 개표상황표와 비교하고, 심사·집계부에서 계수기로 계수가 되기 때문이다. 참고로 계수기는 선관위장비가 아니고 선거때 마다 임차한다. 위 상황에 대해 "엔지니어의 눈물"네이버카페를 통해 제공되는 영상에서 독자께서도 직접 확인하기 바란다.

1차 분류 ①,③ 적재함에서 꺼낸 100매 묶음표는 책임사무원이 기표된 후보를 점검하였음을 영상에서 확인할 수 있다. (③적재함표 0:48:10 아래 그림 왼쪽, ①적재함 표 0:48:21 그림 오른쪽)

즉, 최초 100매 묶음(①) 박수현표에 2번 정진석후보표가 많이 들어가 있었다면 매수가 많음으로 인해 쉽게 확인이 되었을 것이나 책임사무원의 그러한 행동은 영상에서 확인되지 않는다.

재분류를 결정하게 된 이유는 ④번, ⑪번, 재분류대상 ⑫번표가 ①표와 함께 합쳐졌고 ④, ⑪, ⑫내 표 중에서 1번 박수현후보 표가 아닌 다른 후보 표의 존재가 인지되면서, 운영원을 불러 보여주면서 시작되었다(다음사진, 영상시각 0:52:52).

옥산면관내사전투표 개표상황을 요약하면

- 재분류를 한 이유는 투표지분류기 책임사무원, 정리원의 경험부족으로 분류된 여러 후보표가 한 후보표로 혼재됨에 따른 것이다.

- 재분류 시 투표지분류기 운영노트북 컴퓨터는 껐다 켜지 않았고 단지 재분류를 위한 설정만 있었다.

- 1차 분류 시 적재함에 적재되는 투표지 영상은 두 후보 모두 100표를 훨씬 넘는 수를 득표하였고(①,②,③,④), 보도에서와 같이 정진석후보가 180표에 100차이나는 득표수인 80표라면 정진석 후보는 100매가 안되므로 ③적재함에만 적재되었을 것이나, 실상은 ③에서 100매 + ④에서 충분히 많은 수의 표가 있으니 참관인의 기억에 의한 숫자는 정확하다고 볼 수 없다.

정리원2에게 기술협력원이 재확인대상표에 대한 점검은 심사·집계부에서 수행하는 것임을 설명하는 행위도 관찰된다.(0:59:18)

보도 기사 내 다른 참관인의 "관내사전선거와 관외사전선거 개표 시 1번후보의 득표함에 2번표가 쌓이는 장면을 여러 차례 목격 했으며 그때마다 항의해서 투표지분류기를 재가동 하였고 개표단위별로 많게는 30~60장씩 되찾아 왔고, 사전투표지 개표할 때 자주 발생했다"는 내용 관련이다.

부여군 개표에 사용된 투표지분류기는 기기번호 1152, 142, 1052인 구형(2014년형) 3대이다.

영상을 통해 확인한 재분류 현황이다.

기기번호	사전투표소	총분류횟수	재분류횟수	재분류 사유	개표상황표수
1151	충화면	2	1	투표지가 적재함에서 튀어나와 엉킴	1
	장암면	1	0		1
	초촌면	1	0		1
	은산면	1	0		1
	외산면	1	0		1
	양화면	3	2	원인확인 불가 단, 재분류 시 상하반전 된 투표지를 바로잡는 행위 보임	3
	부여읍	1	0		1
142	옥산면	2	1	분류된 여러 후보 투표지가 정리원이 책임사무원에게로 전달과정에서 합쳐짐	2
	임천면	1	0		1
	세도면	1	0		1
	규암면	1	0		1
1052	남면	2	1	⑫번 재확인대상 분류표가 다른 분류표와 전달과정에서 합쳐짐	2
	홍산면	1	0		1
	석성면	1	0		1
	구룡면	1	0		1
	내산면	1	0		1

영상에서 확인한 관내사전투표의 재분류 횟수 및 사유를 보면 양화면만 확실한 원인을 알 수 없는 사유로 재분류를 2번 하였을 뿐 다른 관내사전투표에서는 **참관인이 주장하는 형태의 여러 차례 재분류한 현상을 확인할 수 없다.**

기술의 발달로 파일크기가 100Gigabyte가 넘는 4K 4시간40여분 개표장 CCTV영상을 활용한 객관적인 분석을 통해 2020.5.15. 보도와 증거 간 괴리를 확인 하였다. 사실을 다루는 엔지니어는 받아들여야 한다. 그래야지만 앞으로 갈 수 있다.

영상에서 두 가지를 추가로 확인할 수 있었다.

첫번째로 부여읍제1투 당일투표 개표 시 교부된 투표지수 보다 분류기를 통해 확인된 투표지 수가 1매 부족하였는데 그때 마침 참관인들이 빈 투표함 내부에 붙이 있는 투표지 두 장을 확인하여 한 장은 선관위직원에 의해 부여읍제1투에 전달해 재분류를 통해 개표에 반영되었고 다른 한 장은 이미 개표 및 공표가 완료되어 개표상황표에는 반영하지 못하고 개표완료시점에 "잘못·투입구분된 투표지 개표상황표"에 반영되었음을 부여군선관위에 제기한 민원의 신속한 답변으로 확인하였다.

두 번째 상황이다. 다음 사진 바닥에 있는 흰 물체가 무엇일까?

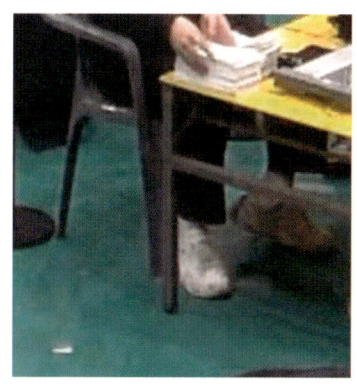

그렇다. 당일 투표용지의 일련번호 이다.(예: 아래 사진)

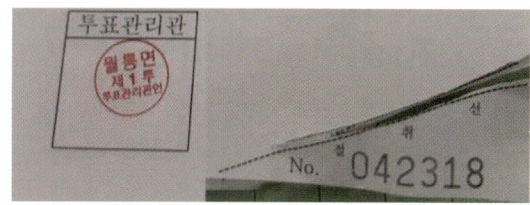

이 일련번호지가 개표장 바닥에 나 뒹굴게 된 것은 분류기 운영원이 개함부에서 분리된 투표지를 분류기 투입구에 투입 전 정리하는 과정에서 돌출된 부분을 무심코 뜯어내어 버린 것이다. 영상에서 확인 가능하다. (파일2, 0:32:24 구간, ③번 투표지분류기)

확인 〉 떼어내기 〉 버리기 〉 바닥도착의 과정을 거친 것이다. 이 부분을 자세히 언급하는 이유는 이후 섹션과 관련이 있기 때문이다.

앞서 기술하였듯이 투·개표 업무는 선관위 직원을 제외하고 모두 아마추어이다. 국민은 선거 당 사전투표 또는 당일투표 한번만 하니 당일, 사전 투표지의 상호 차이점이 무엇인지 알지도 못한다. 사실 전문적으로 알 필요도 없다. 원래 단순한 업무로 한두 번 교육으로 바로 투입가능하고 초반에 실수는 하지만 금방 익숙해져 잘한다. 모두 다 그 정도 수준이 되는 분들이 투·개표 업무에 참여를 한다.

자기분야에 전문 지식이 있더라도 선거라는 업무에 바로 적용하는 것이 무리가 있다는 것이 투표지분류기 부여 개표장 사건이다. 투표지분류기를 재부팅(껐다켬)하니 재분류 전 개표결과와 재분류 후 다르다는 증언은 영상분석을 통해 재부팅 시 입력해야하는 로그인 암호 입력이 없었던 것으로부터 하지 않았다는 것이 확인 되었다. 이는 415 총선 후 들끓었던 재분류 전후 개표결과 차이 이유가 재부팅을 하게 되면 분류기 내 자일링스칩에 휘발성으로 깔아놓은 조작 프로그램이 초기화 되어 없어지면서 재분류 전후 결과가 달라질 수 있다는 주장을 송두리째 무너트리는 것이다.

이 부여사건으로 인해 투표지분류기가 오분류 한다는 인식이 부정선거를 밝히려고 하는 시민들의 뇌리에 못 박혔다.

부여사건의 이러한 심층분석 사실을 받아들임으로 인해 가장 괴로워해야 할 사람 중 하나가 필자라고 생각하며, 필자의 활동을 아시는 독자라면 무슨말을 하려고 하는지 알 것이다. 2권의 첫주제에 기술될 내용도 또한 부여사건과 같이 큰 충격을 주리라 생각한다. 그러나 받아들일 것은 앞으로 나아가기 위해 받아들여야 한다.

필자도 2020.4. 당시는 아마추어였다. 그리고 4년여 동안 강제적으로 아마추어를 벗어나게 만든 많은 일이 있었고, 투·개표 참관인, 감시 활동, 고소고발 및 고발인 조사, 헌법소원 청원 및 헌법재판소 앞 수개월 1인 시위, 선거소송 증인요청으로 법정출두, 가처분신청 선정당사자, 수많은 민원, 수천 건의 정보공개요청 및 여러 분야의 뜻을 같이하는 사람을 만나고 헤어져야만 하는 아픈 경험도 있다.

그리고 과학적, 객관적 사실에 의해 접근해야 한다고 코치를 해주신 분도 있어 감사하다.

이 책에서는 사실요소만 적시할 것이므로 부여 개표참관인이 보도와 같이 판단하게된 이유와 투표지 분류기 해킹 가능성에 대한 현장 상황을 고려한 필자의 추론은 책 3권에서 서술예정이다.

이제 50대를 마무리하는 늦깎이 시점에 아마추어가 아닌 선거공학과를 졸업하는 심정의 선거지식 전문인으로서 사실과 데이터를 근거로 그리고 평생 직장생활을 통해 터득한 기술을 사용하여 분석한 415총선, 엔지니어의 눈물이 서린 이야기는 다음장부터 시작된다.

II. 첫 번째 눈물 - 비밀투표원칙 침해사건

* 내가 원하는 원천 정보 데이터만 제공하면 한 달 내 사전투표한 모든 국민에 대해 누가 누구에게 기표하였는지 추출하여 정보화할 수 있다.

핵심은
  - 통합선거인명부시스템 데이터베이스 및 로그파일
  - 투표지분류기 운영노트북 내 데이터베이스(투표지이미지)

* 사건개요

　중앙선거관리위원회가 운영중인 사전투표를 위한 통합선거인명부 전산시스템과 투표지분류기에서 스캔되어 전자파일로 생성, USB 등 저장장치에 담겨 구시군 또는 시도 선거관리위원회 조직에 의해 관리되는 투표지이미지의 정보가 결합되면 사전투표자가 기표한 후보자를 알 수 있어 헌법에 보장된 비밀투표원칙이 훼손된다. 이러한 사실이 제21대 국회의원선거에 소송의 원고 서면에 제출되었고, 이 후 헌법소원에까지 이르러 법의 판단을 받은 사건이다. 전산화의 가장 큰 문제는 정보의 집중화 즉, 전 국민에 해당하는 정보가 한곳에 모이게 되고 따라서 개인에 의해 극히 제한적인 범위에서 비밀투표원칙이 침해되는 것의 문제가 아닌, 사전 투표한 누적 수천만의 국민에 대한 문제로 그 피해 범위가 확대되는 것이다. 2024년 410총선부터 투표지분류기 내 이미지는 USB등에 복사되지 않고 분류기에 그대로 남아있다. 왜 그런지도 살핀다.

2023.10.26. 오후 4시 경

헌법재판소 재판정 2022헌마1595 기각

확률 0%, 국어단어로는 "불가능"에 대해 엔지니어가 관찰한 결과 이 단어가 적어도 법을 다루는 영역의 현실세계에서는 이과생 이해와 문과생 이해가 일치하지 않음을 확인 하였다. 필자 외 3인이 함께 제기한 현행 사전투표제도가 헌법에 명시된 비밀투표원칙을 침해한다는 헌법소원 청구와 2020년 제21대 국회의원선거 (이하 "415총선"이라 하겠다) 선거무효소송 과정에서 체득한 것이다. 이 단어에 이과생과 문과생 간 어떠한 괴리가 발생 하였는지 짚어보겠다.

신입사원시절 정유회사 중질유분해공정 시운전엔지니어로 근무하면서 공정설계 등 공장건설과정에서 설계의 기준이 되는 문서에 BEDD (Basic Engineering Design Data)가 있고 설계의 무오류성을 판단하는 기준임을 알았다. 비밀투표 원칙 주제에 대하여 기준이 되는 내용을 찾으려면 교과서만한 것이 없다. 교과서에 실렸다는 것은 실린 당시까지 여러 형태의 검증과정을 거쳤다는 것을 의미하기 때문이다. 중학교 사회과목에 선거, 정치에 관련된 주제가 있고 비밀선거원칙의 정의를 찾아보니 대동소이하며 그 중 하나를 인용한다. "비밀선거 : 어느 후보나 정당에 투표하였는지 다른 사람이 알지 못하도록 하는 원칙이다." 즉, 불가능해야 함을 말한다.

헌법재판소 재판정에서 판결상황을 참관한 필자는 기각이라는 결정이 내려진 명한 상태에서 재판관이 읽은 판결문 내용에 대해서 아무런 기억도 나지 않는다. 이후 확보된 판결문을 읽으면서 첫 느낌은 다음과 같았다.

"전원일치로 기각 판정한 헌법 재판관들은 수차례 제출된 엔지니어인 내가 작성한 헌법소원 서면과 동영상자료를 읽거나 보았을까?"

확률 0%, 엔지니어는 불가능으로 해석하는 이 현상을 문과생은 어떻게 해석하였을까? 그 괴리는 무엇일까?

법 또는 소송과는 다른 세계에 살던 필자는 어이없게도 415총선 선거무효소송과 헌법소원 청구서면을 직접 엔지니어의 관점에서 작성하였고 변호사를 통해 대법원과 헌법재판소에 수차례 제출하였다. 엔지니어로 직장생활을 한다는 것을 한마디로 요약하면 문제를 찾아내고 원인을 분석하고 해결책을 찾는 과정의 반복이다. 항상 사실에 근거하여 모든 행위가 이루어질 수밖에 없다.

엔지니어가 파악한 사전투표에서 비밀투표원칙이 침해되는 구조는 다음과 같으며 QR코드를 사용하나 일차원 바코드를 사용하나 동일한 문제를 안고 있다.

1. 전국 어디에서나 신분증만 있으면 사전투표를 할 수 있게 하기 위해서는 선거인 목록과 사전투표여부를 통합적으로 관리할 수 있는 시스템 즉, 통합선거인명부 전산시스템(이하 "통합명부시스템")이 없으면 불가능하다. 3500여개 사전투표소에 종이로 된 전체 유권자 선거인정보를 비치할 수도 없고, 이 경우 사전투표여부를 전국적으로 공유할 방법이 없기 때문에 전산시스템의 도움이 필수적이다.

2. 사전투표용지에는 선거종류, 선거구, 선관위 및 1번부터 1씩 증가하는 일련번호가 QR코드 또는 바코드로 변환되어 인쇄되며, 이때 통

합명부시스템에는 최초 1번부터 시작은 하나 저장은 마지막 발급된 일련번호만 저장 즉, 어느 시점에서 보면 마지막 일련번호만 있다.

3. 통합명부시스템의 데이터베이스 프로그램은 데이터복구를 위하여 시스템 운영 중 발생하는 모든 데이터변경(추가,수정,삭제)에 대한 이력을 기록한다. 이 기록은 매우 큰 로그파일을 생성하며 시스템에 부하를 주기 때문에 적용여부는 선택사항이나 통합명부시스템은 로그파일 생성하도록 운영하고 있으며, 따라서 사전투표인별로 일련번호가 부여되는 데이터변경이벤트가 고스란히 로그파일에 기록되어있다.

4. 이 로그파일에서 데이터베이스 로그마이너라는 번들 프로그램을 통해 한 번에 데이터를 추출하면 전체 사전투표인 정보가 일련번호와 함께 연결 되서 추출이 된다. 즉, 투표인과 부여받은 일련번호가 연결되어 확보된다는 의미이다.

5. 사전투표소에서 신원 확인된 투표인에게 인쇄 발급된 사전투표용지에는 통합선거인명부가 투표인에게 부여한 일련번호가 포함된 QR코드 또는 바코드가 있으며, 이 부분은 절취되지 않고 투표인에게 교부되어 기표 후 투표함에 투입되고 최종적으로 개표장으로 이동한다.

6. 개표장에서 개함된 사전투표함 내 사전투표지는 가지런히 모아져 투표지분류기를 통과하며 기표된 후보자별로 분류된다. 이때 투표지는 하나하나 고스란히 이미지로 스캔되며 투표지이미지 파일로, 선거정보, 기표된 후보자 정보를 포함한 채 투표지분류기 운영노트북 데이터베이스에 저장이 된다.

7. 기표된 후보가 표기되어있고 일련번호가 포함된 QR코드 또는 바코드가 함께 있는 이미지(아래 그림 노트북 화면 내 스캔된 투표지이미지)는 중앙선관위가 정한 USB에 저장 등, 보관 및 폐기 절차에 따라 보관되다가 폐기된다.

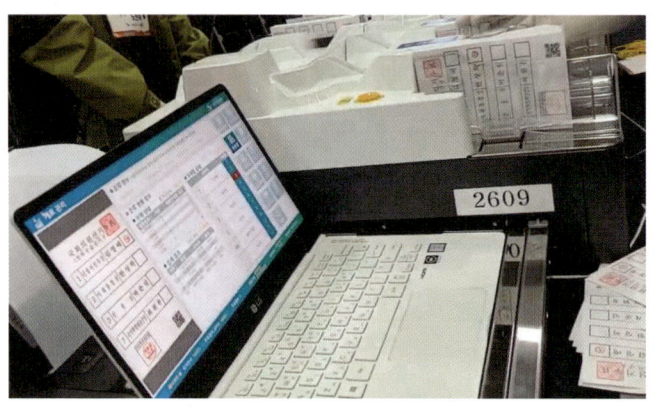

사전투표한 선거인이 기표한 후보가 연결되는 과정을 도식화하면 다음과 같다.

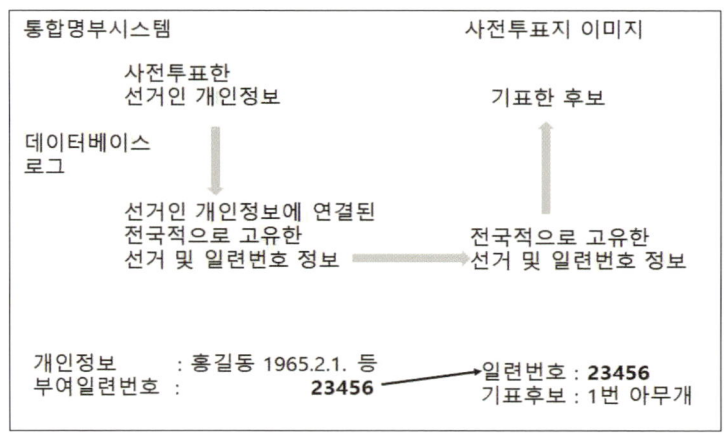

명확한 이해를 위해 핵심인 통합명부시스템의 선거인정보와 일련번호 관리 방식과 로그파일 내 기록방식을 예로든다.

통합선거인명부						일련번호 정보	
투표인 정보							
투표시간	선거인명	고유ID	선거구	사전투표 완료 여부		연수구을 선거구 최종 일련번호	
4.10 07:10	홍길동	111	연수구을	예		3	
4.10 07:11	성춘향	234	연수구을	예			
4.10 07:12	이몽룡	157	연수구을	예			
....							

데이터베이스 로그파일	
시간	로그기록
4.10 07:10:10	홍길동,111,연수구을,사전투표참여 예
4.10 07:10:10	최종일련번호 1
4.10 07:11:01	성춘향,234,연수구을,사전투표참여 예
4.10 07:11:01	최종일련번호 2
4.10 07:12:22	이몽룡,157,연수구을,사전투표참여 예
4.10 07:12:22	최종일련번호 3

통합명부 업무시스템에는 이몽룡이 07시12분에 사전투표를 하였고 이때 부여된 일련번호가 3번으로 저장되어있다. 홍길동, 성춘향에게 부여된 일련번호는 없다.

그러나 데이터베이스로그파일에는 홍길동이 사전투표한 정보와 바로 이어서 1번 일련번호를 부여받았고, 성춘향이 이어서 2번, 이몽룡이 3번과 같이 모든 기록이 남아 있어 이 로그정보로부터 다음과 같이 투표인의 일련번호 확보가 가능하다. 그리고 고유ID는 주민등록번호와 연결된다.

일련번호	투표인ID	투표인명
1	111	홍길동
2	234	성춘향
3	157	이몽룡

투표지분류기는 분류기를 통과한 모든 투표지의 이미지를 만들어 저장하며 다음과 같다.

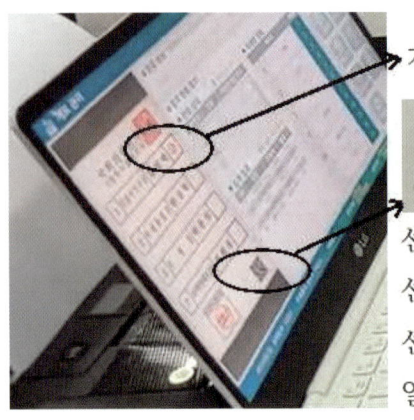

투표지이미지에는 지금은 너무나 보편화된 QR스캐너 프로그램을 통해 선거정보, 일련번호를 추출할 수 있고 투표지분류기가 하는 기능처럼 기표된 후보를 가려낼 수 있다.

이제 통합명부시스템에서 추출한 정보 홍길동에게 부여된 일련번호를 통해 투표지이미지 내 일련번호 1번에 해당하는 기표된 후보 1번 즉, 홍길동은 1번에게 기표하였음을 확인하는 연결이 가능하다는 것이다.

이과생 엔지이너가 비밀투표원칙이 침해되는 구조 및 통합명부시스템과 같은 구조의 전산시스템을 만들어 사전투표인과 일련번호가 연결되어 추출된다는 시연 동영상까지 제출하여 사실을 적시하였음에도 문과생 헌법재판관이 기각 판결한 판결문이다.

● 공선법 조항 - 기각

○ 2014년 공직선거법이 개정되어 사전투표제도를 도입하게 되면서 디지털 기기를 이용한 위조·복사 등의 위험성을 최소화하기 위하여 위조용지 식별이 보다 정확하고 용이한 바코드 방식 일련번호제도를 채택하게 되었다(공직선거법 제151조 제6항). 위조용지 식별을 용이하게 하기 위해서는 일련번호를 투표용지로부터 분리하지 않는 게 유리한데, 바코드 방식의 일련번호는 육안으로는 식별이 어렵기에 더 이상 숫자식 일련번호 방식에서와 같은 이유에서 비밀투표 침해를 막기 위한 목적으로 반드시 일련번호를 떼어낼 필요는 없게 되었다.

○ 사전투표의 경우 선거인별 지정된 사전투표소가 없어 전국 어느 투표소에서든 투표가 가능하므로, 각 사전투표소별 총 방문자 수 및 선거인의 대기시간을 예측하는 것이 어려워졌다. 이에 공선법 조항은 선거인의 대기시간을 단축함으로써 사전투표의 편의를 제고하기 위한 목적에서 사전투표용지의 일련번호를 절취하지 않고 이를 선거인에게 교부하도록 정하게 된 것이다.

○ 한편, 사전투표에서 일련번호의 절취 및 보관이 사전투표용지 발급수 등의 관리·확인에 관하여 선거의 공정성을 담보할 수 있는 유일한 방법은 아니며, 다른 제도적 장치들이 존재한다. 사전투표에서는 통합선거인명부를 통해 선거인 등재여부를 확인하고, 투표용지 발급기는 봉함·봉인된 상태에서 사전투표관리관에게 인계되며, 투표 진행 중에는 후보자마다 사전투표소별로 2명씩 선정된 사전투표참관인이 투표 진행 전 과정을 참관하고, 사전투표기간 각 일자별 투표개시 전과 투표마감 후에는 명부단말기와 투표용지 발급기의 출력 부분을 사전투표참관인의 참관 하에 봉인한

다. 또한 사전투표용지교부·발급수는 통합선거인명부, 투표용지 발급기상 기록이 되고, 사전투표록 등에도 기록되며 실물투표지도 존재하여, 사전투표용지의 발급·교부수와 실제 투표수를 비교할 수 있다.

○ 게다가 공선법 조항으로 인해 일련번호지와 투표용지가 분리되지 않는 것이 곧바로 비밀투표원칙위배로 이어진다고 보기도 어렵다. 앞서 살펴본 바와 같이 바코드 방식의 일련번호는 육안으로는 식별이 어렵기에 누군가가 바코드를 기억하여 특정 선거인의 투표용지를 식별해 내는 등의 방식으로 비밀투표원칙에 위배될 것을 상정하기는 어렵기 때문이다. 나아가 공직선거법은 바코드에 선거인을 식별할 수 있는 개인정보가 들어가지 않도록 관리하고 있다.

○ 따라서 공선법 조항이 국민의 선거권의 행사 등을 부당하게 제한하거나 국민의 주권행사를 왜곡되게 반영하도록 한다고 할 수 없으므로, 청구인들의 선거권을 침해하지 아니한다.

우리나라 최초 컴퓨터(디지털)범죄를 알아보니 1973년 10월 컴퓨터를 이용한 아파트 부정추첨 당첨사건으로 중앙전자계산소 말단 프로그래머 한명에 의해 발생하였으며, 추첨 프로세스 상 허점을 간파한 프로그래머가 이를 악용하여 여러 명으로부터 돈을 받고 당첨시켜 주었고 완전범죄로 남을 뻔 했지만 프로그램 하자가 아닌 내부 고발자의 제보가 있었기에 범죄가 드러났다고 한다. 이 사건은 개인이 저지른 범죄로 그 피해의 규모나 피해당사자가 극히 한정되어 있다.

판결문 내 비밀투표원칙 침해의 내용은 개인이 범죄를 저지르려고 작당하는 경우 누군가가 바코드를 기억하여 개표소등에서 특정선거인의 투표용지를 식별해 해는 것이 어렵기 때문에 현실적으로 비밀투표 원칙이 침해되기 어려운 관점에서 보면 타당할 수 있다. 또한 투표지에 절취되어 있지 않고 남아있는 QR코드 내 정보에 개인정보가 직접적으로 없기 때문에 비밀투표원칙이 상정되기 어렵다고 판단하였다.

이 판단을 위해 피청구인 중앙선관위 답변서면 내 관련 부분을 보자. (피청구인 2022헌마1595답변서 20230526일자 9쪽,10쪽)

가. 공직선거법 제158조제3항에 대한 위헌확인 청구 부분

헌법재판소의 일관된 선례는 "법령 자체가 헌법소원의 대상이 될 수 있으려면,청구인의 기본권이 그 법령에 기한 다른 집행행위를 기다리지 아니하고 그 법령에 의하여 직접 침해받아야 한다"거나 "**법률조항 자체가 헌법소원의 대상이 될 수 있으려면 그 법률조항에 의하여 구체적인 집행행위를 기다리지 아니하고 직접·현재·자기의 기본권을 침해받아야 한다**"는 전제 하에, "기본권 침해의 직접성이란 집행행위에 의하지 아니하고 법령 그 자체에 의하여 자유의 제한, 의무의 부과, 법적 지위의 박탈이 발생하는 경우를 말하므로, 당해 법령에 근거한 구체적인 집행행위를 통하여 비로소 기본권침해의 법률효과가 발생하는 경우에는 직접성의 요건이 결여된다"고 설시하고 있습니다(헌재 1999. 11. 25. 선고 97헌마54 결정, 헌재 2001. 3. 21. 선고 99헌마139 결정 등 참조).

그런데 앞서 살펴본 바와 같이 사전투표용지에 인쇄되는 일련번호는 QR코드에 담겨지는데, 선거인에게 사전투표용지를 교부할 때 아무런 개인정보가 담겨있지 않은 QR코드 부분을 절취하는지(떼어내는지) 여부는 비밀투표원칙 등 침해여부와 아무런 관련 이 없는 점, **청구인이 주장하는 기본권 침해 상황이 발생하려면 선거관리위원회의 후속 집행행위**가 필요한 점 등에 비추어 보면, 이 부분 심판청구는 기본권침해의 직접성 요건 흠결로 인하여 부적법하므로 각하되어야 할 것입니다.

피청구인 중앙선관위는 소청 법률조항 자체가 "그 법률조항이 직접·현재·자기의 기본권을 침해받아야 한다"에 해당하지 않기 때문에 각하되어야 한다고 주장하였다.

그러나 헌법 재판관은 다른 이유의 존재는 알 수 없으나 각하가 아닌 기각을 하였다.

비밀투표원칙 침해 헌법소원을 청원한 법률 조항은 공직선거법 제158조 제3항 "③ 사전투표관리관은 투표용지 발급기로 선거권이 있는 해당 선거의 투표용지를 인쇄하여 "사전투표관리관"칸에 자신의 도장을 찍은 후 **일련번호를 떼지 아니하고** 회송용 봉투와 함께 선거인에게 교부한다"이다. 떼지 아니한다는 조항 하나만으로는 사전투표지내 붙어 있는 QR코드 안에 투표인 개인정보가 없기 때문에 투표인의 기표한 후보자를 알 수 없고 따라서 비밀투표원칙 침해가 될 수 없고 결국 **헌법소원 청원자체가 성립되지 않기 때문에 각하되어야 한다는 것이다.**

중앙선관위는 필자가 주장한 비밀투표원칙이 침해되려면 선거관리위원회의 **후속 집행행위** 즉, 추가적인 작업이 필요하다고 기술하였다. 이는 추가적인 작업이 진행되면 비밀투표원칙이 침해된다는 것을 또한 인정한 것이다. 여기서 추가적인 작업이란 필자의 청원서면에 대한 답변서이기 때문에 통합명부시스템 로그파일에 연결되어 저장된 투표인정보와 일련번호정보를 추출하고 투표지내 정보와 연결시켜야 하는 작업을 의미하는 것으로 판단된다.

헌법재판소는 피청구인의 청원불성립에 의한 각하주장을 받아들이지 않은 것으로부터 법률조항 자체만 가지고 판단하지 않았으나 그럼에도 피청구인이 기술한 추가 작업을 통해 비밀투표원칙이 침해될 수 있다는 사실 또한 받아들이지 않았다.

결론적으로 헌법재판소는 비밀투표원칙 침해 청원에 대해 각하가 아니라 기각을 하면서도 중앙선관위의 추가적인 작업으로 비밀투표원칙이 침해될 수 있다는 중앙선관위의 불가능이 아닌 가능함 자백을 간과한 것이다.

대한민국에서는 마약을 소지만 하여도 10년 이하의 징역 또는 1억원 이하의 벌금에 처한다고 마약류 관리에 관한 법률 제60조에 규정되어 있다.

대학입학을 위한 수능시험장에서도 전자기기 사용여부에 관계없이 제출하지 않고 보유한 것이 적발되면 시험을 무효처리 한다. 대부분 10대인 학생들에게까지 부정행위의 가능성만이 있다는 이유로 범죄의 피해범위가 한정되어있음에도 가혹하게 처벌하는 것이다.

전 국민에게 피해가 가는 중앙선관위와 하위 조직이 비밀투표원칙이 침해를 유발하는 정보를 지니고 있음에도 대법원재판이나 헌법소원청원은 받아들여지지 않은 것이다. 선관위 조직이 사전투표제 도입 이후 이와 관련된 정보에 대해 어떤 자세를 취해왔는지 보겠다.

우리나라 최초의 디지털 범죄처럼 소프트웨어프로그램에 의한 범죄는 내부고발자의 협조 없이는 발견되기가 힘들다. 필자와 같이 디지털 시스템의 경험을 가진 인력이 다행이도 통합명부시스템을 해부할 수 있는 자료를 확보할 수 있었고, 415총선 이후 공명정대한 선거를 확보하기 위한 활동을 하면서 투표지에 대한 아날로그 정보도 알고 있었기에 이 두 정보가 결합이 되면 비밀투표원칙이 침해된다는 것을 입증 한 것이다. 막연히 QR코드만 가지고 이 QR코드 안에 개인정보가 담겨있을 수도 있다는 주장을 한 것이 아니다.

　직장 생활 동안 정보시스템을 20여년 개발하는 과정의 핵심화두는 중앙 집중화, 하드웨어·소프트웨어의 발전에 발맞추어 정보를 통합하는 것이다. 이와 같은 대용량 정보와 이를 다루는 프로그램 및 이를 다룰 수 있는 인력이 함께 존재하게 되면 위험한 상황이 준비되는 것이다. 일반국민 개개인이 비밀투표원칙 침해에 해당하는 범죄를 저지르는 것을 염려하는 것이 아니다. 설령 개개인이 그러한 범죄를 저질러도 개개인이 다루고 파악할 수 있는 정보는 극히 한정됨은 너무나 자명한 일이다.

　2024.7.19. 전 세계적인 항공 결항 등 일명 "클라우드 스트라이크" 사태가 발생하였다. 전 세계 수많은 기업, 수많은 업무에 동시 장애를 발생시킨 것은 마이크로소프트 클라우드시스템에 구축되어 운영되었기 때문으로 이 하나의 중앙시스템이 문제가 되니 그 피해가 일파만파가 된 것이다. 같은 물리적인 시스템에 동일한 보안소프트웨어를 수많은 회사가 사용하였는데 동시에 보안소프트웨어를 업그레이드하면서 동시에 문제가 발생한 것이다. 다른 하드웨어 환경이라면 동시에 하지 못하였을 것이므로 최초 피해자만 있었을 것이고 이를 통해 나머지 회사는 피할 수 있었을 것이다.

2014년 사전투표제 도입 이전 선거에서는 중앙선관위 관리하에 투개표 실무는 각 지역 선관위 주관으로 실시되던 분산형태의 선거였다. 그러나 사전투표제도가 도입된 이후 사전투표에 한해서는 중앙집중화가 이루어져 투표에 대한 개개인의 참여 기록이 전산화되었으며 이는 투표 뿐 만아니라, 사전투표 후 투표한 국민들에 대한 목적에 맞는 정보추출이 가능하다는 것이다. 정보시스템을 개발, 운영하고 축적된 데이터를 분석 및 활용한 경험이 있는 필자가 우려하는 실질적인 환경이 선거시스템에도 갖추어졌다는 것을 의미한다.

중앙선관위는 선거가 끝나면 사전 투표한 성별, 연령대별 투표인수를 발표한다. 이는 통합명부시스템에 사전투표한 개인에 대한 이력이 존재하고 데이터 추출 프로그램을 활용하여 데이터 추출이 가능하기 때문에 발표할 수 있는 것이다. 그에 반해 선거 당일에 대해서는 성별, 연령대별 투표자수를 발표하지 못하는데 선거당일에 투표소에서 투표한 유권자 정보는 종이로 인쇄된 선거인명부에 자필 서명하고 이 명부는 투표가 끝나면 봉인되어 공식적으로 열어볼 수 없기 때문에 발표할 수 없는 것이다. 선거총람(백서) 제작 및 제도 개선을 위해 선거가 끝난 몇 달 후 통계적 이론을 적용 일정비율의 투표구를 추출하여 (예 전체 투표구의 10%등) 사전,당일 투표에 대한 분석을 한다.

선거 당일의 이러한 아날로그 투표조차 무력화될 우려스러운 상황이 확인이 되었다. 2024.4.10에 실시된 제22대 국회의원선거 선거당일 경기도 부천시 오정구 신흥동제2투표소에서는 투표인의 등재번호 (투표구 + 등재번호는 전국적으로 고유한 유권자 번호임) 확인을 신분증과 투표사무원의 스마트폰에 설치된 앱을 통해 확인하는 방법이 적용되었다. 이 방법이 전국적으로 확대 시행되면 사전투표와 같이 선거당일 투표도 누가 투표했는지에 대한 정보가 투표가 끝나면 바로 축적되는 상황이 준비되었음을 의미한다. 우려스럽다.

디지털정보가 분산된 형태로 존재 할 때 좋은 업무와, 집중화되어 관리되는 것이 좋은 업무가 있는데 그 구분은 그 업무가 반드시 사수해야할 가치가 무엇인가에 따라 결정된다고 생각한다.

사전투표지가 디지털이미지로 만들어지지 않고, 중앙집중화 되어있지도 않고 투표지 종이자체로 남아 있을 때 사전투표지에 붙어있는 바코드로부터 사전투표 한 전체 유권자의 일련번호와 기표 후보를 추출한다고 상상해 보자. 정보를 추출하기 위해서는 개표 후 전국 250여개 선거관리위원회에 봉인 후 보관되어 있는 투표지보관상자를 열어 투표지를 한 장씩 넘기면서 QR 또는 바코드 스캐너를 통해 코드가 담고 있는 정보를 읽고 저장하고, 그 정보에 기표후보를 표기한 후 전자적 파일 생성작업이 필요하다. 예를 들어 서울 송파구 선거관리위원회 관할 선거구의 전체 사전투표인은 2020년 제21대 국회의원 선거는 160,666매, 2022년 제20대 대통령 선거는 221,097매에 대해서 작업을 해야 한다. 이러한 작업은 보안을 유지하고 작업량, 난이

도등을 고려하면 가능할지도 모르나 쉽지 않다는 것이 아날로그 작업 경험에 의한 판단이다.

이에 반해 디지털환경에서는 투표지분류기가 투표지이미지를 쉽게 빠르게 만들어낸다. 2018년형은 분류기의 경우 후보자가 6명인 투표지를 분당 340매까지 이미지를 만든다. 아날로그적 상황이라면 수작업으로 해야할 대상이 개표과정에서 모두 전자적 이미지로 만들어졌고 더 큰 문제는 이 전자적 파일로 만들어진 투표지 이미지가 수천대의 투표지분류기 운영노트북에서 USB로 복사되어 보관된다는 것이다. 즉, 묵직하고, 상자에 담겨있고 이동이 불편한 투표지분류기의 제한된 공간에서 벗어나 관리규정에 의해 좌지우지되는 자유로운 이동이 가능한 상태가 되었음을 의미한다.

투표지이미지 관리

헌법소원 추가서면을 작성 시 확인된 이미지 저장파일의 관리 방법의 변경은 이해가 난망하다. 필자와 같이 작정하고 정보를 수집하고 분석하지 않는 이상 일반 국민은 도저히 알 수도 없다. 선거사무의 기준인 공직선거사무절차편람(이하 "사무편람")에서 투표지분류기 이미지의 생성, 보관, 폐기에 대해 개정이력이다.

2014년 사전투표제가 도입된 시점이자 제6회 동시지방선거에 적용된 규정으로 투표지이미지는 250여 지역 선관위에서 개표종료 후 투표지분류기 운영프로그램에서 이미지파일을 별도 저장매체에 백업하여 봉함·봉인 후 보관하며 각 위원회 의결로 투표지와 함께 폐기 한다.

2016년 제20대 국회의원선거에서는 2014년 내용과 동일한 생성, 보관 및 폐기 규정과 함께 이에 대치되는 내용이 있다. "투표지분류기 저장이미지는 선거일 후 선거소청·소송과 관계없이 **중앙위원회에서 폐기지시가 있을 때 까지 보관하고**, 이의제기 및 신뢰성에 대한 의혹제기 등이 있을 때 중앙위원회가 판단하여 해당 구·시·군위원회에서 공개 할 수 있도록 저장매체(USB 등) 보관·관리 철저"

    2018년 제7회 동시지방선거에 적용한 규정이다.
"○ 투표지분류기 저장이미지는 개표종료 후 별도의 저장매체(USB 등)에 저장·봉함하고 위원장 사인으로 봉인하여 **선거일 후 7일 이내에 해당 시·도위원회로 송부하여 집중 보관함.**
○ 투표지 이미지는 임기만료선거별로 해당 시·도위원회의 관할 구·시·군위원회 모든 선거의 선거관계서류 보존기간이 만료된 때 일괄 폐기"

    2020년 제21대 국회의원선거에서는 **시·도위원회로 송부하여 집중 보관한다는 내용이 삭제됨**
    2022년 제20대 대선, 제8회 지방선거에서는 변경사항 없음

    2024년 제22대 국회의원선거에서는 다음과 같이 변경됨
"○ **투표지분류기에 저장된 투표지이미지는 개표종료 후 삭제하지 않고 운용장치(노트북PC)에 보관**
○ 투표지이미지는 당선인의 임기 중 보관하고 투표지분류기 정기점검 시 폐기"

2024년 실시된 제22대 국회의원선거의 개표 시 투표지분류기에서 생성된 투표지이미지는 2024.9. 현재 투표지분류기 운영노트북안에 존재하며, USB등에 별도 백업·보관되지 않는다. 즉, 집중화가 아닌 수천여대 투표지분류기에 분산되어 보관되고 있는 것이다.

투표지분류기에 의해 생성된 투표지이미지의 위상(중요성)은 이미지의 관리의 변경이력을 보면 쉽게 유추할 수 있으며, 그러나 생성된 이미지가 완벽한 폐기되는지에 대한 감시체계는 확인되지 않는다.

투표지에서 바코드가 떼어지지 않게된 사유

필자가 헌법소원 청원을 하게 된 모티브가 되었고 헌법소원 청원서면 내 투표지이미지가 중요성을 갖게 된 사전투표제도 도입시점의 상황에 대한 이해가 있어야 할 것 같다.

사전투표제를 도입하기 위한 **2012년** 신설된 공직선거법조항이다. "제158조의3(통합선거인명부 사용에 따른 부재자투표 특례) 제6항에는 "⑥ 부재자투표관리관 또는 투표관리관은 제5항에 따라 투표하려는 선거인에 대해서는 제158조제1항에 따른 신분증명서를 제시하게 하여 본인여부를 확인한 다음 전자적 방식으로 무인하게 하고, 기계장치를 이용하여 선거권이 있는 해당 선거의 투표용지를 출력하여 자신의 사인(私印)을 날인한 후 **선거인이 보는 앞에서 일련번호지를 떼어** 회송용 봉투와 함께 선거인에게 교부한다."이다. 출력된 사전투표용지에서 "일련번호지를 **떼어서** 선거인에게 교부한다"

2014. 1. 17. 다음과 같이 개정되었다.
"제158조(사전투표) ③ 사전투표관리관은 투표용지 발급기로 선거권이 있는 해당 선거의 투표용지를 인쇄하여 "사전투표관리관"칸에 자신의 도장을 찍은 후 일련번호를 떼지 아니하고 회송용 봉투와 함께 선거인에게 교부한다" 최초 "일련번호지를 떼어"에서 "떼지 아니하고"로 변경된 사유의 공식적인 기록은 **"사전투표의 편의를 제고하기 위해 사전투표용지의 일련번호를 선거명, 선거구명 및 관할 선거관리위원회명을 함께 담은 바코드의 형태로 표시하고, 선거인에게 일련번호지를 떼지 않고 교부하도록 함**"이다.

공직선거법 제146조(선거방법) 제3항은 다음과 같다.
"③투표를 함에 있어서는 선거인의 성명 기타 선거인을 추정할 수 있는 표시를 하여서는 아니된다."

사전투표의 편의를 제고하기 위해 떼어지지않고 투표지에 남아있게 된 QR코드 또는 바코드는 선거 종류 + 선거구 + 지역선거관리위원회 + 일련번호 정보에 대한 코드가 담겨있다. 바코드에 담긴 실제 사례로 "2020041500020228040328040002531"를 해석하면 2020. 4.15. 국회의원선거에서 인천연수구 선관위관할 구시군 내 연수구을 선거구행정동에 거주하는 유권자가 2531번째로 사전투표한 투표지라는 것이다. 이 정보는 코드부여체계가 변경되지 않는 이상 2014년 이후 모든 선거에서 단 하나 존재하는 고유한 숫자이다.

이 숫자 표시에 선거인정보가 연결되면 공직선거법 제146조항에도 위반되는 것이다. 유감스럽게도 이 숫자표시에 해당되는 정보와 사전투표한 선거인의 연결된 정보는 중앙선관위 통합명부시스템의 로그에 고스란히 남아있다. 그 사실을 필자가 확인하였고 415총선 소송과 헌법재판소 위헌소청에 그 증거들이 제출되었고, 이에 대해 선관위가 415총선 소송답변서에서 선거인정보와 일련번호 간 연결되지 않았음을 주장한 이력이다. **필자의 발견이전인 2022.5.4. 이전** 즉, 로그파일에 선거인정보와 일련번호가 연결되어 저장되어 있다는 서면이 제출되기 이전 세번에 걸친 선관위 답변서 내용이다.

2021. 2. 2. 서면 17쪽

"일련번호는 사전투표용지 발급에 사용된 후 해당 구·시·군위원회의 관할 선거별 또는 선거구별로 최종 일련번호만 유지될 뿐 이전에 사용된 일련번호는 데이터베이스나 **로그 등에 기록이 전혀 남지 않습니다.** 또한, 통합선거인명부에는 투표 기록이 분 단위까지만 기록되며, 같은 시각(분 단위)에도 다수의 선거인이 본인 확인을 하기 때문에 일련번호와 투표용지 발급 순서 일치여부를 확인하는 것은 불가능할 것입니다"

2021.12.21 서면 27쪽

"그러나, 피고가 이미 지난 준비서면들을 통하여 밝힌 바와 같이, 2차원바코드(QR코드) 일련번호는 육안으로 식별할 수 없고, 한번 생성된 일련번호는 사전투표용지 발급에 사용된 후 해당 구시군선위의 관할 선거별 또는 선거구별로 최종 일련번호만 유지할 뿐 이전에 사용된 일련번호는 데이터베이스나 **로그 등에 기록이 전혀 남지 않습니다.** 따라서, 이전에 생성된 일련번호 값 자체가 존재하지 않기 때문에 사전투표용지 일련번호를 통해 선거인을 특정할 수 없습니다"

2022. 3.25 서면 22쪽

"사전투표용지 발급에 사용된 후 해당 구시군선관위의 관할 선거별 또는 선거구별로 최종 일련번호만 유지할 뿐 이전에 사용된 일련번호는 데이터베이스나 **로그 등에 기록이 전혀 남지 않습니다.** 따라서 이전에 생성된 일련번호 값 자체가 존재하지 않기 때문에 사전투표용지 일련번호를 통해 선거인을 특정할 수 없습니다"

그러나 2022. 5.20. 최종 선고를 위한 피고의 마지막 종합 서면 세 곳에서 표현이 다음과 같이 변경되어 제출되었다.

15쪽 (전략) 최종 일련번호만 유지할 뿐 이전에 사용된 **일련번호는 데이터베이스 등에 기록이 전혀 남지 않습니다.** (후략)

22쪽 (전략) 이전에 사용된 **일련번호는 데이터베이스 등에 기록이 전혀 남지 않습니다.** (후략)

77쪽 2) (전략) 선거구별로 최종 일련번호만 유지할 뿐 이전 사용된 **일련번호가 데이터베이스 등에 기록이 전혀 남지 않고** (후략)

2022. 5.4. 이전과 이후 문구의 차이에 "로그" 단어가 빠진 것을 확인할 수 있다. 이 누락에 대해 피고는 2022.6.17. 참고서면 35쪽에서 다음과 같이 해명하였다. "피고는 위 단어를 의도적으로 뺀 것이 아닙니다. 다만 당시 '로그'의 의미는 웹서버(Web Server)와 와스서버(WAS, Web Application Server)의 로그 파일을 의미하였던바,

표현상의 혼란이 있을 것으로 예상하여 다른 표현을 사용한 것입니다." 또한 같은 서면 16, 18쪽에서 "로그파일은 데이터베이스 서버 장애 시 데이터의 온전한 복구를 목적으로 데이터베이스 관리시스템(DBMS)에서 자체적으로 관리하는 것으로서 통합명부시스템 운용과는 전혀 무관한 것입니다. 심지어 서버 장애가 발생하여 복구를 해야 할 시에도 **사용자나 관리자가 해당 파일을 열람하는 것이 아니라 DBMS가 자체적으로 복구를 하는 것일 뿐 관리자가 임의로 장애복구 로그 파일을 열람하지 않습니다.**"

위와 관련된 2021. 4. 13. 피고서면 9쪽의 내용이다.

"○ "DB의 아카이브 로그(Archive log)를 이용한 변경 여부 확인"과 관련하여 피고는 통합명부DB를 운영함에 있어 아카이브 로그가 남는 방법으로 운영하였으나 보존기한 만료로 인해 현재 DB서버에는 남아있지 않습니다. 다만, 제21대 국회의원선거 종료 후 시행한 피고가 자체 수행한 포렌식 결과물에 해당 **아카이브 로그가 포함되어 있어 이를 활용하여 정확한 DB정보 변경여부를 확인할 수 있습니다.**

○ 통합명부 DB정보 변경여부 확인방법에 대하여 종합적으로 검토해 볼 때 **DB 아카이브 로그를 확인하는 것이 가장 정확하고 신뢰성 있는 방법**이며, 필요 시 DB 접근제어 솔루션의 접속기록을 추가 확인하는 방식으로 감정이 이루어지는 것이 타당하다고 판단됩니다"

이 서면 내 아카이브 로그(파일)가 상기 언급된 장애복구용 파일에 해당하며, DB변경 정보는 이를 통해 가장 정확하게 확인할 수 있다는 것을 인지하고 있었다. DB변경의 한 유형인 사전투표한 개개인에게 부여되는 일련번호가 저장되고 있음을 인정하는 것이며 웹서버, 와스서버 뿐만이 아니라 DB서버로그의 존재도 알고 있었고 이 로그파일의 접근 용도도 인지하고 있는 것이다. 그럼에도 마치 아카이브 로그가 통합명부시스템과는 무관하게 데이터베이스 관리프로그램이 장애복구용으로 자체적으로만 사용하는 것으로 규정하였다. 선거인과 일련번호가 함께 담긴 로그파일과 통합명부시스템과 무관함을 어떻게든 주장하려 했으나 이는 아파트로 비유하자면 아파트에 살면서 나는 아파트관리사무소나 관리시스템과 무관하다고 주장하는 것과 같다. 내 집에 가구배치가 엉클어졌다고 해서 아파트 관리사무소가 내 허락 없이 알아서 내 집에 들어와 원위치 해준다는 것이다. 전산시스템에서 로그파일을 통한 복구도 데이터베이스 관리자가 복구시점을 확인하고 이 시점기준으로 복구 명령을 내려야 가능하다.

시각을 사전투표제도가 도입되는 시기에 공직선거법 내 투표지에서 일련번호지가 **최초 "뗀 후"에서 "떼지 아니하고"로 개정**되는 국회 행정안전위 법률심사 소위에서 토론으로 돌려보자.(제320회-안전행정소위1차(2013년11월5일), 42~43쪽)

○중앙선거관리위원회사무차장 김용희 (전략) 투표용지에 일련번호를 삽입하기 시작했을 때가 60년 부정선거 있고 난 뒤거든요. 그런데 그때만 해도 인쇄를 인쇄소 아니고는 못했습니다. 그래서 거기에서 투표용지를 막 남발 해 가지고 하는 그런 사례가 있으니까 철저하게 일련번호를 넣어서 하라고 하고 거기에서 인쇄가 끝나고 나면 인쇄 원판이나 이런 것들을 다 회수해서 봉함·봉인하고 이랬거든요. 그런데 **지금은 워낙이 인쇄시설이 발달되어 가지고 각 가정에서도 똑같이 다**

복사를 해 낼 수가 있습니다. 그래서 사실 일련번호를 떼고 주어서 그것을 다시 복사해 가지고 투표를 했을 때 우리가 가려낼 방법이 없습니다, 지금 현재에는. 그래서 차라리 사람이 육안으로 식별할 수 없는 바코드 형태로 일련번호를 넣게 되면 그것을 기계로는 읽을 수가 있거든요. 그래서 동일한 투표용지가 2매 3매 들어 있다고 한다면 부정한 것을 다 골라낼 수가 있고요, 첫 번째는. 그리고 저희가 관리하기가 편하고. 그다음에 관할 위원회명이 들어가는 것은 어떤 거냐 하면 투표용지가 한꺼번에 들어왔을 때 그 걸 쭉 넣게 되면 다른 위원회 것이 투표함에 투입되거나 이랬을 때 기계가 쉽게 찾아낼 수가 있습니다. 다른 위원회 건데 이게 들어왔다, 아니면 관할 선거구가 아닌, 같은 기초의원이라도 다른 선거구 것이 여기 들어왔다 하면 그걸 쉽게 찾아 낼 수 있고, 그런 내용들입니다.

○**백재현 위원** 투표 장소가 다르기 때문에 그럴 염려는 거의 없잖아요?

○**중앙선거관리위원회사무차장 김용희** 그래도 그런 사례들이 있습니다. 하는 과정에서……

○**중앙선거관리위원회선거정책실장 윤석근** 투표 장소도 한 투표구에서 기초의원 다르게 투표를 하고……

○**중앙선거관리위원회사무차장 김용희** 사전 투표를 하게 되면 거기에 다른 데 있는 사람들도 와서 다 투표를 하고 그렇거든요.

○**백재현 위원** 아, 예. 알겠습니다.

○**소위원장 황영철** 되셨습니까?

○**백재현 위원** 그다음에 보관과 관련해 가지고 옛날에는 부재자투표는 봉투째 넣어 가지고 보관 했잖아요?

○**중앙선거관리위원회사무차장 김용희** 예.

○**백재현 위원** 그런데 이번에는 그냥 투표용지만 보관하자 이런 얘기지요?

○**중앙선거관리위원회사무차장 김용희** 예.

○**백재현 위원** 그랬을 때 문제점은 없습니까?

○**중앙선거관리위원회사무차장 김용희** 저희가 잘 관리를 해야지요. 그러니까 일단 투표함에 그 것도……

○**백재현 위원** 지금 현재는 어떻게 보관합니까, 선거관리위원회에서? 부재자투표 들어오고 나면 한 3, 4일 보관하는데.

○**중앙선거관리위원회사무차장 김용희** 마찬가지로 투표함에다 넣어 가지고 정당 추천위원이나 일반 위원들 관여하에 봉함·봉인해서, 그날까지 도착한 우편봉투를 거기에다가 다 투입한 후에 봉함·봉인해서 선관위 사무실에 보관을 하고 그 이튿날 또 다시 뜯어 가지고 온 것 넣어서 봉함·봉인하고 이렇게 해서 3, 4일 동안 관리를 합니다.

○**백재현 위원** 그럴 때는 정당 참관인이 참석해서 봉함·봉인합니까?

○**중앙선거관리위원회사무차장 김용희** 다 그렇게 참여를 합니다. 거기에서 포기하고 안 오는 이상은, 정당 참관인이 아니고 정당 추천위원을 입회를 시킵니다. 그리고 현실적으로 아까 말씀드렸지만 돈도 돈이지만 저희가 해 보니까 봉투를 줘 가지고 그걸 시키니까 투표하러 온 분들이 적응이 안 되어 가지고요, 아무리 들어가서 투표해 가지고 봉투 속에다 넣어서 봉함해서 가지고 나오라고 하지만 대부분은 그냥 들고 찍은 채로 나와 가지고 당황스럽게 하는 경우들이 많다고 합니다, 일선에 관리하는 사람들이.

○**백재현 위원** 차라리 투표함에 넣는 것이 더 편하겠다?

○**중앙선거관리위원회사무차장 김용희** 예, 훨씬 더 비밀도 보장하고 또 관리하기도 편하고 예산도 절감할 수 있다고 생각합니다.

○**소위원장 황영철** 됐어요?
○**박성효 위원** 잘 정리한 것 같네요.

이 회의록을 통해 숫자만 있는 일련번호지(예: 012345)가 바코드형태로 변경되면서 투표지에서 절취되지 않게 된 실질적인 이유를 알 수 있다. 공식적으로 공표된 사유인 투표인 편의성에 우선하여 "개인에게까지 확산된 발달된 인쇄기술로 인한 개인이 위조투표지를 제작 투입했을 때 이를 기계가 읽어 골라낼 수 있다"는 것이 그것이다.

이러한 주장은 2014.5.29. 전국적인 최초 사전투표제 시행인 제6회 동시 지방선거 직전 브리핑자료에서도 확인할 수 있다. 소위 토론에서 언급된 바코드가 반영된 공직선거법은 "투표용지에 인쇄하는 일련번호는 바코드(컴퓨터가 인식할 수 있도록 표시한 막대 모양의 기호를 말한다)의 형태로 표시하여야 하며"이나 실제 선거에서 선관위 자의적으로 QR코드로 대체되면서 제기된 주장에 대한 해명이다.

"이번 지방선거에서 사용하는 사전투표용지에 QR 코드가 기재되어 있어 개인정보가 유출될 수 있다는 주장 등에 대하여 다음과 같이 알려드립니다.

■ 사전투표용지에 일련번호 등을 QR코드로 게재하는 것은 사전투표용지 위조사용 방지 등을 위한 것입니다.

○ 사전투표용지의 QR코드에는 일련번호, 선거명, 선거구명, 관할선거관리위원회명만 들어가 있고, 선거인의 개인정보는 어떠한 내용도

들어있지 않습니다.

○ 이와 같이 일련번호 등을 QR코드화 한 이유는 **개인들이 디지털기기로 사전투표용지를 제작 또는 복사해서 사용할 경우 그 위조투표용지를 정확히 가려낼 수 있도록 한 것이며** 사전투표소에서 일련번호지를 절취하는데 필요한 시간과 인력을 감축함으로써 유권자의 투표대기시간을 최소화하기 위함에 있습니다."

사전투표지에 QR코드가 떼어지지 않고 붙어있는 첫 번째 목적은 전국민을 잠재적인 선거범죄자로 몰아 개인들이 디지털기기로 위조된 사전투표용지를 사용할 경우 이를 가려내기 위함이며 중앙선관위는 행정안전위 법률심사 소위에서 위조 투표지를 기계로 읽어 골라낼 수 있다는 것을 법개정의 주요 논리로 사용했다.

개표 참관을 하여 개표장의 상황을 아는 분은 곰곰이 생각해 보길 바란다. 필자도 두 번 참관했다. 개표장에서 투표사무원이나 참관인이 QR코드 또는 바코드를 해독하여 개인이 위조한 투표지를 골라낼 수 있겠는가? 투표지마다 QR스캐너를 들이대 읽어낼 수 있는가? 설령 체계에 맞지 않는 숫자로 만들어진 QR코드의 경우 재수 좋게 걸릴 수도 있겠으나 일련번호가 중복되는 위조투표지는 일련번호를 통합 저장하여 비교하지 않는 이상 확인이 불가능하다.

사람에 의해서 개표소 내 전체 투표지의 위조여부를 확인한다는 것은 더더욱 불가능하다. 중앙선관위의 주장대로 기계로 이를 해결하는 것이 현실적 대안이다.

개표가 종료된 후에는 공식적으로 소송으로 인한 재검표에 한해 봉인을 풀고 투표지를 볼 수 있다. 즉, 위조된 투표지를 골라내는 일은 개표장에서 완료되어야 하고 그 확인결과가 개표결과에 반영되어야 하는 것이 당연하다. 개표장에서 그 역할을 수행할 수 있는 기계는 투표지분류기밖에 없다. 데이터베이스 기능, 투표지내 정보를 읽을 수 있는 기능을 가지고 있기 때문이다. 그러나 이마져도 투표지분류기간 데이터가 통합이 되어야 중복번호 등 점검이 가능하다.

중앙선관위는 투표지분류기에 대한 공식입장은 "오프라인으로 운영되는 수작업 개표를 보조하는 단순한 기계장치"이다. 어디에도 공직선거법 개정을 위한 논리로 사용한 위조투표지를 골라내기 위한 기능은 2014년 당시도 없었고, 2018년, 2022년 신규 투표지 분류기 제작 시 그러한 기능을 도입하고자 하는 노력도 보이지 않는다.

어찌된 일인지 2017년과 다르게 2022년 발주된 투표지분류기 제작 제안요청서에 투표지 정보인식 기능에 차이가 있음이 확인되었다.

2017년 발주 (2018년형 모델) 제안요청서
"O 투표지에 인쇄되어 있는 바코드(위원회, 선거, 선거구, 투표구, **일련번호 정보** 등) 판독으로 위원회·선거·선거구 등으로 동시에 각각 분류·적재할 수 있어야 하며, 바코드(1, 2차원 등) 판독 내용에 따라 제어장치에서 이미지를 동시에 각각 저장·조회하고 결과를 집계할 수 있어야 함.
※ 중앙선관위 투표용지발급기로 투표용지에 인쇄한 바코드 인식 기능"

2022년 발주 제안요청서
"나. 이미지 인식부(스캔 및 이미지 전송)

○ 투표지에 인쇄되어 있는 2차원 바코드(선거, 선거구, 위원회 정보)로 위원회·선거·선거구별로 분류할 수 있어야 함."

2018년형에 있던 일련번호인식기능이 2022년 발주 시 제외되었음을 알 수 있다. 2014년형, 2018년형이 사용된 415총선 개표장에서는 사용된 투표지분류기에 원래 탑재된 QR코드 인식기능도 사용하지 않도록 설정하였다는 것이 인천연수구을 소송과정에서 확인되었다. 있는 기능마저 꺼버린 것이다. 이와 같이 투표지분류기가 생성할 수 있는 정보에 대해 선관위는 제작과 운영과정에서 변경을 한 것이다.

2024.4.10. 제22대 국회의원선거를 위한 사무편람이 개정전까지 투표지분류기 운영노트북 내 개표정보 전체가 데이터베이스화된 DB와 투표지이미지가 통째로 USB에 복사되어 관리되었다.
　중앙선관위는 헌법소원청원 2023.5.26.자 답변서에서 선거인정보와 일련번호가 연결된 정보를 가지고 있는 중앙선관위와 USB를 가지고 있는 각 지역선관위간 관계에 대해 기술하였다.(24,25쪽)

"(전략) 또한 중앙선거관리위원회는 구시군 선거관리위원회로부터 투표지이미지파일을 제출받지 않으며, 투표지이미지파일을 담은 USB 또는 외장하드는 별도의 봉투에 담아 각 구시군선거관리위원회에서 위원장 봉인 하에 보관 중인바 통합명부시스템을 관리하는 중앙선거관리위원회 직원이 함부로 접근할 수도 없습니다. 반대로 구시군선거관리위원회 직원은 절대로 중앙선거관리위원회 전산서버에 접근할 수 없습니다. (후략)"

전체 선관위 조직 구성은 최정점에 중앙선관위, 하위에 17개 시도선관위, 하위에 252개 구시군선관위가 있다. 필자는 252개 각 지역선관위에 의해서 비밀투표원칙이 침해되는 상황은 어렵다고 판단한다. 염려하는 것은 집중화된 정보를 가지고 있는 중앙선관위가 USB파일을 확보하는 경우이다. 2014년 이후 USB의 보관·폐기에 대한 관리 중 2018년 제7회 동시지방선거 개표 후 250여개 지역선관위가 아닌 17개 시도선관위에 USB가 집중 관리되었음은 위에서 기술하였다. 선관위의 조직도상 중앙선관위 바로 아래 조직인 시도선관위에 정보가 집중화된 것이며, 기 기술하였듯이 USB 저장매체의 폐기에 대한 감시관리체계는 공개된 문서 어디에서도 확인할 수 없다. 완전한 폐기가 되었는지 알 수 없다는 것이다.

대법원 인천연수구을 소송에서 비밀투표원칙 침해에 대한 판결문내용을 짚어보자. (대법원 2020수30 판결문 15, 16쪽)

"중앙선거관리위원회는 선거인의 사전투표 용지 발급이력을 분 단위까지만 기록하여 저장하고 있는 사실이 인정될 뿐, 원고의 주장과 같이 사전투표용지 발급이력이 초 단위까지 저장·관리되고 있다고 인정할 만한 증거가 없다. **원고는 중앙선거관리위원회 서버 로그파일을 확인하면 선거인에게 발급한 일련번호를 확인할 수 있다고도 주장하나, 그 주장에 의하더라도 중앙선거관리위원회 서버에 설치된 프로그램의 원상복구를 위하여 로그파일 형태로 데이터 변경 기록이 발생순으로 저장될 수 있다는 것일 뿐, 피고 또는 중앙선거관리위원회가 전국에서 사전투표를 한 선거인에 대한 투표용지 발급 이력을 따로 관리하고 있다는 것을 나타낸다고 보이지는 않고, 달리 이를 인정할 증거를 원고가 제출하지도 않았다. 더구나 을제24호증의 기재에 변론 전체의 취지를 종합하면, 구·시·군위원회 위원장은 개표가 완료되면 투표지뿐만 아니라 투표지 이미지 파일을 저장매체에 저장하여 위원장 인장을 날인한 후 봉함·봉인하여 보관하도록 하는 사실이 인정된다. 이처럼 **투표지의 현물과 투표지 이미지를 저장한 저장 매체는 중앙선거관리위원회 서버와는 별도로 구·시·군위원회에서 물리적으로 분리된 상태에서 보존되므로, 중앙선거 관리위원회 서버에 저장된 로그 파일의 데이터와 위와 같은 현물 투표지 또는 투표지 이미지 파일에 나타나는 투표 정보를 연결하는 것은 별도의 특별한 증명이 없는 이상 이론적으로 가능해 보이지 않고,** 그밖에 QR코드 또는 투표지 발급 이력 등을 통하여 투표의 비밀이 침해될 수 있다고 볼 만한 증거도 없다. **따라서 이 부분 원고의 주장은 받아들일 수 없다**"

통합명부시스템 로그파일에 투표인과 일련번호가 연결되어 저장된다는 사실이 확인된 시점은 2022.3.경으로 인천연수구을 소송에 제출된 것은 2022.5.4.경 이다. 아쉽게도 소송 막바지에 확인되어 소송의 증거로 제출되었고, 선관위의 해명과 재반박이 서면을 통해 이루어졌으나 결과로 보면 정확하게 적기에 제출되지 못했다. 가장 정확하게 비밀투표원칙이 침해됨을 증명하는 것은 증인으로 대법정에 가서 시연도 하고 설명하는 방법이 있었지만 다른 내용에 대한 증인의 증언만 대법정에서 이루어 졌다.

직접적인 증언의 중요성은 415총선 전체무효소송(사건번호 20수6205) 피고인 중앙선관위의 2023.6.14. 답변서에서 확인할 수 있다.

"나. 증인 신청에 대한 의견

원고들은 2022. 6. 29. 소외 장영후(원고들의 주장에 따르면, 통합선거인명부 운영 프로그램의 개발자로서 통합선거인명부와 QR코드가 인쇄된 사전투표지에 대하여 데이터베이스 파일을 분석하여 선거인 신원을 확인할 수 있다는 점을 알게 된 자라고 합니다), 허병기(원고들의 주장에 따르면, 제21대총선결과를 수학적 확률 통계 계산방식으로 계산하여 사전투표의 득표수가 조작된 수치인 사실을 알게 된 자라고 합니다)를 증인으로 신청하였습니다.

그러나 **증인은 경험사실을 보고하는 자일 뿐, 결코 자기 의견이나 상상한 바를 진술하는 자일 수는 없으므로** 장영후, 허병기 양인에 대한 증인 신청은 필히 기각되어야 합니다"

"증인은 경험사실을 보고하는 자일 뿐, 결코 자기 의견이나 상상한 바를 진술하는 자일 수는 없으므로" 이 문장은 "법적 상황에서 증언이나 진술을 할 때, 증인은 자신이 직접 경험한 사실만을 이야기해야 합니다. 절대 자신의 생각이나 상상한 일을 이야기해서는 안 됩니다"라는 의미라고 한다.

필자는 통합명부시스템과 같은 정보시스템 그리고 이 시스템이 사용하는 오라클데이터베이스를 가지고 20년 이상 전산시스템을 개발한 경험을 가지고 있고 또한 통합명부시스템의 핵심기능을 실제로 시스템화 하여 투표인과 일련번호가 연결되어 있음을 물리적으로 입증하였다. 소송에 대한 경험이 부족하여 시연영상이 있음에도 인천연수구을 소송에 제출되지 못했으나 전체무효소송, 헌법소원청원에는 제출되었다. 영상증거의 중요성은 피고 선관위가 제출한 뭉개진 인영이 만들어 질 수 있다는 것과 사전투표지발급기에서 지역구투표지에 비례대표투표지 일부가 인쇄되서 나올 수 있다는 영상을 대법원이 판단의 주요 근거로 사용한 것을 보면 알 수 있다.

 필자가 회사생활을 시작한 1989년 당시에 거대한 공장의 전체 원료 사용량과 생산된 제품량 등 물질수지(입고,생산,재고,출하량간의 숫자 일치)를 맞추기 위해서는 기초데이터 수집부터 생산관리원이 오전 내내 조정실들을 돌아다니며 로그시트를 복사하여 오후에 돼서나 전날 생산관리 관련 물질수지가 맞는 보고서가 만들어 졌다.

 이 후 필자도 참여한 생산관리시스템이 구축되면서 현장에만 존재하던 데이터가 하나의 시스템으로 수집되고. 석유화학산업의 특징인 액체 원재료, 제품 특성과 파이프라인 안에만 움직이는 측정의 문제로 인해 복잡한 알고리즘을 거쳐 전일 물질수지가 맞는 생산보고서가 출근하는 8시대에 초반이 나올 수 있게 되었다. 많은 인원과 단순 수집작업들에 의해 수집된 데이터를 통해 만들어지던 보고서는 생산관리시스템 구축을 통해 객관적인 정확도와 속도의 향상을 이룰수 있었다. 전산시스템이란 생산성향상 명목으로 많은 돈을 투자하여 개발한다. 그러나 시스템의 활용은 전적으로 그 조직과 사람에 의해 좌우된다. 생산관리 시스템 운영 중 파이프라인으로 제품을 받는 회사에서 받은 물량이 보냈다는 물량보다 더 많이 온다는 연락을 받고 차이나는 물량의 원인을 확인해본 결과 액체 물량계산 시 사용하는 환산계수 소숫점 넷째 자리 차이가 원인이었다. 액체라는 특성으로 복잡한 로직으로 물량계산 과정에서 문제가 생긴 것이다. 이 차이로 인해 뭐 얼마나 차이가 있겠냐고 생각할 수도 있는데 통장에 100만원 있을 때 예금이자가 0.1% 차이나는 경우와 100억원이 있을 때 0.1% 차이로 인한 이자라고 생각하면 되며 석유화학에서 회사 간 거래물량은

100억원 경우에 해당한다. 우리나라 최초 디지털범죄처럼 나쁜 마음을 먹고 소수점 자리를 바꾸어 물량을 조작한 후 우기면 석유화학 업계에서는 온도압력에 따라 영향을 받는 액체 특성상 할 말이 없다. 이로 인해 신규 건설시 회사 간 거래물량의 기준이 되는 파이프라인에는 양사 각각 고가의 중량을 직접 측정계기를 달아 예방을 한다.

그러한 방어대책이 없는 상태에서 정보시스템의 소스코드까지 감시하는 체계가 없고 건설업계의 시공자와 감리자가 완벽하게 분리되는 체계가 없는 이상 동일한 조직에 의해서 운영되고 감리자도 동일 조직에 의해 좌지우지되면 나쁜 마음을 먹으면 전산시스템의 악용은 막을 수가 없다. 그 피해의 규모는 아날로그 시대와 견줄 수 없다.

소결

선관위의 사무편람의 첫 장에 다음과 같이 중요한 기술이 있다. "공직선거에 관한 사무는 「공직선거법」과 「공직선거관리규칙」등에 규정된 사항 외에는 본 편람에 의하여 처리하여야 하되, 상급위원회의 별도 지침·지시가 있을 경우에는 본 편람에 우선하여 그에 따라야 함."

사무편람의 위상과 한계를 규정한 것이다. 이 사무편람에 2016년부터 QR코드와 비밀투표원칙에 관련된 내용이 있었다.

사전투표용지 2차원바코드(QR코드)의 정확한 이해

□ **사전투표용지 2차원바코드(QR코드) 구성**

①선거명	②선거구명	③구·시·군위원회명	④일련번호
202004150002 (12자리)	02110101 (8자리)	1101 (4자리)	0000001 (7자리)

□ **2차원바코드(QR코드)는 사전투표용지 위조사용 여부 확인 목적으로 이용**
  ○ 일련번호를 2차원바코드(QR코드)화 한 이유는 디지털기기로 사전투표용지를 제작 또는 복사했는지 여부를 가려낼 수 있도록 한 것이며,
  ○ 사전투표소에서 일련번호지를 절취하는데 필요한 시간과 인력을 감축하여 투표대기시간을 최소화하기 위한 것임('14. 1. 17. 여야합의로 법 개정).

□ **일련번호는 통합선거인명부에 기록되지 않으므로 투표의 비밀이 보장됨**
  ○ 선거인에게 교부하는 투표용지의 2차원바코드(QR코드)에 기재된 일련번호는 육안으로 식별할 수 없고 통합선거인명부에도 기록되지 않아 일련번호로 특정 선거인을 찾는 것은 시스템 상 불가

 2023.11. 개정되어 2024년 제22대 국회의원선거에 적용된 사무편람은 QR코드를 사용하지 않고 막대모양의 일차원 바코드를 사용하게 됨에 따라 다음과 같이 개정되었다.

〈 사전투표용지 바코드 구성 〉

①선거명	②선거구명	③구·시·군위원회명	④일련번호
202404100002 (12자리)	02110101 (8자리)	1101 (4자리)	0000001 (7자리)

 QR코드를 사용하나 일차원바코드를 사용하나 그 코드 안에 포함된 정보가 동일하기 때문에 원래 기술된 위조확인 등 두 가지 목적으로 사용할 수 있음에도 두 목적 문장이 사라진 것이다.

2023.11. 필자는 민원을 통해 비밀투표원칙 침해관련 가능성 차단 대책 시행을 요구 했고, 2024.3. 투표지분류기에 투표지 이미지를 그대로 두는 것으로 답변을 받았다.

연수구을 소송에서 피고선관위가 제출한 투표지분류기 운영노트북 내 투표지이미지 파일 삭제의 사유는 "개표시 사용된 투표지분류기는 운송업체에서 회수해 집중창고에 보관하므로 그 과정에서 발생할 수 있는 파일 유출 등의 상황에 대비해 분류기에 임시 저장된 이미지는 삭제한다는 점"이라고 한다.(피고서면 2021.12.21.,30쪽)

2024.9. 현재 이와 같은 파일 누출 우려가 있는 상태로 되돌아갔다. 투표지분류기가 QR코드 또는 바코드 이미지를 생성하는 한 방법이 없는 것이다.

근본적으로 원인을 제거하지 않는 한...

III. 두 번째 눈물 – 사전투표용지 발급속도 사건
(부천 신중동 포함)

* 415총선 코로나 펜데믹 상황에서 한 시간 내내 19.5초마다 1명 선거인에게 신원확인도 하고 비닐장갑 낀 상태로 서명도 하고 지역구, 비례대표투표용지를 발급 해 주었다.

핵심은
- 사전투표는 온라인, 오프라인이 결합되어 실시된다.
- 온라인의 세상은 물리적 제약이 없지만, 사전투표소가 해당되는 오프라인에서는 사용할 수 있는 장비와 인력의 제약을 받는다.

* 사건 개요

거시 물리적인 세상에서는 질량보전의 법칙, 에너지보전의 법칙, 엔트로피 증가의 법칙, 중력의 법칙 등 물리법칙을 벗어날 수 없다. 그에 반해 컴퓨터 프로그램 세계에서는 하드웨어의 장애나 제약이 없는 이상 이 법칙들의 지배를 받지 않는다.

물리적 제약이 없는 통합명부시스템 내 사전투표하였다는 투표인수가 물리적 제약이 있는 사전투표소 내 투표지 발급행위에 의해서 그 투표인수의 실현이 가능한지 불가능한지에 대한 고소 등 사건이다.

2024.2.2. 피고소인 : 부천시,부천시갑을병정선관위 성명불상자 등
결정종류 : 불송치 (혐의없음)
고소인   : 필자 외 6명

2020.4.10. 사전투표 1일차, 서울 삼청동 주민센터 사전투표소, 당시 정세균 국무총리는 관내사전투표를 하였으며 영상 0분42초에 투표 대기줄에서 신원확인을 하는 투표사무원에게 신분증을 제출하였고 영상 1분36초에 인쇄된 투표지를 건네 받았다. 유튜브 뉴스와 정보공개요청을 통하여 확보한 영상을 확인한 결과이다.

국무총리에게 투표지 발급에 소요된 총 시간은 몇 초?

1980~90년대 슈팅게임의 대명사로 인기를 끌었던 젤러그라는 게임이 있다. 플레이어의 전투기가 발사하는 탄환이 무제한이다. 탄환 사용에 제약이 없으니 탄환을 제조하기 위한 자원의 수집도 필요 없다. 무한대 탄환 사용이 현실 즉, 물리적 세계와 괴리가 있는 이 게임이 쇠퇴하던 시점인 1998년 출시되어 선풍적 인기를 모은 게임이 스타크래프트이다. 이 게임은 승리를 위해서는 미네랄과 가스라는 자원을 수집하고 사용하여 공격, 방어를 위한 일꾼 등 필요 요소를 생산하고 전투하는 현실 즉, 물리적 법칙 제약에 어느 정도 부합한다.

2020.4.15. 개표결과 경기도 부천시 부천시을 선거구 신중동 관내 사전투표인수가 18,210명으로 공표되었다. 전국 사전투표소 가운데 가장 많은 관내사전투표자수이다.
사전투표가 2일에 걸쳐 하루 12시간씩 실시되니 총 투표시간은 24

시간, 분으로 계산하면 24 x 60 = 1440, 이를 다시 초로 계산하면 1440 x 60 = 86400초이다.

18210명이 86400초 투표시간 동안 투표했으므로 1인당 평균 투표 소요시간은 86400 / 18210 = 4.75초이다. 즉 평균적으로 사전투표 2일, 각각 12시간 동안 4.7초마다 한 명이 투표함에 투표지를 투입하였다는 것이다. "고령 연령층 상당수가 관내사전투표에 참여하였는데 4.75초마다 투표함에 투표지를 투입하는 것이 가능한가?" 이 주제가 415총선 후 몇 달 동안 논쟁거리였다.

이 논쟁의 해석을 위해서는 몇 가지 개념을 통일하고 가야 한다. 몇 년에 한번 실시되고 투표만 하는 국민의 관점에서 선거 투·개표 관리절차는 익숙하지 않은 것이 당연하므로, 쉽게 이해할 수 있는 아날로그 시대 고향 가는 기차를 타기 위한 기차역 상황으로 가보자.

역에 도착하여 표를 사기위해 승차권판매소가 있는 곳에 간다. 판매창구는 여러 개이지만 손님이 많아 한 줄로 서서 기다리다 내 차례가 되고 빈 창구가 나오면 그 곳으로 이동한다. 목적지를 얘기하고 요금을 지불하고 표를 받아들고 개찰구로 이동하여 한 줄로 서서 기다린다. 내 차례가 되면 개찰구 승무원에게 차표를 주면 승무원은 정상적인 표인지 확인 및 사용된 표라는 표식으로 차표에 일종의 구멍을 뚫고 표를 돌려준다. 표를 돌려받은 후 기차를 타기위해 이동한다.

신중동 상황을 기차역 상황에 대입해보면 이 기차역에 손님이 24시간 동안 18210명이 표를 끊었고 4.75초마다 개찰구를 통과하였다는 것이다. 고 연령층도 많이 지나갔는데 "24시간 내내 4.75초마다 승무원이 지키고 있는 개찰구를 통과하는 것이 가능한가?" 이다.

이 쟁점은 인천연수구을 소송 원고에 의해서도 제출 되었고, 이에 대한 피고선관위의 요약된 답변이다. (2020.7.22. 24쪽)

"원고의 주장은 해당 투표소에 사전투표용지 발급기가 1대, 기표소가 1개소여야만 타당한 주장인데, 당일 해당 투표소에는 발급기 23대(관내 15대, 관외 8대), 기표소 27 곳이 있어 동시다발적 투표가 가능하였으므로 전혀 근거 없는 주장입니다"

2022.7.28. 연수구을 소송 판결문에 나타난 대법원의 신중동 관련 시각이다.

"(6) 사전투표 수가 과다하다는 주장에 대하여
원고가 사전투표소 등에 비하여 투표수가 과다하다고 주장하는 사례는, 이 사건 선거가 아닌 다른 지역구 또는 비례대표국회의원 투표에 관한 것으로, 이 사건 선거의 효력과 직접적인 관련이 없다.

더군다나 갑제24호증, 제126호증, 을제20호증의 각 기재에 변론 전체의 취지를 종합 하면, 사전투표기간에 부천시 신중동 사전투표소에서 **18,210명이 관내사전투표**를 한 사실, 그 중 신중동 사전투표소에 20대 이상의 사전투표장비와 기표대가 설치되어 있었던 사실이 인정된다. 이와 같이 다수의 장비와 기표대를 이용하여 신속하고도 동시다발적으로 투표가 진행된 사정을 고려하면, 사전투표기간인 2일 동안 **한 군데 사전투표소에서 위와 같은 규모의 사전투표가 이루어지는 것이 불가능하다거나 경험칙에 현저히 반한다고 보기 어렵다.**"

이 판결문에서 18,210명은 관내사전투표인수이다. 그러나 "20대 이상 사전투표장비와"는 관내와 관외장비를 합친 숫자로 15대로 표현되어야 하는 것이 맞다. 소송 피고인의 여러 서면에는 관내 15대, 관외 8대 총 23대로 기술되었으나 마치 20대 이상으로 18,210명이 관내사전투표한 것으로 받아들이게끔 판결문에 적시한 것이다.

이제 평균이라는 통계의 함정에 빠진 상황을 타개하고자 이과생 엔지니어가 이 상황을 분석한다.

AI에게 "통계의 함정에는 무엇이 있나"라고 물어보면 가장 먼저 나오는 것이 "평균의 함정"이다. 재산이 1000억원인 1인과 재산이 1000만원인 2인 총 3인이 있을 때 인당 평균재산은 333억원이 되어 모두가 잘사는 것처럼 왜곡되는 것과 같다.

인천연수구을 소송 기각판결로 인해 휴유증이 심했던 2022.8. 서울시선관위로부터 공직선거법 제237조 (선거의 자유방해죄)로 고소당한 양OO 재판에 필자가 증인으로 출석하여 현행 사전투표의 문제점을 증언해 줄 것은 요청 받아 자료를 준비하던 중 어느 날 뇌리에 스친 것이 있었으니, 회사생활 하는 엔지니어 직무의 핵심 화두 중 하나인 생산성(효율)이 엔지니어 직무도 수행했던 필자를 붙잡았다. 생산성이란 쉬운 예로 동일한 투입 대비 생산을 얼마나 하는 가 이다.

선거소송에서 소송을 제기하는 원고는 선거 및 투개표정보를 쥐고 있는 피고 선관위에 비하여 확보된 정보의 양은 절대적인 열세에 있다. 공개된 정보 외 정보공개요청을 해도 어떤 정보라도 소송이 제기된 선거구에 연관되는 정보는 소송을 핑계로 공개하지 않는다.

신중동 상황은 사전투표일 1일차 2일차가 합쳐진 전체 관내사전투표인수만을 알고 있기 때문에 24시간 평균이라는 수준의 분석만 이루어질 수 있었는데 중앙선관위 홈페이지에 정보가 공개된 부천시전체 사전투표 일자별, 시간대별 자료를 활용하면 분석의 수준을 1간당 평균이라는 익숙한 단위까지 상세하게 할 수 있는 것이다.

부천시 또는 신중동의 사전투표 시 이러한 평균의 함정은 4.75초가 2일 12시간씩 총 24시간 평균이라는 것에 있다. 이 24시간의 매 시간은 다른 특성 즉, 투표에 참여한 인원수가 다르다는 것이다. 보통 이른 새벽시간은 투표인수는 다른 시간대에 비해 투표인수가 적다.

사전투표 1일차 부천시 전체 시간대별 사전투표인수(관내+관외)이다.

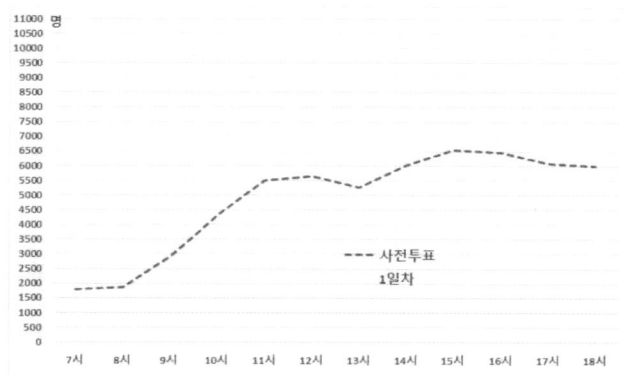

역시 이른 아침시간대는 시간당 투표인수가 적고 투표하기 편한 그 이후 시간대는 시간당 투표인수가 급격히 증가하다가 14시~15시 정점을 보이고 이후 시간대는 약간 줄어드는 현상을 보이고 있다.

부천시 전체 2일차 시간대별 사전투표인수 이다.

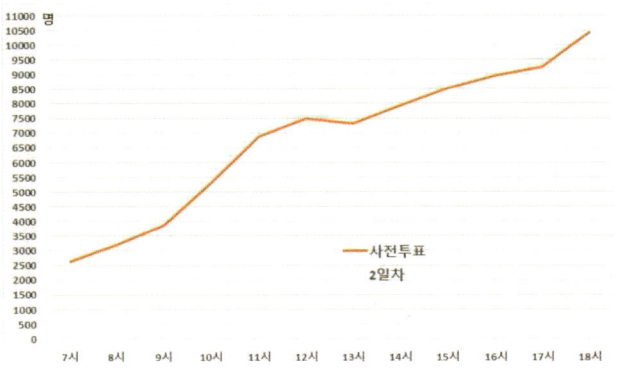

점심시간대 약간 감소한 것을 제외하면 아침부터 계속 증가하는 것을 볼 수 있다.

이제 생산성의 개념을 도입해서 분석하면 사전투표 1일차의 시간당 생산성 즉, 한 시간에 몰려든 투표인을 가장 많이 소화한 시간대가 15시 즉 14시~15시경, 6500여명 이다. 부천시 관내사전투표소와 전국 관외사전투표소에서 부천시 주민이 사전투표한 숫자이다.

그런데 2일차에는 11시 즉, 10시~11시부터 1일차 최대 생산성 6500명/hr을 넘어선 것이다. 심지어 점심시간을 제외하고 계속 증가하다가 마지막 시간대는 약 10500명까지 증가하여 1일차 효율 대비 10500/6500 = 1.61 즉, 1일차 대비 시간당 최대 효율이 61%나 증가한 것이다.

제조업 생산공장이라면 동일한 제조설비, 동일한 생산인력으로 1일차에는 시간당 최대 6500개를 생산했는데 2일차는 그보다 61%나 증가한 10500개를 생산한 것이다. 하루 만에 시간당 4000개가 더 생산된다는 것이 확인된 것이다.

　여기서 눈치 빠른 독자는 의문을 제기할 것이다. 1일차 6500개가 진정 최대한 가동된 것이 맞는지? 원료가 부족해서 시간당 투입량을 줄인 것이 아닌지? 또는 제품을 쌓을 창고가 부족하여 생산량을 줄인 것이 아닌지? 등등. 투표소 환경으로 바꿔 의문을 제기하면 1일차는 투표인이 항상 투표소 앞에 대기하여 있지 않아서 발급기가 놀고 있어서 시간당 소화한 인원수가 적은 것이 아닌지 등과 같다.
　이러한 의문제기에 대해 제조업 관점으로 우선 설명하면 원료는 충분히 제때 공급되었고, 제품창고 또한 충분히 확보가 되어 있어 제약요소가 아니다. 투표로 치면 투표인이 항상 대기하다가 빈자리가 생기면 바로 투표를 하고 투표 후에는 투표소를 빠져나와 막힘없이 나가기 때문에 이 또한 문제가 없다.
　415총선 당시 부천시에는 특수한 상황이 있었다. 부천시는 2019년 이전에는 36개 행정동이었고 사전투표소는 36곳이었다. 그러나 2019년 36개 행정동이 10개 광역행정동으로 개편되면서 2020년 실시된 415총선에서는 10개의 사전투표소만 운영되는 상황이 되었고 신중동 사전투표소는 기존 약대동, 중1동, 중2동, 중3동, 중4동 5개 사전투표소가 1곳으로 통합되어 실시되었다. 물론 통합에 따라 부천시청 내 큰 회의실이 사용되었지만 부천시민들이 415총선 사전투표 시 기록한 블로그나 기사들에 따르면 1,2일차 오전 10시 이후는 긴 대기줄하에 투표를 하였다고 전한다. 즉, 10시 경 이후에는 투표인이 항상 대기하여 빈자리가 생기면 바로 투입되는, 제조업으로 비유하면 원료가 필요시점에 충분히 공급되었다는 것이다.

또 하나 부천시 전체 사전투표인수를 가지고 분석할 때 사용된 투표인수 숫자가 관외사전투표인수가 포함된 숫자로 관외사전투표는 전국 3500여개 사전투표소에서 실시되니 2일차는 관외사전투표에서 많이 투표하지 않을까 이의를 제기할 수 있다. 이에 대해 관외사전투표 우편배송결과로부터 1일차, 2일차 관외사전투표인수를 파악할 수 있었고 1일차 23291명, 2일차 21541명으로 2일차에 오히려 줄어들었다. 그럼에도 2일차 전체 사전투표인수가 늘었다는 것은 2일차에 관내사전투표인수가 오히려 늘었다는 것이다.

2023.5. 필자를 대표 고소인으로 하여 7명의 국민과 함께 부천시 선관위 성명불상자 등을 고소하였다.

고소 시 적용한 논리는 1일차 시간당 사전 투표인수 처리능력 대비 동일한 발급기대수와 동일한 사전투표사무원수로 하루만에 61%나 향상된 2일차 투표인수에 해당하는 투표지 발급은 불가능하다는 것이다.

2023.8.31. 415총선 선관위를 피고로 하는 모든 선거무효소송이 원고의 패소로 끝났다.

그에 반해 자유로워진 것이 있었으니 소송으로 인해 거부되던 415총선 자료를 정보공개요청을 통해 확보할 수 있게 되었다. 수많은 정보공개를 요청하여 확보하였으나 사전투표소 내 사전투표지 발급기기별 발급수는 선관위가 발급기기의 고유번호는 비공개 대상이라 거부하여 확보하지 못하였다. 그래도 사전투표소별, 관내 관외 구분, 시간대별, 발급기대수 등 발급속도를 분석을 위한 자료가 확보되었다.

전국 사전투표소는 3500여곳이며 선거전 각 지역 선관위는 이전 선거의 투표인수, 관할 지역의 인구변동 (아파트 단지 입주 등) 등을 고려, 사전투표인수를 예상하여 중앙선관위에 보고하면 중앙선관위는 가용한 발급기 대수를 고려 구시군 선관위에 발급기 대수를 산정하여 보내고 구시군선관위는 사전투표소별로 배분을 한다. 이때 배분의 기준이 있는데 다음과 같다. (2020 사무편람 461,462쪽)

> 2) 사전투표 운용장비 설치 기준(사전투표소 1개소 기준)
> 가) 1개 사전투표소를 기준으로 명부단말기(노트북PC), 투표용지 발급기, 본인확인기, 무정전전원장치, 유·무선통신장비를 포함하여 1조로 구성
> 나) 운용장비 수량 : 읍·면·동별 1일 예상 사전투표자수 ÷ 1일 발급가능 사전투표자 수
> ○ 1일 예상 사전투표자수 ☞ 예상 사전투표수의 60%
> ○ 1일 발급가능 사전투표자 수 ☞ 720명 정도
> ※ 관내/관외선거인 동일한 기준으로 각각 산정함.

이 기준을 해석하면 1,2일차 각각 12시간씩 2일 동안 총 관내사전투표자수가 2000명이 예상된다면 하루에 50% 1000명이 해당되나 10% 여유를 두고 1100명이 1일 예상사전투표자수이고 기기 한 조당 720명을 소화할 수 있으니 1100명 / 720(명·조) = 1.5 조 장비가 필요하다는 것이다.

여기서 선관위의 조 당 하루 소화가능 투표인수는 "720명 정도"인

데 이 숫자의 의미는 하루 즉, 사전투표의 경우 12시간에 720명 즉, 720명/12시간이고 12시간을 초로 환산하면 12x60x60 = 43200초가 되고 1명에게 투표지를 발급하는데 소요되는 시간을 43200초/720명 = 60초/명 즉, 60초마다 1명에게 투표지를 발급하는 것을 의미한다. 관내, 관외 동일기준에 대하여 관내 대비 관외의 경우 우편봉투에 붙이는 라벨을 추가 출력해야 하므로 2022년 대선을 위한 사무편람에서는 관내와 관외가 구분되어 개정되었다. (2021개정사무편람 468쪽)

선거종류 \ 구분	기준 정당·후보자수	관내사전투표	관외사전투표
동시지방선거(7장)	선거별 5명	740명 정도	640명 정도
국회의원선거(2장)	5명, 30개 정당	900명 정도	750명 정도
단일선거(1장)	5명	1,270명 정도	1,000명 정도

○ 운용장비 1대당 예상 발급자수(1일 기준)

국회의원선거 관내사전투표의 경우 투표용지가 2매 발급되며 투표용지의 길이 즉, 후보자수, 정당수에 따라 인쇄시간이 다르므로, 지역구 투표용지는 5명 후보자, 비례대표투표용지는 30개 정당인 기준, 1 조당 "900명 정도" 발급속도로 환산하면 48초/인에 해당한다.

이 기준은 2024년 제22대 국회의원선거적용 사무편람에서 또다시 변경이 되었다. (2023개정사무편람 460쪽)

구분 선거종류	기준 정당·후보자수	관내사전투표	관외사전투표
동시지방선거(7장)	33명	720명 정도	610명 정도
국회의원선거(2장)	29명	860명 정도	720명 정도
단일선거(1장)	5명	1,230명 정도	960명 정도

국회의원선거 관내사전투표의 경우 860명 정도, 인당 발급속도로 환산하면 50.2초/인 이다. 선관위가 이전 여러 선거의 경험을 반영하여 개정하였을 것으로 인정하여 2024년 적용 기준을 이 후 분석의 기준으로 하며 그 값은 한 조당 일일 투표인수를 860명 즉, 50초/인이다.

이 섹션의 첫 부분에 국무총리의 종로구 삼청동사전투표소 관내사전투표 소요시간을 계산하여 볼 것을 제안했다. 신분증을 제출할 때부터 투표용지를 건 네 받을 때까지 영상구간 1분36초 - 0분42초 = 96초 - 42초 = 54초 이다. 한 관내사전투표인이 신원확인준비에서 투표지를 발급받는데 소요되는 시간이 54초임을 기억하자.

부천시 전체에 대해 확보된 정보로부터 범위를 축소하여 신중동으로 한정, 관내사전투표 시간별 발급속도를 계산하였다. 신중동사전투표소의 관내 투표용지 발급기기는 15조이며, 1일차는 18:02, 2일차는 18:09에 투표가 지연 마감되어 18시 값에는 지연시간을 반영하여 계산하였다.

시각	1일차			2일차		
	신중동 관내사전 투표자수	투표지발 급소요초/ 인·기기	투표함 투입 주기 (초)	신중동 관내사전 투표자수	투표지발 급소요초/ 인기기	투표함 투입 주기 (초)
7	182	296.7	19.8	457	118.2	7.9
8	174	310.3	20.7	445	121.3	8.1
9	235	229.8	15.3	521	103.6	6.9
10	436	123.9	8.3	790	68.4	4.6
11	602	89.7	6	898	60.1	4
12	638	84.6	5.6	1165	46.4	3.1
13	391	138.1	9.2	1036	52.1	3.5
14	706	76.5	5.1	1131	47.7	3.2
15	819	65.9	4.4	1066	50.7	3.4
16	856	63.1	4.2	1128	**47.9**	**3.2**
17	815	66.3	4.4	1336	**40.4**	**2.7**
18	832	67.1	4.5	1551	**40**	**2.7**
계	6686			11524		

 1일차는 16시 즉, 15시~16시에 856명이 투표하여 평균 63.1초마다. 1인에게 투표용지가 발급되었고 투표함에는 평균 4.2초마다 한명씩 투입하였다.

 그러나 2일차는 11시 즉, 10시~11시부터 1일차 최대 시간당 발급능력을 초과하기 시작해 60.1초/인을 기록하더니 계속 증가하여 마지막시간대는 **40초/인이라는 최고 발급속도를 기록했다. 2.7초마다 투표함에 투표지가 투입되었다.**

 평균의 함정에서 탈출하기 위해 상세 데이터로 상황을 세분화한 결과 신중동사전투표소의 경우 40초마다 1인에게 발급되고 투표인이 2.7초마다 투표함에 투입이 되는 것을 확인하였으며 이것이 가능한지

분석한다. 먼저 신중동 사전투표소의 물리적 환경부터 이해해야 한다. 2016년 당시 5개사전투표소가 415총선에서 신중동사전투표소 1곳으로 통합되었고 부천시청 회의실의 물리적 환경에 대한 인천연수구을 피고 서면의 내용이다 (2020.9.29. 서면 5쪽)

"부천시 신중동 사전투표소의 실측 면적은 322.8㎡(가로 21.1m× 세로 15.3m, 연단 31.7㎡ 제외)입니다. 원고는 위 장소가 협소하여 23대의 프린터를 놓을 공간조차 없다고 주장하나, 23대의 사전투표장비(관내 15, 관외 8)를 설치했음은 물론, 동 장소의 출입구 반대쪽 창문쪽(가로 21.1m) 방향에 일렬로 촘촘히 기표대 27개를 설치·운영하였습니다(을 제20호증 신중동 사전투표소 내·외부 사진 참조). 기표대를 일렬로 설치한 장소의 뒤편(세로 방향 벽쪽)에도 기표대를 설치하였으므로 총 27개를 설치·운영할 공간은 충분하였습니다."

피고가 제출한 사전투표 당시 촬영된 신중동사전투표소 사진(이하 "신중동투표소 사진")과 부천시청 홈페이지에 게시된 사전투표준비 사진. 필자가 부천시청 3층 소통마당에 직접 현장 답사한 실측자료를 종합하여 사전투표소 내 기기 배치도를 그려보면 다음 그림과 같다.
피고 선관위의 서면과 같이 총 23대, 27개 기표소를 설치하는데 공간상으로 가능함을 확인 하였다.

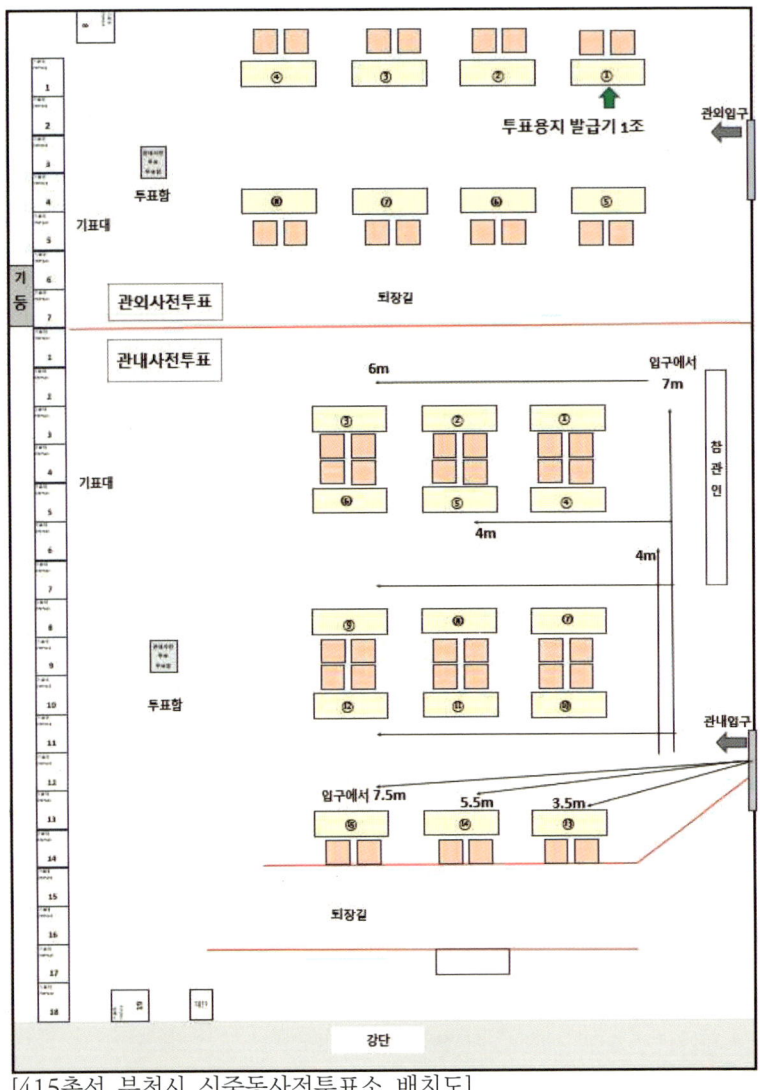

[415총선 부천시 신중동사전투표소 배치도]

　415총선 당시 부천시을 선거구의 후보자는 5명이다. 사무편람에 관내사전투표는 기기 당 50초마다 1인씩 소화하는 것으로 가이드 되어 있다. 먼저 국무총리의 삼청동 관내사전투표에서 소요된 54초를 행위별 세분화하였다.

행위	영상시각	단계 간 소요시간(초)
투표사무원에게 신분증 건네주는 시점	00:42	
신분확인단말기 신원확인 완료 및 신분증 돌려주기	00:50	8
신분증과 본인대조 확인 완료	01:04	14
펜슬 바로잡기 완료	01:07	3
서명하기 완료	01:17	10
펜슬 원위치 완료	01:22	5
투표용지 인쇄 및 투표용지 건네받기	01:36	14
계		54
다음 투표인 들어와 신분증 건네주기	01:41	5

이 사례를 통해 산정할 수 있는 것은 신분증과 신원확인단말기를 통해 통합명부시스템에서 투표가능여부를 확인하는 시간 약 8초, 본인확인 약14초, 서명하기 약 10초, 투표용지 인쇄 및 건네받기에 약 14초, 총 46초가 필수 소요시간이라는 것이다. 여기에 추가 하여야 할 시간이 최초 시작시 신분증을 투표사무원에게 건네주는 시점으로 하였기 때문에 다음 순서 투표인이 투표사무원에게 신분증을 건네기 시작하는 시점까지 5초가 추가되어야 한다. 따라서 1인이 투표지를 발급받는데 발급기를 점유한 총시간은 약 51초이다.

그리고 발급시간을 지연시키는 요소들이 있고, 사무편람에 기술된 내용이다.

"운용장비 1대당 예상 발급자수'는 사전투표소별 운용장비 배부수량 산출을 위한 참고자료이므로 선거인 본인확인 소요시간, 투표용지(등) 발급 대기시간, 롤용지·잉크 점검·교체 시간 등 운용상황에 따라 실제 발급자수는 다를 수 있음"

이 내용에 의하면 본인확인 소요시간은 투표사무원과 투표인의 행위등에 따라 발급속도를 빠르게 또는 느리게도 할 수 있는 요소이다. 그러나 용지부족, 잉크부족, 점검 등 요소는 발급속도를 오로지 지연시키는 요소이며, 미사용 투표용지롤은 150m 길이로 415총선 부천시을과 같은 지역구 5인 후보 투표지의 경우 18cm, 비례대표 48.1cm 즉 1인에게 소모되는 롤용지는 66.1cm이므로 226명에게 발급할 수 있는 길이이다.

신중동 사전투표 2일차 11524투표인에 대해 15대 발급기가 동원되었으니 한 프린터마다 약 768명을 소화했고 롤용지 교체를 3.4회 즉 4회 교체했다는 것이다. 교체 및 교체 후 테스트까지 고려하여 1회당 3분이 소요된다면 12분이 발급을 할 수 없는 시간이 되어 평균 발급시간이 늦추어지는 효과 즉, 예를 들어 계산상 40초당 1인에게 발급했다면, 이 사용할 수 없는 시간을 제외하면 39.3초마다 발급해야 한다는 것을 의미한다. 또한 네트워크 장애등 발급기를 사용할 수 없는 경우도 있으나 확인할 수 없으므로 무시한다.

사전투표인이 집중될 경우 빠른 발급을 위하여 사전투표 매뉴얼에 투표용지 교부방법이 예시되어있다. (2020년 사전투표 매뉴얼 34쪽) 단, 쉬운 이해를 위해 성명을 추가하였다.

투표사무원A (본인확인기 및 명부 단말기 담당)
  ① (홍길동)선거인의 신분증을 받아 얼굴과 사진을 대조·확인 후 신분증을 본인확인기에 투입
  ② (홍길동)신분증 스캔결과가 명부단말기 화면에 표시되면 명부등재 여부 조회·확인 후 손도장 또는 서명 안내

③ 투표용지 발급버튼 클릭((홍길동)신분증은 투표사무원B에게 전달)

④ **(홍길동)투표용지가 출력되는 동안 투표사무원A는 다음 선거인 (성춘향)의 본인확인 및 명부등재조회 확인(손도장 또는 서명) 까지 마침**

⑤ 앞 선거인(홍길동)의 투표용지가 모두출력·교부되는 것을 확인 후 대기 중인 선거인 (성춘향)의 투표용지 발급버튼 클릭

투표사무원B (투표용지발급 프린터 담당)
(홍길동)투표용지가 모두 출력되면 투표용지 출력매수 및 인쇄상태를 확인한 후 (홍길동)신분증을 포함하여 투표용지를 해당 (홍길동)선거인에게 교부함

이 예시에 의하면 홍길동 선거인의 투표용지가 인쇄되는 동안 성춘향 선거인의 신원확인 및 서명까지 마치는 것으로 되어있다.

415총선 사전투표 1일차에 중앙선관위 선거방송에서 광주광역시 북구 동림동사전투표소 내 실시간 방송보도[1]를 하였는데 소중하게도 롱 테이크 즉, 2분10초 동안 영상이 끊어지지 않고 촬영되었고 2분 가량 리포터 뒤로 투표지 발급상황을 확인할 수 있으니 시청바란다. 본인확인기, 노트북, 프린터가 있는 탁자 3조가 일직선으로 설치되 운영 되었으며 다음 그림과 같다

---

[1] 제21대 국회의원선거 사전투표 생중계 '선택 2020 내가 만드는 대한민국' https://www.youtube.com/watch?v=V_w-LL8Fgxs 9:31:37구간

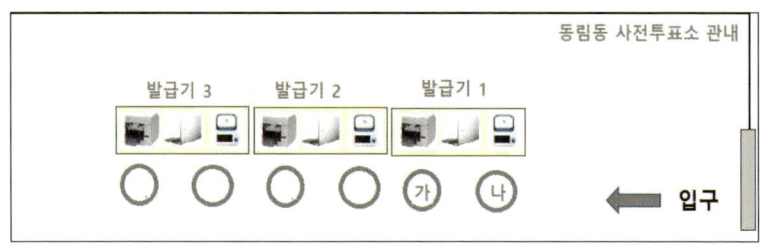

이곳에서 앞선 ㉮ 선거인과 다음 ㉯ 선거인이 한 탁자에 옆으로 나란히 사전투표를 하는 형태로 운영되었다. 2분10초 동안 12명의 선거인이 등장하며 구분을 위해 다음과 같이 특징을 부여하였다.

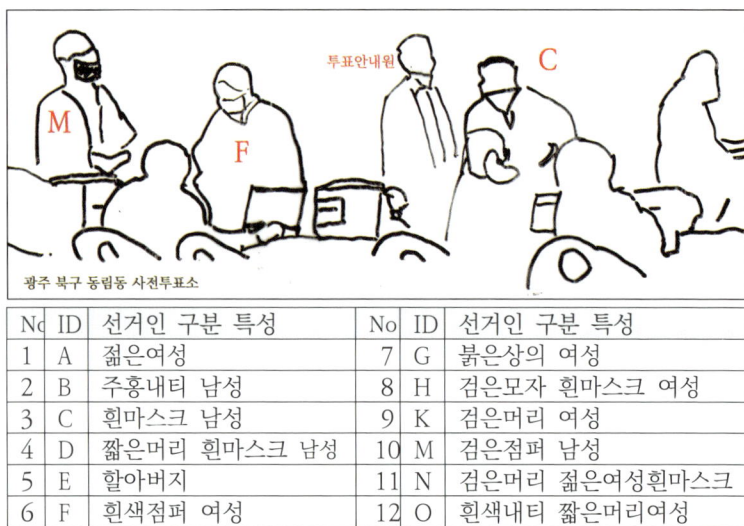

No	ID	선거인 구분 특성	No	ID	선거인 구분 특성
1	A	젊은여성	7	G	붉은상의 여성
2	B	주홍내티 남성	8	H	검은모자 흰마스크 여성
3	C	흰마스크 남성	9	K	검은머리 여성
4	D	짧은머리 흰마스크 남성	10	M	검은점퍼 남성
5	E	할아버지	11	N	검은머리 젊은여성흰마스크
6	F	흰색점퍼 여성	12	O	흰색내티 짧은머리여성

 이 사전투표소에서는 삼청동사전투표소에서 볼 수 있었던 마스크를 내리고 신분증과 얼굴의 일치 확인하는 과정이 없었다. 마스크를 쓴 채 확인하거나, 아예 하지 않은 것이다. 보통의 사전투표소 모습과 다르나 일단 무시하자.

영상 내 발급기1의 0분25초~1분 55초 구간에서 K, M, N, O선거인의 발급이 확인가능하며 행위는 대기, 서명, 인쇄로 구분하였다.

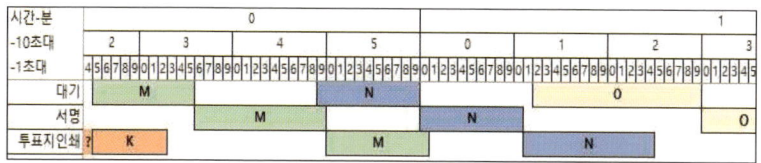

위 차트 보는 법을 설명하면 M선거인의 경우 0분25초에 대기를 시작하여 0분36초에 서명을 시작하고 0분50초에 투표인쇄가 시작 1분0초에 발급이 완료되었다고 해석하면 된다. 같은 방법으로 본인확인기 앞에서 대기 중이던 N선거인 서명의 시작시점(1분0초)은 앞선 M선거인의 투표용지 인쇄가 끝난 시점(1분0초)에 일치하며 O선거인 또한 대기상태였음에도 몇 초 뒤 서명이 시작되었다.

앞 선거인의 투표용지 인쇄가 끝나야 다음 선거인의 서명이 시작되는 현상은 영상을 통해 A와 B선거인에게서 또한 확인 할 수 있으며 앞선 선거인의 인쇄 종료 전 서명하는 현상은 확인할 수 없다.

또한 앞 선거인의 투표용지 발급이 완료되어야 다음선거인의 정보를 입력할 수 있다는 것은 통합명부시스템 설명자료에서 확인할 수 있다. (2020.12.14. 피고 선관위가 검증기일에 공개한 자료)

4 사전투표용지 발급 절차

1. 선거인의 신분증 스캔
2. 선거인 조회
3. 본인확인자료 입력 (손도장이나 서명입력)
4. 투표용지발급 요청

5. 사전투표용지 발급기록 저장
6. 사전투표용지 일련번호 설정
7. 투표용지발급기에 인쇄할 정보 설정
8. 사전투표용지 발급
9. 다음 선거인을 위해 초기상태로 복귀

8번이 완료되어야 9번 단계에서 초기상태로 복귀, 다음선거인을 처리할 수 있다.

동림동 영상을 확인해 보면 제조업 자동화된 공장 내 기계의 움직임과 인간의 차이점을 확인 할 수 있다. 인간은 기계처럼 착,착,착 끼워 맞추듯이 행동할 수 없다는 것이다.

동림동 사전투표소에서 12명의 선거인 중 본인확인에서 투표용지를 받을 때까지 발급 소요시간 확인이 가능한 선거인별 소요시간이다.

(단위: 초)

ID	선거인 구분 특성	신원확인서명대기	서명	기타동작	인쇄	총발급시간
B	주홍 내티 남성	13	11		15	39
D	짧은머리 흰마스크 남성	12	12		14	38
F	흰색점퍼 여성	13	10	6	9	38
G	붉은상의 여성	12	15	4	15	46
M	검은점퍼 남성	11	14		14	39
N	검은머리 젊은여성흰마스크	11	11		14	36
O	흰색내티 짧은머리여성	18	9		14	41
	평균	12.9	11.7	5	13.6	39.6

시간을 줄일 수 없는 필수단계인 서명과 인쇄에 소요되는 평균시간은 11.7 + 13.6 = 25.3초이다. 그럼에도 7명의 선거인이 투표소에 입장 후 투표용지를 받을 때까지 평균 발급시간은 39.6초이다 이는

발급과정이 자동화된 공장처럼 착착착 기계적으로 움직일 수 없는 대기시간이 존재하는 발급절차와 기타동작 등 인간행동의 괴리에 기인하며 영상을 통해 확인할 수 있듯이 너무나 당연한 현상이다.

동림동 사전투표소는 발급기의 빈자리에 선거인을 투입하는 투표안내원은 1명이며 쉴 새 없이 확인 및 배치를 해야 하며 이 투표소는 체육관 입구에서 들어오자마자 바로 위치한 서로 붙어있는 3개의 발급기에 빈자리를 찾아 투입했음에도 평균 39.6초가 소요되었다.

동림동사전투표소 상황과 신중동사전투표소 상황을 비교해보자.

신중동사전투표소는 관내용 15대의 발급기가 있고 투표소 사진에 보면 내부 투표안내원은 2명이다. 2명이 15개의 발급기의 상태를 확인해야 하며 빈자리에 선거인을 보내야 하나 사진만 보더라도 역부족이다. 신중동사전투표소 배치도에서 알 수 있듯이 투표소 가장 안쪽에 있는 발급기에 가기 위해서는 입장 후 7m 관외 방향쪽으로 들어가서 6m 더 안쪽으로 들어가야 한다. 합하면 13m이고, 7m위치에 미리 대기한다 하더라도 6m를 더 이동해야 한다. 6m 걸어서 갈 때 소요시간을 독자 분들도 측정해보길 바란다. 필자는 재보니 1m당 1초 정도 걸린다. 6미터 가기 위해서는 6초가 소요된다는 것이다. 군대 유격 훈련처럼 뛰어서 갈수도 없는 노릇이다.

선관위가 공개한 부천시을선거구 내 신중동,상동,중동의 관내,관외 사전투표인수 성별, 연령별 선거인수 및 비율은 다음과 같다.

70대 이상 연령층이 6%, 남성으로는 6.1%, 여성은 5.8%이다. 부천시을 선거구의 관내 관외 투표인수 비율이 관내가 74%이므로 단순 산술적으로 4.4% 노인층이 매시간 마다 있었다는 것이다. 60대 이상

		계	18세, 19세	20대 (20~29세)	30대 (30~39세)	40대 (40~49세)	50대 (50~59세)	60대 (60~69세)	70세 이상
투표 인수	계	49,551	1,167	8,517	8,141	9,713	11,337	7,725	2,951
	남	26,430	669	4,549	4,029	4,973	6,105	4,491	1,614
	여	23,121	498	3,968	4,112	4,740	5,232	3,234	1,337
비율	계		2.4%	17.2%	16.4%	19.6%	22.9%	15.6%	6.0%
	남		2.5%	17.2%	15.2%	18.8%	23.1%	17.0%	6.1%
	여		2.2%	17.2%	17.8%	20.5%	22.6%	14.0%	5.8%

여성의 비율을 보면 20% 즉 관내만 보면 14.8%에 달한다. 약 7명 중 1명꼴이다. 고 연령층을 폄하하는 것이 아니며 빠르지 않다는 것은 상식이다.

동림동사전투표소의 39초대 발급소요시간, 삼청동사전투표소 사례 경우 54초에서 대기시간에 신분증과 실제본인일치여부를 확인 한다고 가정하면 14초를 제외할 수 있어 40초가 되며, 다음 선거인 입장 5초 시간을 더해야 하나 바로 뒤에 와서 대기한다고 하더라도 최소 40초 정도는 소요된다는 것이다.

신중동사전투표소의 시간대별 발급소요시간을 다시 보자.

시각	1일차			2일차		
	신중동 관내사전 투표자수	투표지발 급소요초/ 인·기기	투표함 투입 주기 (초)	신중동 관내사전 투표자수	투표지발 급소요초/ 인기기	투표함 투입 주기 (초)
7	182	296.7	19.8	457	118.2	7.9
15	819	65.9	4.4	1066	50.7	3.4
16	856	63.1	4.2	1128	**47.9**	**3.2**
17	815	66.3	4.4	1336	**40.4**	**2.7**
18	832	67.1	4.5	1551	**40**	**2.7**

사전투표 2일차 가장 좋은 발급속도를 보였을 때가 인당 40초였다. 동림동 사전투표상황과 유사한 발급속도를 보여주고 있다. 1일차 최고 효율 평균 63.1초마다 1인에게 발급되던 속도가 2일차는 40초로

57%나 향상된 효율이다. 투표함에도 2.7초마다 1명씩 투입하는 속도이다.

효율이 50% 이상 높아진 상황에 대해 코로나19상황임에도 투표안내원이 최선을 다해 15곳 발급기에 줄을 세워 낭비되는 시간을 최소화해서 수행 했다고 하자. 투표함에 투입하는 시간도 2.7초마다 전투하듯 투입하여 달성했다고 하자.

그러나 아무리 발급속도를 줄인다고 해도 서명과 투표지 인쇄 소요시간에 해당하는 삼청동사전투표소 24초나 동림동사전투표소나 25.3초는 이하로는 줄일 수 없음을 기억하자. 온라인과 물리적 오프라인이 만나는 소요시간이다.

필자는 2023.9.부터 415총선, 2022년 대선, 지방선거에 대하여 모든 사전투표소의 발급기 수 및 시간대 별 관내 관외사전투표인수 자료를 확보하여 신중동사전투표소와 같은 분석을 하였다. 분석하는 과정에서 선거인이 몰리는 상황에 따라 관내용 발급기를 관외로 또는 반대로 전용 가능함을 확인 하였고, 전용했는지 여부도 확인했다.

415총선 시 관내 1조, 관외 1조 각각 1조로 운영되고 상호 전용이 없는 투표소 중 최상위 발급속도(초/인) 효율을 가진 사전투표소 조사 결과이다.

No	선거구	사전투표소	1일차		2일차	
			투표 인수	발급 속도	투표 인수	발급 속도
1	부산 금정구	청룡노포동	1050	41.1	1612	**26.8**
2	대전 서구갑	도마1동	1131	38.2	1558	**27.7**
3	부산 남구갑	문현3동	1121	38.5	1510	**28.6**

4	경북 경산시	중방동	905	47.7	1369	**31.6**
5	부산 연제구	연산제8동	886	48.8	1351	**32.0**
6	강원 강릉시	주문진읍	1086	39.8	1345	**32.1**
7	충남 서산태안	성연면	873	49.5	1345	**32.1**
8	부산 남구갑	대연4동	1050	41.1	1324	**32.6**
9	경기 동두천시 연천군	생연2동	834	51.8	1319	**32.8**

* 이하 자료는 "엔지니어의 눈물" 카페 또는 웹사이트 참고

사전투표 2일차에 집중되어 12시간 평균 발급속도가 26.8초부터 32.8초까지이다. 약 25초 정도가 필수발급속도라고 했으니 가능한 속도라고 말할 수도 있겠다. 그러나 눈치 빠른 독자는 파악 했을 것으로 생각된다. 통계 평균의 함정에 빠지지 말자.

시간대별로 발급속도를 세분화하여 다시보자.

2일차 투표시간	청룡노포동 투표인수	청룡노포동 발급속도	도마1동 투표인수	도마1동 발급속도	문현제 3동 투표인수	문현제 3동 발급속도	중방동 투표인수	중방동 발급속도
7	59	61	80	45	41	87.8	26	138.5
8	70	51.4	61	59	60	60	55	65.5
9	80	45	100	36	64	56.3	66	54.5
10	120	30	141	25.5	111	32.4	95	37.9
11	176	**20.5**	152	**23.7**	129	27.9	103	35
12	146	**24.7**	158	**22.8**	146	24.7	112	32.1
13	136	26.5	133	27.1	152	**23.7**	122	29.5
14	138	26.1	150	**24**	141	25.5	146	**24.7**
15	173	**20.8**	125	28.8	153	**23.5**	153	**23.5**
16	185	**19.5**	145	**24.8**	172	**20.9**	178	**20.2**
17	186	**19.4**	151	**23.8**	161	**22.4**	182	**19.8**
18	143	**25.2**	162	**22.2**	180	**20**	131	27.5

풍선을 불면 계속 커지다가 임계점이 지나면 터지고 고무줄도 계속 늘여 임계점이 지나면 끊어진다. 물리적인 세계에서는 항상 한계가 존재한다.

2일차 투표시간	연산제 8동		주문진읍		성연면		대연 제4동	
	투표인수	발급속도	투표인수	발급속도	투표인수	발급속도	투표인수	발급속도
7	57	63.2	88	40.9	22	163.6	58	62.1
8	55	65.5	69	52.2	49	73.5	54	66.7
9	81	44.4	85	42.4	64	56.3	74	48.6
10	101	35.6	115	31.3	111	32.4	105	34.3
11	95	37.9	145	24.8	112	32.1	117	30.8
12	93	38.7	143	25.2	99	36.4	117	30.8
13	110	32.7	115	31.3	103	35	127	28.3
14	118	30.5	142	25.4	102	35.3	114	31.6
15	127	28.3	126	28.6	136	26.5	129	27.9
16	150	24.0	128	28.1	189	19.0	156	23.1
17	157	22.9	96	37.5	183	19.7	137	26.3
18	207	17.4	93	38.7	175	20.6	136	26.5

투표소 입장부터 투표용지를 발급받아서 기표소로 향할 때까지 투표안내원이나 발급기 투표사무원이 최선의 노력을 다하여도 몰려드는 투표인을 효율적으로 소화하는 것에는 물리적 한계가 있다. 그 한계가 코로나19상황에서 비닐장갑을 끼고 서명해야했으며, 투표용지가 잉크젯프린터기로 인쇄되는 시간이다. 이 시간에 추가하여 롤용지교체, 투표인의 엉뚱한 행동 등등 예측할 수 없는 행위 등으로 인해 이 임계시간에 추가해서 평균 발급속도는 느려질 수밖에 없다.

그럼에도 전국적으로 조사된 사전투표소 시간대별 발급속도가 임계치 근처라고 판단되는 약 25초 보다 더 적게 소요된 수많은 사전투표소가 있음이 확인하였다.

2024년 제22대 국회의원선거 발급속도에 대한 필자의 민원회신에서 중앙선관위는 다음과 같이 설명하고 있다.

"선거인 1인당 투표용지 발급·교부에 소요되는 시간은 선거인간 중첩시간(본인확인 마친 선거인의 투표용지 인쇄 중, 다음 선거인의 본인확인 진행 등), 선거인의 대기상황에 따라 관내·관외 장비 변경 운용, 장비담당사무원의 숙련도, 개별 장비간 성능차이 등 여러 요인으로 인하여 달라질 수 있음을 알려드립니다."

중앙선관위 홈페이지 "서면/인터넷 질의보기" 내 게시(2023.12.1.)된 해명이다.

"O 기 답변드린 내용과 같이, 지역구 후보자 5인, 비례대표 정당 24개를 기준으로 한 국회의원선거 관내사전투표의 경우 선거인 본인확인 및 투표용지 발급·교부에 50초가 소요된다는 기준을 가지고 있으며, 이는 본인확인에 30초, 투표용지 발급·교부에 20초가 소요되는 것으로 산정된 기준입니다.

O 한편, 사전투표사무원의 업무숙련도 등에 따라 본인확인 및 투표용지 발급·교부 소요시간에 차이가 있을 수 있어 본인확인 및 투표용지 발급·교부에 소요되는 '허용가능 범위의 최소 소요시간'을 제시하는 것은 어려움이 있음을 말씀 드립니다"

2023.10.10. 국정원과 한국인터넷진흥원은 중앙선관위 통합명부시스템을 점검한 결과 해킹을 통해 가능한 현상을 발표하였다.

1. '사전 투표한 사람'을 '사전 투표하지 않은 사람'으로 표시
2. '사전 투표하지 않은 사람'을 '사전 투표한 사람'으로 표시
3. 존재하지 않은 '유령 유권자'도 '정상 유권자'로 등록 가능
4. 사전투표 용지에 날인되는 청인(선관위 도장), 사인(투표관리관 도장) 파일을 훔칠 수 있음

5. 실제 사전투표 용지에 찍힌 큐알(QR)코드와 같은 투표지를 무단으로 인쇄 가능

이 점검 결과에 대해 중앙선관위는 다음과 같이 반박했다.

"선거 시스템에 대한 해킹 가능성이 곧바로 실제 부정선거 가능성으로 이어지는 것은 아니다. 기술적 가능성이 실제 부정선거로 이어지려면 다수의 내부 조력자가 조직적으로 가담해야 한다. 사실상 불가능한 시나리오이다"

통합명부시스템도 해당하는 물리적인법칙이 적용되지 않는 온라인 세계에서는 기술적으로 투표인수를 원하는 대로 증감시킬 수 있다. 그러나 그 투표인수 숫자는 물리적 환경 즉, 사전투표소 현장상황과 무관하게 갈 수 없다. 이것이 대한민국 사전투표체계이다. 그러함에도 선관위조직이 공개한 정보에 의하여 산정된 시간당 사전투표용지발급 속도는 물리적 환경과 괴리가 있다. **물리적 제약에 의한 발급가능한 투표용지수와 발표된 사전투표인수와의 차이가 선거인이 사전투표소에 와서 정상적으로 투표한 것인지 확인이 필요한 표의 수이다.** 필자는 부천시선관위 고소장에서 부천시전체 1일차 최대 시간당 발급속도 6500을 넘어서는 2일차의 발급분 (다음 그래프 붉은색부분)을 수사가 필요한 숫자 약 14272명이라고 보았다.

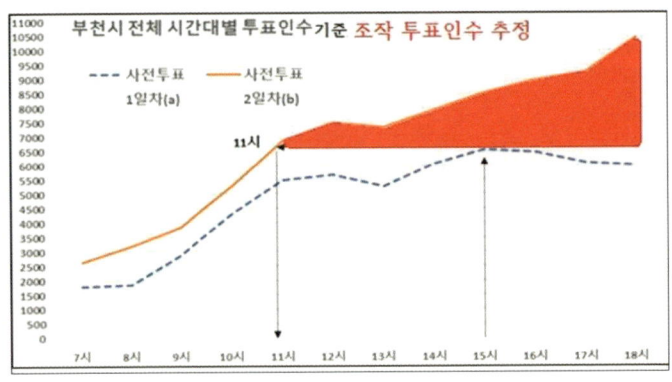

선관위는 기술적으로 가능하더라도 실제 부정선거가 완결되려면 다수의 내부 조력자가 있어야 하므로 현실적으로 발생할 수 없다는 것이다. 그러나 지금까지 분석한 결과는 이 주장과 배치된다. 그것이 의미하는 것이 무엇인지는 독자 분들이 판단해보길 바란다.

필자의 데이터에 입각한 과학적 증거가 틀렸다라고 선관위가 입증할 수 있는 유일한 방법이 있으니, 2024.9. 현재도 보관하고 있을 수도 있는 415총선 데이터베이스 로그파일이다.

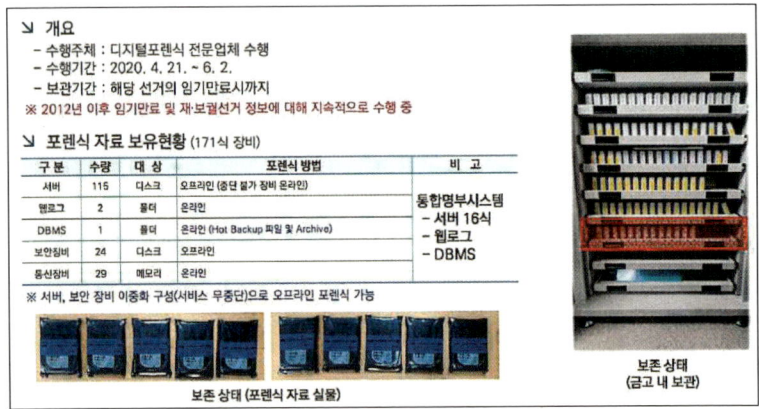

단, 개인정보보호도 필요하기 때문에 수능출제자들이 일정기간 합숙하는 것처럼 데이터베이스 활용에 전문가인 필자를 포함한 시민단체 측 3인, 선관위 측 추천 3인이 데이터가 유출되지 못하게 몸만 들어간 특정장소에 합숙하여 같은 자료로 각자 분석하여 그 결과를 토론하고 발표하는 것으로 하면된다. 통합명부시스템은 업무시스템으로 그 시스템안의 데이터는 어떤 변경이 가해졌는지 알 수 없기 때문에 모든 분석의 기준은 데이터베이스 로그파일이어야 한다. 이 로그파일에는 업무시스템에 변경을 가한 그 흔적조차 그대로 기록되기 때문이고 로그파일은 데이터베이스 S/W 공급업체인 미국 오라클사 이외에는 수정이 불가능하기 때문에 원본성이 유지된다고 볼 수 있다.

그 로그파일에는 사전투표소의 발급기의 물리적 고유번호(IP주소)별, 발급시간별 발급기록이 모두 있기 때문에 전산상 발급이력을 모두 추출하여 물리적으로 가능한지 여부를 확인할 수 있다.

2024.2.2. 경기도 부천시 원미경찰서에 부천시선관위 성명불상자등 고소사건의 최종 결정으로 마지막 부분만 인용한다.

"- 따라서 대표 고소인이 입증 방법으로 주장하는 통합 명부 시스템의 로그파일을 확인하더라도 통합 선거인 명부 시스템을 조작하고, 위조한 사전 투표용지를 투표함에 투입한 자를 특정할 단서는 현재로썬 없다고 봄이 상당하다.
- 본 건 고소인의 진술과 달리 피의자들이 통합 명부 시스템 조작 및 위조한 사전투표 용지를 투입하는 등의 지시가 있었거나 이에 개입하였다고 볼 증거는 불충분하다.
- 피의자들은 증거 불충분하여 혐의 없다"

제8회 동시지방선거를 앞둔 2022.4.28. 전라남도 선거관리위원회는 사전투표시연회를 개최하였다. 최소 7장의 투표지가 발급되는 지방선거의 특성상 사전투표의 현장상황을 파악하기 위해서였다.

선관위 스스로 시행한 시연 결과 선거인이 신분증을 제출하고 본인확인을 거쳐 교부받기까지 1인당 평균 68~71초가 소요되었다고 보도되었다1).

415총선 동림동사전투표소 롱테이크 영상을 통해 지역구 사전투표지를 인쇄하는데 약 3초 소요됨을 확인할 수 있다. 투표지 7장이면 단순계산 20여초에 소요된다. 415총선 경우 지역구 5인기준 18cm, 비례대표 48.1cm 길이를 고려 독자께서 계산·비교해보길 바란다.

415총선 영상 조사과정에서 대전 둔산1동 사전투표소를 촬영한 보도기사가 확인되었다. 다행이도 끊어짐이 없는 롱테이크 영상이고, 관외사전투표의 경우이다. 관내와 관외의 차이는 라벨의 출력차이이며 관외봉투에 라벨을 붙이는 시간은 통상적으로 비례대표투표지가 인쇄되는 10여초 동안 붙이니 전체 발급시간에 영향을 주는 것은 단지 라벨을 출력하는 시간이며 수많은 영상에서 확인할 수 있다.

---

1) https://www.muannews.com/news/articleView.html?idxno=404790
61지방선거 1인7장 투표...1인당 평균 68~71초 소요

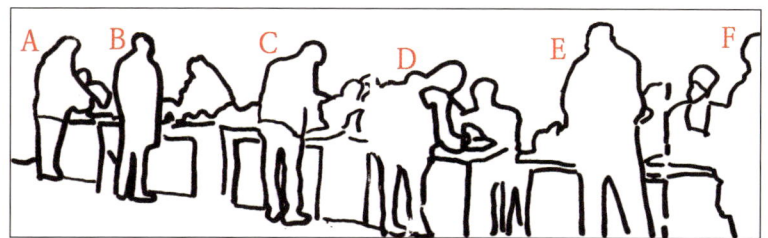

출처: 대전MBC 보도 둔산1동 사전투표소(관외) 투표화면 실루엣[1]

선거인		테이블앞 도착 영상지점	발급완료 또는 영상 끝 지점	투표지 최종 발급 상태	영상 끝 지점 행위	소요 시간 (초)
구분	특성					
A	젊은여자	0:58	2:01	미발급	투표지발급 중	63
B	젊은남자	1:36	2:01	미발급	신원확인 서명 중	25
C	중년남자	1:14	2:01	미발급	투표지발급 중	47
D	젊은여자	1:02	2:01	미발급	투표지발급 중	59
E	할아버지	0:30	1:40	발급	기표소로 이동	70
F	할머니	0:36	2:01	미발급	투표지발급 중	85

직접 영상을 시청해보기 바라며, **보도시간 2분 동안 비록 한 분만 투표를 완료하고 나머지 분들은 진행 중이지만 415총선 최상급 발급 속도에 대해 여기까지 읽으신 독자들은 이제 415총선 발급속도에 대한 분석과 판단이 가능하리라고 생각한다.**

이 장에서 발급속도의 문제가 제기된 사전투표소는 발급기가 1대이거나 신중동과 같이 특수한 경우이다. 다른 사전투표소는 단지 운용 발급기대수가 많아 투표인수가 최대 발급용량에 못 미치기 때문일 수 있다.

---

[1] https://www.youtube.com/watch?v=dKiqrq5a8iM
총선 사전투표 시작..이 시각 투표소/대전MBC

IV. 세 번째 눈물 – 유령표 사건
(전주시 완산구 삼천3동)

* 색맹만 사는 나라인가! 흰색과 연두색을 구별 못한다고? 빨간색과 검은색을 구별 못한다고? 구별해낼 시간이 부족했다고?

핵심은
- 사전투표소에서 발급한 투표지수보다 개표장에서 더 많은 투표지가 확인 되었다.
- 더 많이 확인된 비례대표 사전투표지 묶음에서 구별해 낼 수 있는 선거당일 투표지가 없다는 것이다.

* 사건 개요

415총선 전주시 완산구 개표장에서 삼천3동 비례대표 관내사전투표 개표 시 삼천3동 사전투표소에서 발급한 투표용지수보다 개표장에서 무려 10매나 더 많은 투표지가 확인되었다. 그에 반해 서신동 제9투표소의 선거당일 비례대표 투표 개표에서는 투표소에서 교부한 투표지수보다 10매 적게 확인되었다.
 한 투표소에서는 10매가 많게 나왔고, 한 투표소에서는 10매가 적게 나와서 합이 0, 따라서 문제가 없다고 결론이 난 고소와 소송에 대한 사건 내용이다.

2023. 12. 27. 피고소인 : 정OO 외 7명
처   분 : 재항고 기각
고 소 인 : 김OO

415총선 선거후 발행된 중앙선관위 총람(백서)에 의하면 사전투표소 3484개, 선거당일(4월15일) 14330개 투표소에서 봉사한 투표사무원은 145,288명 그리고 개표장 개표사무원은 64,015명이다. 투표사무원은 선거관리위원회 직원이 아니고 구청, 시청, 군청 등 공무원이 55% 정도이고 공정중립인사(일반인)이 45%정도이다. 즉, 선거전 교육 후 투입되는 선거관리 실무가 주 업무가 아닌 익숙하지 않은 업무를 수행하다 보니 투개표과정에서는 수많은 일이 발생한다.

2024년 제22대 국회의원선거 부산 영도구 청학제2동제4투표소 지역구 개표결과 교부된 투표용지수보다 투표지수가 1매 더 많음이 확인 되었고, 필자가 제기한 원인규명 민원에 대해 선관위 회신(2024.5.8.)은 "투표록 기재사항을 확인한 결과 착오로 지역구 투표용지가 (한 선거인에게) 2매 교부된 사실이 있음"으로 확인되었다는 것이다. 헌법상 선거의 4대원칙에 "평등"이 있다. 선거권을 지닌 국민은 1인 1표의 의미이다. 선거인 1인이 2표를 행사한 꼴이다. 서울 강북구 미아동제3투표소에서도 1매가 더 많이 확인되었는데 투표관리관 진술 등 조사결과 투표사무원이 투표용지 교부수를 1매 모자라게 기재하였고 개표소에서는 이 숫자보다 1매 더 나왔다는 것이다.

인간사에서 언제나 발생할 수 있는 실수라 치자.

415총선 2020. 4.10.~11. 실시된 전북 전주시 완산구 삼천3동 비례대표 관내사전투표 개표결과 공표된 개표상황표이다.

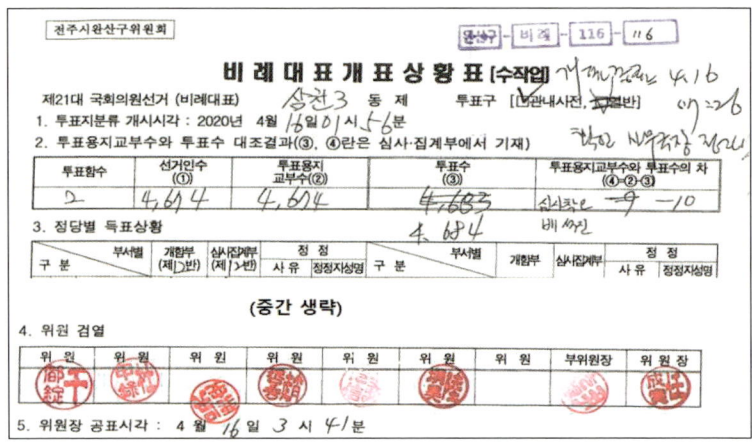

-10에 주목하자.

2020.4.15. 선거당일 서신동제9투표소 개표상황표이다.

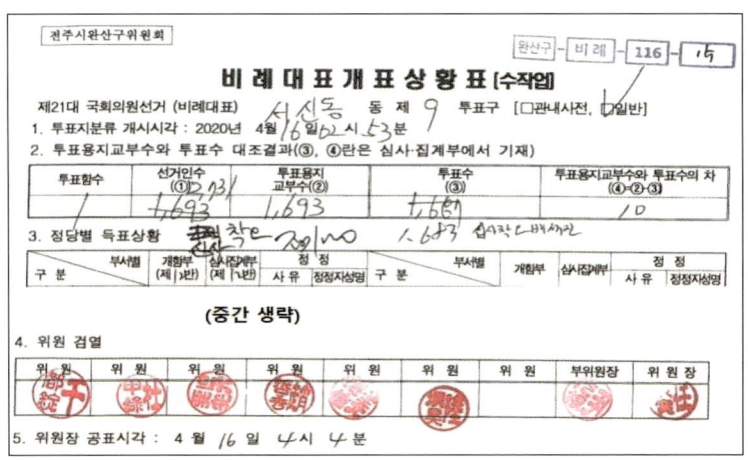

+10에 주목하자.

삼천3동 관내사전투표소에서 발급된 투표용지는 4674매인데 개표장에서 확인된 투표(지)수는 4684매 즉, 10매가 더 많이(-10) 확인된 것이다. 선거당일 완산구 서신동제9투표소에서 교부된 투표용지수는 1693매이나 개표장에서는 1683매 즉, 10표나 부족(+10)하게 확인된 것이다.

공직선거법제178조 제3항에 의하면 **후보자별 또는 정당별 득표수**는 선거관리위원회위원 전원이 공표 전에 득표수를 검열하고 개표상황표에 **서명 하거나 날인 공표된 개표상황표에** 의한다. **이것이 개표상황표의 권위이다.** 415총선 당시 전주시 완산구의 선거관리위원회위원장은 전주지법의 부장판사가 겸임하였다.

삼천동과 서신동제9투표소 개표결과 10매 많고, 10매 적은 사건은 당연히 인천 연수구을 소송서면으로 원고는 4회 제출, 이에 대한 피고의 답변서는 3회 제출 된 사건이나 **2022.7.28. 대법원의 판결문에는 해당내용에 대한 판단을 찾을 수 없다.**

다행이 김OO 외 5인이 중앙선거관리위원장을 피고로 2020.5.12. 국회의원선거무효 소송을 제기 하였고 2022.8.31. 원고패소로 결론이 난 판결문에 이 사건에 대한 대법원의 시각을 알 수 있다.

이 사건 관련 판결문 내용이다.

" 나. 관내사전투표의 선거인보다 투표수가 많은 선거구에 관한 주장에 대한 판단

갑제5호증 , 제6호증의 각 기재에 변론 전체의 취지를 종합하면, 원고가 주장하는 바와 같이 관내사전투표의 선거인 수 즉, 선거권자에게 발급•교부된 투표용지수보다 투표수가 많은 사전투표소가 존재하는 사실이 인정된다.

관내사전투표와 관외사전투표가 동일한 사전투표소에서 이루어지다 보니 관외 선거인이 투표용지를 교부받은 후 회송용 봉투 없이 관내사전투표함에 투표지를 넣거나, 투표지를 넣은 회송용 봉투를 관내사전투표함에 넣는 경우 또는 개표 과정에서 다른 투표함의 투표지가 혼입되는 경우, 지역구 국회의원 선거라면 개표소에서 투표지를 확인하여 해당 선거구의 개표결과에 합산하게 되나, 전국을 단일한 선거구로 하여 동일한 투표용지를 사용하는 비례대표 국회의원 선거의 경우 이를 구분할 수 없게 된다.

이러한 이유로 특정 사전투표소에서 관내사전투표의 투표용지 교부 수에 비하여 투표수가 많은 현상이 발생할 수 있다는 피고의 주장은 이를 수긍할 수 있다. 더군다나 전체 사전투표소 중 극히 일부에서 나타난 현상으로서 그 차이도 전주 완산구 외에는 대부분 1표 내지 3표 정도에 불과하다.

따라서 이와 같은 사정만으로 사전투표에 부정이 있었다고 볼 수 없고, 달리 이를 인정할 증거가 없다. 따라서 원고들의 이 부분 주장도 이유 없다.

대법원 2022. 8. 31. 선고 2020수47 판결문 발췌"

이 소송 서면 제출은 필자가 알기 이전에 이루어 졌다.

투표소에서 발급된 투표용지수보다 더 많은 투표지가 개표장에서 나온 상황에 대해 그러한 상황이 수긍된다는 대법원의 판단근거를 추출하였다.

1. 투표용지를 교부받은 후 회송용 봉투 없이 관내사전투표함에 투표지를 넣거나
2. 투표지를 넣은 회송용봉투를 관내사전투표함에 넣는 경우
3. 개표과정에서 다른 투표함의 투표지가 혼입되는 경우
4. 지역구 국회의원 선거라면 개표소에서 투표지를 확인하여 해당 선거구의 개표결과에 합산하게 되나, 전국을 단일한 선거구로 하여 동일한 투표용지를 사용하는 비례대표 국회의원 선거의 경우 이를 구분할 수 없게 된다.
5. 더군다나 전체 사전투표소 중 극히 일부에서 나타난 현상으로서 그 차이도 전주 완산구 외에는 대부분 1표 내지 3표 정도에 불과하다.
6. 이와 같은 사정만으로 사전투표에 부정이 있었다고 볼 수 없고, 달리 이를 인정할 증거가 없다.

415총선 전국 선거인수 43994247명, 완산구 311835명, 총 개표사무원이 전국 64015명이니 완산구 선거인수 비율로 단순 계산하면 453명, 이중 약 55%인 공무원 250여명과 일반인 개표사무원 203여명이 최대 다음날 4.16 새벽 6시경까지 고생하며 개표하였다. 이러한 노력에 반하는 그들의 명예에 심각한 도전에 대한 내용이 이어진다.

위 대법원판단 6개 관점에 대하여 엔지니어관점에서 분석한다.

1. 관내사전투표함에 관외사전투표지를 넣기

- 415총선에 적용된 사무편람(551쪽) 내 사전투표소 배치관련 다음과 같이 규정되어 있고 사전투표관리 매뉴얼에도 언급 되어 있다.

"관내선거인과 관외선거인의 투표 혼란을 방지할 수 있도록 예상 사전투표자수를 고려하여 관내와 관외투표소를 적정 규모로 구분 설비하고, 각각의 투표동선이 구분되도록 라인(예: 차단봉, 폴리스라인 등)을 설치함. 관내사전투표함과 관외사전투표함은 각각 별도 비치함."

"관내·관외 이동통로를 확실히 구분하고 관내·관외투표함간 일정거리를 두어 설치하는 등 관내·관외를 넘나들 수 없도록 설비(차단봉 이용 등) 관내사전투표함과 관외사전투표함은 선거인이 투표함에 잘못 투입하지 않도록 구분 배치 철저"

사무편람(564쪽)과 매뉴얼 내 사전투표사무 관계자 업무분담표에는 투표함 담당 투표사무원의 투표진행 중 업무는 "관내(투표지)· 관외(회송용봉투) 선거인이 각각 구분된 투표함에 올바로 투입하고 퇴소하는지 여부 확인"라고 적시되어 있다.

이 편람과 매뉴얼에 적시되어 있고 이전 섹션의 신중동사전투표소 배치도에서 확인할 수 있듯이 관내와 관외는 혼표를 방지하기 위한 배치와 이를 방지하기 위해 투표함 앞에 투표사무원이 선거인의 행위를 확인하게 되어 있다.

인간사 예측할 수 없는 상황도 있을 수 있으니 삼천3동에서 사전투표한 선거인이 관외 구역에서 차단봉을 넘어 관내 구역으로 왔고 마침 그때 투표함을 지키는 투표사무원이 자리를 비웠거나 무관심했고, 투표에 익숙하지 않는 선거인이 관외투표지만 투표함에 넣고 회송용봉투는 가져갔다. 10명에게서 이런 상황이 발생하였다.

또 하나 통과해야 하는 관문이 있으니 개표장에서 관내사전 투표함 개함 및 분류 시 관외사전투표지이기 때문에 구분되어 처리해야 하나 비례대표 투표지는 외관상 전국적으로 비슷하여 직관적 구분이 안 되니 구분해내지 못하였다고 하자.

2. 투표지를 넣은 회송용봉투를 관내사전투표함 넣기

이 상황은 위 1항에 투표소 예외상황들이 충족되어야 하고 추가로 개표장에서 돌파하기 여러운 단계를 통과해야 한다. 수많은 선거를 수행한 경험이 있는 중앙선관위는 이 상황에 대한 대처를 놓칠 리 없고 사무편람(751쪽)에 이 상황에 대한 조치를 규정하였다.

"O 관내 사전투표의 개표
위원장은 관내사전투표함에서 발견되는 '회송용봉투 없이 투입된 해당 위원회 관외사전투표지 또는 다른 위원회 사전투표지', '회송용봉투', '관외사전투표함에서 발견된 투표지 봉투'의 개표를 위하여 전담직원을 별도 지정·운영하며, 다음의 기준에 따라 사례별로 각각 처리함"

개표장 개함부에 쏟아진 관내사전투표지 가운데 혹여 투표지가 아닌 **관외우편봉투**가 있으면 개표사무원에의해 발견되지 않을 리가 없고, 발견이 되면 선관위 전담직원에게 인계가 되고 따라서 관내사전투표 투표수에 반영될 수가 없다. 더욱이 개함부에 이어 분류부에서는 48.1cm 길이로 인해 정당별 수작업 분류를 하나하나 했기 때문에 봉투째로 이 단계를 통과할 수 없다. 그러므로 해당사항 없다.

3. 개표과정에서 다른 투표함의 투표지가 혼입되기

투표소에서 발급 또는 교부한 투표용지수보다 더 많은 투표지가 개표장에서 발견되는 상황이 얼마나 엄중한지는 개표 시 작성하는 개표록의 기록 내용을 보더라도 인지할 수 있으며 완산구 개표록 자료이다.(415총선 전북 전주시 완산구위원회 선거개표록 발췌)

1. 위원회의 개최장소 : 전주화산체육관
2. 위원회의 개최일시 : 2020 년 4 월 16 일 7시 27분
3. 개표관리상황

가. 개표소 설치장소		전주시 완산구 백제대로 310 (장소 : 전주화산체육관)		
나. 위 원 참석상황		별지 제1호 <위원 참석상황>과 같음.		
다. 개표참관인 참관상황		별지 제2호 <개표참관인 참관상황>과 같음.		
라. 개표상황	① 개표시간	총 투표함수	개 시 시 각	종 료 시 각
		154	4. 15.(수) 19 : 04	4. 16.(목) 7 : 27
	②투표용지교부수와 투표수 대조상황	별지 제3호 <투표용지교부수와 투표수 대조조서>와 같음. ※ 공관개표결과 포함		

투표용지교부수와 투표수 대조조서

선거명 : 비례대표국회의원선거
위원회명 : 전주시완산구위원회

투표구명	투표함수	투표용지 교부수	투표수	투표용지교부수가 투표수보다 많음(매)	투표용지교부수가 투표수보다 적음(매)	비 고
(중간 생략)						
삼천3동	8	11,607	11,616		10	
관내사전투표	2	4,674	4,684	0	10	
삼천3동제1투	1	1,116	1,116	0	0	
삼천3동제2투	1	478	478	0	0	
삼천3동제3투	1	1,306	1,306	0	0	

개표록내 투표용지교부수와 투표수 대조조서 양식의 항목에는 투표용지교부수가 투표수보다 많음(매), 적음(매)와 같이 엄중하게 관리하고 있음이 확인 가능하다.

완산구 개표장에서 개표 시 투표소간 혼입상황 파악을 위하여 투표소에서 발급 또는 교부된 투표용지수와 개표장에서 확인된 투표지수가 불일치하는 완산구 투표소 현황이다.

구분	읍면동	투표구	투표용지 교부수(a)	투표수(b)	차이(a-b)
거소선상		완산구 전체	823	822	1
당일	중앙동	중앙동제2투	983	982	1
	노송동	노송동제1투	945	944	1
	서신동	서신동제9투	1693	1683	10
	삼천3동	삼천3동제6투	1406	1405	1
	효자4동	효자4동제8투	2155	2154	1
	인후3동	인후3동제6투	1380	1381	-1
관내	노송동	관내사전투표	2555	2553	2
	평화1동	관내사전투표	3421	3420	1
	삼천2동	관내사전투표	2851	2850	1
	삼천3동	관내사전투표	4674	4684	-10
	효자3동	관내사전투표	3747	3745	2

	효자4동	관내사전투표	4551	4550	1
	인후3동	관내사전투표	5080	5079	1

상기 표 외 다른 투표구는 두 수가 일치하니 혼입이 없다고 하자.

혼입이 된다는 것은 투표지의 이동이 있어야 한다. 이러한 이동은 개표소에 도착하기 전 투표지는 투표함에 보관됨으로 혼입이 될 수 없다. 따라서 혼입이 가능한 시점은 개표장에서 투표함을 개함 할 때부터 심사·집계부에서 개표상황표 작성을 마칠 때까지이다.

알 수 없는 사유로 투표지가 개표과정에서 혼입되어 두 수간 불일치가 발생한 경우 이에 대한 처리절차 또한 사무편람에 규정되어 있다. (사무편람 767쪽)

투표용지교부수와 투표수 불부합시의 처리요령

☐ **투표수가 투표용지교부수보다 많을 때**
- 후보자(정당)별 득표수 묶음을 재점검하여 매수확인을 실시함.
- 확인결과 매수에 차이가 날 때에는 다른 투표구에의 혼입여부를 확인하기 위하여 "투표관리관"란의 인영을 대조함.
- 잔여투표용지 봉투를 개봉하여 잔여매수를 확인함.
- 선거인명부의 투표자수를 계산함.
- 투표록의 투표자수 및 잔여투표용지 확인결과 계수착오임이 발견된 경우 개표록에 그 사실을 기재함.

☐ **투표수가 투표용지교부수보다 적을 때**
당해 투표구의 투표함 안을 다시 확인하고 개표상 아래로 떨어진 투표지가 있는지 여부 등을 확인하고 위와 같이 처리함.

투표지가 발급 또는 교부수보다 적은 경우는 개함한 투표함에 혹 붙어 있거나 개표상(탁자) 밑에 떨어져 있는 것을 확인하는 방법이 다이다. 선거인이 작성하고 투표지를 가져가면 알 방법이 없다. 문제는 많은 경우로 완산구 비례대표 선거에서는 인후3동제6투 당일투표와 삼천3동 관내사전투표이다. 주제가 삼천3동이므로 삼천3동 관내사전투표에 집중하여 보자. 삼천3동 사건은 처리요령에서 "투표수가 투표용지교부수보다 많을 때"이며 5개 점검항목 중 아래 3개 항목은 선거당일 투표에만 해당하므로 제외하면 위 두 개의 확인 방법이 남는다.

첫 번째는 가장 기본적인 것으로 표 매수를 다시 세는 것으로 삼천3동 개표상황표에 보면 최초 4683매에서 4684매로 수정된 것을 통해 적어도 두 번 세었다는 것이니 매수는 일치한다고 본다. 또한 비례대표 개표에서도 계수기는 사용되었다.

두 번째는 다른 투표구의 표가 혼입되는 경우 확인하는 방법으로 대표적인 방법이 "투표관리관" 인영(도장)을 대조하는 것이다. 인영은 사전투표소 사전투표관리관별로 상이하므로 (예: 삼천3동 : 삼천3동사전투표관리관인, 인후3동 : 인후3동 사전투표관리관인과 같음) 삼천3동 사전투표지가 아닌 경우 인영확인으로 혼입여부를 쉽게 확인할 수 있다. 삼천3동 관내사전투표 또한 사무편람 내 처리요청에 따라 시행을 하였을 것이라는 것은 의심할 필요가 없다. 공무원 세계는 향후 책임 소재로 인하여 절차대로 시행했는지가 중요하다.

이러한 노력의 흔적은 투표지 분류, 공표 및 집계시스템에 입력된 시간의 간격이 말해준다. 개표과정에서 공표된 개표결과는 개표상황표 내용대로 집계시스템에 입력이 되고, 비례대표의 경우 이 입력데이터가 전국적으로 합산이 되어 정당별 비례대표의원 당선의 기준데이터로 사용된다. 완산구의 경우 비례대표 개표는 지역구선거 개표 종료 후인 23시경 시작되어 분류 개시시각이 늦다. 삼천3동 관내사전투표 관련 시간정보이다.

투표지분류 개시시각	공표시각	집계시스템 입력시각
2020.4.16. 1:56	2020.4.16. 3:41	2020.4.16. 7:18

* 집계시스템 입력시각은 필자가 정보공개요청으로 확인한 정보임

분류개시에서 공표되기까지 1시간 45분 소요, 공표에서 집계시스템 입력까지 3시간 37분이 소요되었다. 7시18분 삼천3동 입력이 개표상황표의 마지막 입력이었으며 개표록에 개표종료시간이 7시27분으로 표시되었듯이 삼천3동 입력 9분후 완산구 개표완료가 선언되었다.

보통 위원장에 의해 공표가 되면 집계시스템에 바로 입력이 된다, 입력을 지연할 이유가 없기 때문이다. 서신동제9투표소 경우를 보더라도 공표시각이 2020.4.16.4:04, 집계시스템 입력시간이 4:15으로 11분 후에 입력되었다. 삼천3동의 공표시각과 집계시스템 입력시간 사이 3시간 37분, 분류개시에서 공표시각까지 1시간45분 즉, 두 번이나 다시 개표할 수 있는 그 시간동안 무슨 일이 있었던 것일까?

효자1동 비례대표 관내사전투표가 5:36에 마지막으로 공표되었고 삼천3동 개표상황표 입력을 제외한 나머지 개표상황표의 집계시스템 입력은 4.16. 6:50에 완료되었다. 보통 개표상황표 하나 당 집계시스템 입력소요시간은 4~5분이다. 5시36분에 물리적인 개표행위는 사실상 완료 되었다. 5시36분 이 후 개표완료 선언 시각 7시27분까지 1시간 51분 여유가 있었다. 언론에 보도된 내용을 보면 이 상황을 이해 할 수 있다. 완산구 선관위 이OO선거담당관은 2020.5.4. 언론과 인터뷰[1])에서 "10매가 많은 사실을 확인하였고 규정에 따라 그 원인

을 찾고자 노력했으나 찾지 못하였고 10매 더 나온 것으로 확정하였다"라고 하였다. 여기서 노력의 의미는 사무편람의 처리요령에 준하였음은 의심의 여지가 없고 삼천3동을 제외한 마지막 공표, 마지막 집계시스템 이후의 공백시간에 했어야할 일이다.

완산구 개표를 책임지고 있는 완산구 선관위는 삼천3동 관내사전투표에서 10매가 더 나온 원인을 찾지 못하였고 전주지법 부장판사이자 개표위원장인 임OO은 최초 공표된 개표상황표의 내용대로 개표결과를 확정하였고 이 결과에 의해 비례대표 당선인이 결정 되었다.

이렇게 공용서류에 해당하는 개표상황표가 확정 공표되어 10매 더 많이 나온 상황에 논란의 소지가 없음에도, 415총선 후 이 상황에 대한 선관위 조직의 발표를 추적 및 분석한다.

2020.5.28. 과천 중앙선관위에서는 415총선 후 선거의 공정성에 대한 국민들의 이의제기를 해소하고자 투·개표 시연회를 하였다. 이 자리에서 중앙선관위 김판석선거국장은 삼천3동 비례대표 관내사전투표에서 발급수 보다 투표지가 10매가 더 많이 나온 현상에 대해 "서신동 투표지 10매가 부족한 걸로 나타나 이 투표지가 이쪽(삼천3동)으로 분류된게 아닌가 생각하고 있다"라고 말하였다.

선관위 최상위인 조직인 중앙선관위의 위원장-사무총장-사무차장-선거정책실장-선거국장 즉, 5단계 서열의 선거국장이 한 말이다. 요지는 서신동제9투표소에서는 투표지가 10매 부족하게 확인 되었는데 이 부족한 10매가 개표과정에서 삼천3동으로 혼입된 것으로 **추정된다는 것이다.** 이러한 주장은 2020.5.1. 완산구 선관위 이OO계장의 언론인

---

1) 안동데일리 2020.05.04. 20:23 전주시 완산구 선관위 '10매'나..

터뷰 주장과도 일치한다.1)

또한 2020.7.22. 인천연수구을 소송 피고서면(25,26쪽) 내용이다. "현재 삼천3동 관내사전 비례대표 투표지가 봉인되어 있으므로 이에 대한 확인은 할 수 없는 상황이나 비례대표 투표지는 투표지분류기를 사용할 수 없어 수작업으로 개표하였으므로 계수착오이거나 다른 투표구의 투표지가 섞인 것으로 추정됩니다.
동일한 개함부(제12반)에서 삼천3동 관내사전투표 분류하여 마무리 될 즈음 서신동 제9투 일반투표함을 연달아 개함하면서 투표지가 섞인 후 그대로 개표가 진행되었을 개연성이 높습니다"

서신동제9투 일반(당일)투표함을 연달아 개함하면서 투표지가 섞여 개표가 진행된 것으로 **추정한다는 것이다.**

그러나 2022.11.16. 16:30 삼천3동 사건관련 고등법원합의부 형사소송 사건번호 2020고합210의 완산구 선관위 실무 총책임자 정OO 사무국장 증인의 녹취 내용이다. (문: 변호사, 답: 증인)

"답 : 제가 말씀 드리면 제12개함상에서 바로 이어서 삼천3동 투표함 다음에 서신동 제9투표구 투표함이 개함되었습니다. 그런데 개표가 진행되다 보면 초저녁에는 질서 있게 잘 진행이 되는데, 수작업으로 개표를 하다보면 새벽녘에는 이 사람들이 손에 익으니까 개표를 빨리 진행하기 위해서 해당되는 투표함이 완전히 개표 종료가 된 후에 다른 후속 투표함이 올라가야 되는데, 중복되서 올라가는 경우가 있습니다. 그 바로 이어서 서신동 9투

---

1) 안동데일리 2020.5.1. 17:54 관내사전투표서 선거인수보다..

표구 투표함이 올라가면서 10매가, 서신동투표지가 삼천3동에 포함이 된 것 같습니다.

문 : 같다는 거예요. 사실이예요.

답 : 예. 확인을 했습니다"

이 법정 진술에서 완산구 선관위에서 비상근 법관인 위원장을 제외한 실무 총책임자인 사무국장은 **위증 시 처벌을 감수하며 삼천3동에서 10매 더 발견된 투표지가 서신동제9투표구의 투표지라고 확언을 한 것이다.**

2020.5.1. 완산구선관위 이OO계장, 2020.5.28. 중앙선관위 김판석선거국장, 2020.7.22. 대법원에 제출된 인천연수구을소송 피고 서면의 주장이 2022.11.16. 법정에서 완산구 사무국장 정OO의 진술에 의해서 그동안 "추정"에서 "사실"로 되어 버렸다. 이렇듯 **확실한 증언 내용은 415총선 직후 완산구선관위 하위직원의 인터뷰, 중앙선관위 시연회 시 질의응답, 대법원에 제출된 서면에는 반영되지 않았다.**

보통선거 원칙에 의하여 한 선거인은 사전투표에 참여하거나 선거당일 투표에 참여한다. 선거관리업무를 수행하는 직원이 아닌 이상 선거당일 투표지가 어떻고 사전투표지가 어떻고 하는 것은 관심의 대상이 아니다. 내가 찍고자 하는 후보자에게 기표하여 개표결과에 반영되기만 하면 된다. 발급속도 섹션 사례에서 보았듯이 선거인이 투표소에 머무는 시간은 기표까지 보통 1~2분이다. 기표된 투표지 또는 기표 안 된 투표용지도 사진 찍지 못하게 하니 투표지 생김새가 어떤지 기억해내기도 힘들다. 더더욱 사전, 당일 투표지의 차이는 알 수 없다. 그럴 필요도 사실 없다. 필자도 그러 했었다.

이제 혼입 상황에 대해 여러 증언에서 "부족하고, 남고"가 10매로 같은 서신동제9투표소의 투표지 10매가 삼천3동관내사전투표지에 혼입이 된 것으로 추정되었던 것이 정OO사무국장의 증언대로 추정이 아닌 사실로 되었다. 이에 대한 진실을 밝혀본다.

필자도 완산구 사례분석을 하면서 415총선 기준 비례대표 사전투표용지와 당일투표용지에 시각(눈)적으로 구분이 가능한 6가지 차이가 있다는 것을 알게 되었다.(책 표지날개 앞뒤 투표용지 이미지 참조)

투표지 앞면부터
1) 사전은 청인(예: 완산구선거관리위원회인)이 붉은색이고, 당일은 검은색이다.
2) 사전은 인영 찍는 위치에 "사전투표관리관"이라 인쇄되고, 당일은 "투표관리관"으로 인쇄되어 있다.
3) 사전은 인영(관리관 도장)이 예시로 "삼천3동사전투표관리관인"이며 당일은 예시로 "서신동제9투투표관리관인"이다.
4) 사전은 QR코드가 절취되지 않고 붙어 있으나 당일은 일련번호지가 절취되고 절취된 부분만큼 삼각형으로 잘려져서 없다
5) 사전은 투표지의 4각 각 면에 3mm정도 잉크가 뿌려지지 않아 흰색이나 당일은 흰색의 여백이 없다.

투표지 앞면 및 뒷면에서 가장 극명하게 눈에 바로 차이나는 점은
 6) 사전의 앞면은 여백을 제외한 나머지 표면은 연한 연두색이나

당일은 연두색이고 뒷면은 완전한 흰색과 연두색이다.

48.1cm에 달하는 크기인 비례대표 투표용지 6가지 차이 중 시각적으로 눈에 띄는 1순위는 투표지 자체의 색상이다. 사전은 흰색 용지에 잉크젯프린터로 앞면만 연한 연두색으로 칠하였으며 뒷면은 흰색 그대로이다. 그에 반해 당일은 투표지 종이 자체가 연두색이니 앞면, 뒷면 모두 연두색이고 뒷면만 단순 비교해도 사전투표지와 당일투표지는 쉽게 구분이 된다. 실물 투표지를 보면 더 이상 논쟁의 소지가 없다.

100장 묶음 돈을 은행 계수원이 세듯이 부채꼴 모양으로 펼치고 뒷면을 보면 흰색 삼천3동 관내사전투표지들 가운데 설령 서신동제9투표구 연두색 당일투표지가 들어있어도 쉽게 발견이 된다. 1장도 아니고 10장이나 되는 투표지가 흰색사전투표지 묶음에서 남아있을 재간이 없다.

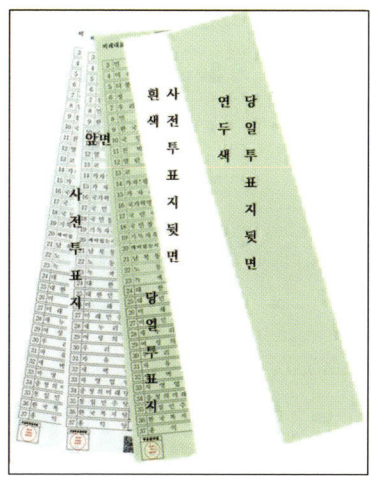

48.1cm 길이로 인해 비례대표투표지 개표는 모두 수작업으로 한 장 한 장 정당별로 확인하여 분류하였다.

* 415총선 부여군 개표장 비례대표 관내사전 투표지 분류 상황

뒷면이 완전 흰색인 투표지 분류과정에 연두색 투표지가 발견되었다면 혼입으로 인정하여 그 투표지는 제 위치를 찾아갔을 것이다. **10장이 더 많이 나온 상황이고 최소 두 번 계수를 했음에도 색맹이 아닌 이상 이러한 자명한 차이점을 개표사무원이 구별해 내지 못하였다고 주장하는 것은 개표사무원의 명예를 훼손하는 것이다.**

정OO사무국장의 법정증언에서 선거업무를 모르는 국민에게 오해를 불러일으킬 요소를 짚고 가겠다.

진술 중 "제12개함상에서 바로 이어서 삼천3동 투표함 다음에 서신동 제9투표구 투표함이 개함되었습니다."는 마치 비례대표투표함이 개함이 되는데 삼천3동이 개함되고 이어서 서신동제9투표구함이 개함된 것처럼 오해 할 수 있다.

415총선은 지역구선거와 비례대표 선거가 함께 실시되었다. 관내사전의 경우 한 선거인이 투표용지 두 장을 받아 기표를 하고 하나의 투표함에 동시에 투입한다. 즉, 개표소로 옮겨진 투표함이 최초 개함될 때는 지역구투표지와 비례대표투표지가 함께 쏟아져 나오고 개함부에서는 지역구투표지와 비례대표투표지를 분리하여 가지런히 정리하는 작업을 수행 한다

그 이후 후보별, 정당별 투표지를 분류하는 작업은 통상 지역구 선거 개표결과에 관심이 집중되기 때문에 지역구 선거부터 개표를 완료하는데 완산구도 동일하게 지역구 개표 완료 후 비례대표의 분류작업을 하였다. 즉, 개함부에서 지역구와 비례대표 투표지를 분리하여 가지런히 정렬, 플라스틱 바구니에 담는 순간 비례대표투표지도 개함부의 작업은 완료된 것이며, 플라스틱 바구니에 담겨 어디선가 보관되고 있다가 지역구 개표가 끝난 후 분류하는 것이다.

*2024.4.10. 서울 강동구 개표장 비례대표투표지 임시보관상황

즉, 증인의 진술처럼 비례대표를 위하여 별도 개함이 이루어지는 것이 아니라 이미 개함되어 있는 것을 정당별로 분류하는 것이다.

개표록에 완산구 개표장의 개표 시작시간은 2020.4.15 19:04이다. 사전투표부터 먼저 개표가 이루어졌는데 삼천3동 관내사전투표도 1차로 개함되었으며, 지역구, 비례대표로 분리된 표 중 지역구 투표지는 투표지분류기 운영부로 넘겨진 후 19:56에 분류 개시되었다.

```
개 표 상 황 표
국회의원선거(전주시을선거구)  삼천3동   [관내사전]         [기기번호: 2600]
1. 투표지분류 개시시각 : 2020-04-15 19:56:45
```

개함 후 약 9000여매(지역구+비례대표)의 투표지를 분류하는데 50여분 시간이 소요되었음을 알 수 있다. 그런데 서신동제9투의 지역구투표지분류 개시시각은 21:56으로 삼천3동 분류 개시 2시간 이후이다.

```
개 표 상 황 표
국회의원선거(전주시을선거구)  서신동제9투   [선거일]       [기기번호: 2396]
1. 투표지분류 개시시각 : 2020-04-15 21:56:19
```

9000여매를 분리하는데 50여분이 소요되었으니 삼천3동, 서신동제9투 개시시각 차이 두 시간 동안 여러 투표구가 개함되었음이 자명하다. 따라서 개함부에서 삼천3동 투표함과 서신동제9투 투표함이 만날 일이 없다. 그러므로 진술 상 개함이라는 표현은 적어도 단어 의미로는 맞지 않는다.

이 증언을 정정한다면 "제12개함상에서 바로 이어서 삼천3동 투표지 분류 후 다음에 서신동 제9투표구 비례대표투표지가 담긴 플라스틱 바구니가 분류부상에 올려졌습니다"라고 해야 한다.

다음 진술 사항으로 "이 사람들이 손에 익으니까 개표를 빨리 진행하기 위해서 해당되는 투표함이 완전히 개표 종료가 된 후에 다른 후속 투표함이 올라가야 되는데, 중복되서 올라가는 경우가 있습니다."이다.

여기서 개표참관을 해보지 않으면 이 말에 현혹될 수 있다. 앞서 삼천3동과 서신동제9투가 만나는 것이 개함부가 아니라 이미 플라스틱 바구니에 담긴 형태에 해당하는 시점임을 적시했다.

분류중인 투표소의 투표지가 탁상위에 널 부려져 있다는 것은 아직도 개표사무원에 의하여 분류작업이 진행 중이라는 것이며, 이런 상황에 아무리 개표를 빨리 끝내고 싶어도 다른 투표구의 투표지를 같은 탁상위에 올려놓는다는 것은 상식적이지 않다.

정보공개를 통해 확보된 부여군 개표영상에 분류가 완료되기 전에 다른 투표구의 플라스틱바구니를 올려놓는 경우가 있는데 이때도 앞 투표소의 분류가 거의 마무리 되 개표관리관 책상으로 투표지가 모아진 상태로 두 투표소의 투표지가 혼입이 될 수가 없다.

만에 하나 후발 투표지가 혼입되서 개표상황표를 작성해 보니 10매 잉여표가 발생했다면 그 원인을 추적하였을 것이고 시각적으로 차이

점이 분명한 다른 투표소의 투표지를 골라내는 것은 쉬운 일이다. 부여 개표장 비례대표 정당별 분류 탁자 한곳당 8명이 투입되었으니 완산구도 비슷한 상황이라 판단된다. 각 탁자 조별 책임 개표사무원은 공무원이 담당하여 나머지 개표사무원을 통솔한다.

비례대표 사전투표지와 선거당일 투표지간 단순 시각적 차이만으로도 6가지가 있음을 설명 했다. 가장 쉬운 색상차이만 가지고도 쉽게 구분이 되나 설령 색맹이라서 구분하기 어려웠다면, 모든 개표상황표의 공표가 끝난 2020.4.16. 5:40부터 모든 개표사무원을 투입하여 QR코드의 존재 여부, 투표관리관 도장, 사전투표관리관 표시의 확인으로도 많은 인원으로 인해 짧은 시간에 혼입을 찾아 내 삼천3동 개표상황표도 바로잡을 수 있고, 서신동제9투도 바로 잡을 수 있어 개표의 흠결을 지울 수 있었을 것이다. 삼천3동 집계시스템 입력시간이 7:18이 의미하는 것은 다른 투표구의 투표지를 분리해낼 여러 구분자를 총 동원하여도 "아무리 노력해도 삼천3동 사전투표지에서 삼천3동 이외 다른 투표소의 투표지를 찾아낼 수 없었다"라는 것이다. 즉, **모두 삼천3동 비례대표 관내사전투표지였다는 것이다.**

인천연수구을 소송 피고서면(2020.7.22. 25쪽) 중 삼천3동 관련 기술은 다음과 같다.

"비례대표 투표지는 투표지분류기를 사용할 수 없어 수작업으로 개표하였으므로 계수착오이거나 다른 투표구의 투표지가 섞인 것으로 추정됩니다. 동일한 개함부(제12반)에서 삼천3동 관내사전투표 분류하여 마무리 될 즈음 서신동 제9투 일반투표함을 연달아 개함하면서 투표지가 섞인 후 그대로 개표가 진행되었을 개연성이 높습니다.

원고의 주장대로 삼천3동은 관내사전투표이며 서신동제9투는 선거일 투표이므로 육안으로 투표지가 식별이 가능하나 비례대표투표용지가 48.1cm이며 투표지 매수도 4,684표로 비교적 많은 편으로 투표용지 뒷면 색상이나 하단의 일련번호 절취란 등 확인이 어려웠을 것입니다.

이는 분류 과정에서의 실수에서 비롯된 것으로 이와 같은 분류 오류를 두고 허위로 작성된 외부표가 혼입된 것이라고 단정할 근거는 전혀 없습니다"

이러한 해명에 대해 독자께서는 이제는 현명한 판단을 할 수 있을 것이다.

4. 전국이 단일 선거구인 비례대표투표 투표소간 투표지 구분 불가

앞서 선거업무를 직접적으로 하는 선관위 직원이 아니면 투·개표 업무에 대해서 무지하며, 이는 당연하다고 하였다.

"비례대표 투표용지가 전국적으로 단일한 선거구이기 때문에 구분할 수 없게된다"에 대해 대법원 재판관이 개개 국민이라는 입장이라면 이해가 된다.

비례대표투표용지가 전국적으로 단일하기 때문에 구분할 수 없다는 것은 실물 투표용지를 확인만 하였다면 바로 이 주장이 틀렸다는 것을 알 수 있는 사항이다. 전국 252개 선거관리위원회별로 비례대표투표지는 다르다.

1) 선거관리위원회 청인이 선관위별로 다르다. 즉 완산구 비례대표 투표지는 "완산구선거관리위원회인"은, 강남구는 "강남구선거관리위원회인"과 같은 차이다.

2) 사전투표관리관 또는 투표관리관 글자와 도장이 다르다. 투표소 책임자는 투표관리관이고 이 책임자의 도장이 투표지에 인쇄 또는 날인되어 있기 때문에 어느 투표소에 혼입이 의심되는 경우 투표관리관 인영을 확인 방법이 첫 번째로 사용되는 것이다.

이와 같이 시각적으로 확연한 구분이 가능하여 시간과 한글만 읽을 줄 아는 인력만 투입해도 구분해 낼 수 있는 구분자가 있음에도 대법원은 "특정 사전투표소에서 관내사전투표의 투표용지 교부수에 비하여 투표수가 많은 현상이 발생할 수 있다는 피고의 주장은 이를 수긍할 수 있다."고 피고의 손을 들어주었다.

5. 전체 투표소에서 극히 일부에서 나타난 현상

전주 완산구를 제외하고 전국적으로 극히 일부이며 표수의 차이도 1~3표 정도라고 하여 중요성을 폄훼한다. 완산구 삼천3동에서 "10매"라는 이 숫자는 언급하지 않아 판결문만을 읽는 국민은 그 숫자를 알 수 없게 하였다.

그러면 전국적으로 극히 일부에만 나타난 이유가 다른 대부분의 사전투표소에서는 목표 조작 표수와 실제 위조되어 투입된 투표지수가 일치되게 작업을 하여 차이가 나지 않는 경우라면 어떻게 하겠는가?

6. 이와 같은 사정만으로 사전투표에 부정이 있었다고 볼 수 없고, 달리 이를 인정할 증거가 없다.

투표사무원, 개표사무원에 차출되는 공무원 그리고 일반 국민들이 재판관들보다 똑똑하지는 않아도 완산구 개표소에서 발생한 삼천3동 관내사전투표소에서 10매 더 많이 나온 사건에 대해, 개함부, 분류부, 심사·집계부, 개표위원, 개표부위원장의 역할로 개표에 종사한 수십명의 국민은, 뒤집으면 흰색과 연두색의 명확한 차이가 있고, QR코드가 있고 없는 극명한 차이점이 있는 투표지를 개표과정에서 구분하여 골라낼 수준은 된다고 생각한다.

전북 전주시 완산구선관위를 고소한 김OO사건에 대해 경찰이 불송치(혐의없음) 결정을 하였고 그 이유이다. 자세한 내용은 고소·고발 섹션에서 다루겠다.

"가. 공직선거법 위반
 - 삼천3동 사전관내투표에서 선거인수보다 투표수가 10매가 많은 것은 확인되나 **전체 표수에서 같은 것으로 확인**
 - 투표위조나 증감하였다 볼수 없어 불송치(혐의없음)"

정상적인 개표업무를 수행한, 차이나는 10장의 원인을 찾고자 했던 공무원과 봉사한 국민들의 명예를 훼손하지 마라.

V. 네 번째 눈물 - 재검표 난장

* 힘(F) = 질량(m) × 가속도(a), 질량보존의 법칙을 기억하자. 투표지를 다루는 세계는 양자세계가 아니다. 투표사무원, 선거인은 바보인가!

핵심은
- 중력의 법칙을 벗어나 일련번호꼬리를 달고 재검표장에 나타난 당일 투표지
- 상식수준의 이해를 거부하는 재검표장의 투표지 들,

* 사건 개요

선고소송 시 개표결과 정합성을 확인하기 위해 소송원고가 증거보존을 신청하게 되면 개표 후 선관위에 보관중인 투표지 등 투·개표관련 증거들을 법원이 정한 장소에 이동시켜 보전한다. 이후 검증기일에 보관된 증거들을 세밀하게 재검증을 하는데 이를 재검표라 한다. 415총선 선거무효소송에서 증거보존 된 8곳 중 7곳의 지역구 선거에 대해 재검표가 실시되었고 1곳은 취소, 서울 광진구을은 선관위 사무실에 보관중인 투표지를 확인한 현장점검이 실시되었다. 물리적으로 이해되지 않는 현상인 당일투표지에 붙어있는 일련번호지, 지역구 투표지에 비례대표 투표지가 함께 인쇄된 오·훼손된 투표지 등이 확인되었다. 이를 분석한다.

2021.11.22. 필자는 일산 고양지법에서 열린 파주시을 선거무효소송 재검표장에 박용호후보 참관인으로 참석하였다. 부여된 임무는 파주시 진동면의 거주 주민보다 더 많은 진동면사전투표소의 관내사전투표인수의 정합성을 선거인명부를 통해 확인하는 것이었다. 결과는 목적달성에 실패했다. 무지에 기인한 것이며 이 부분은 향후 기술하겠다.

파주 재검표장에서 목도한 사실에 대하여 순발력이 뛰어나 그 자리에서 이의가 제기되었으면 좋았을 걸 하는 후회도 있지만, 투·개표에 대한 경험과 지식이 쌓여 이제야 엔지니어 관점에서 물리적 법칙의 지배를 받아야 하는 몇 가지 상황에 대한 분석결과를 제시한다.

1. 재검표장에서 확인된 일련번호 꼬리가 붙어있는 당일투표지
2. 서로 붙어있는 투표지
3. 비례대표투표지가 겹쳐 인쇄 되어 오·훼손된 지역구 투표지
4. 투표관리관 인영이 뭉개진 투표지

모르면 모든 것이 의심스럽다. 이후 설명을 이해하기 위해서 선수 지식이 필요하다. 이런 지식은 정상적인 상황에서는 알 필요도 없지만 분석을 위해서는 닥치고 찾아내어 선관위 직원처럼 알아야 한다.

1. 재검표장에서 확인된 일련번호 꼬리가 붙어있는 당일투표지

재검표 후 대법원은 검증조서를 낸다. 검증조서에 담긴 일련번호지 꼬리가 달린 월롱면제2투표소 표 3매와 그리고 원고변호사에 의해 찍힌(2021.11.12. 17:39) 월롱면제1투표소 표 1매이다.

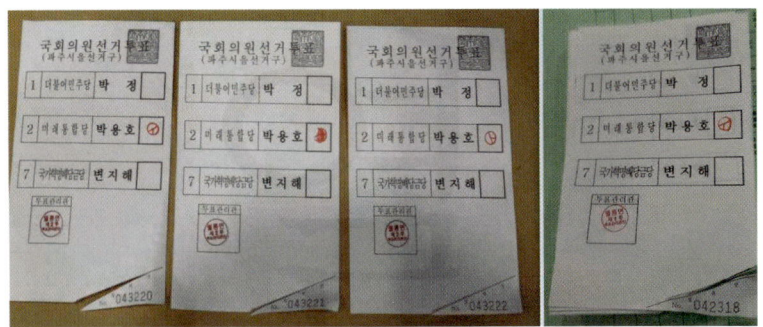

왼쪽부터 일련번호가 043220, 043221, 043222, 042318이다.

검증조서에 각 항목에 원고대리인에 의한 주장이 있고 이에 대해 피고 소송수행자가 해명을 한다. 이 붙어있는 일련번호지 부분의 기록은 다음과 같다.

"5) 이미지 생성 단계에서 당사자 주장
  가) 원고 대리인
    ① 관외사전 투표지에 대한 이미지 생성 단계에서 서로 붙은 투표지는 떼어서 분류기에 투입하였다.
    ② 월롱면 2투표구의 투표지 3매가 일련번호 절취 없이 보관되어 정규의 투표용지임이 의심된다.

③ 관내사전(금촌1동) 박정 후보의 표 200매가 이미징 중 200매 모두 재확인 대상으로 분류되었다.
나) 피고 소송수행자
위 ③의 경우에 기계 세팅 초기화가 필요하고, 기표되지 않은 무효 표로 재 세팅한 후 작동 시 정상작동하였다"

일련번호가 붙은 투표지가 정규투표지 인지 의심된다는 원고 대리인의 주장에 대해 피고 소송수행자는 아무런 해명이 없다.

꼬박 꼬박 원고의 주장에 해명을 하였던 **피고 소송수행자가 아무 해명도 하지 않은** 일련번호 꼬리가 달린 당일투표지가 재검표장에 나올 수 있는가에 대해 추적한다. 미래세대를 위해 기록하자면 최근 유행어 영탁 가수의 "니가 왜 거기서 나와"가 생각난다.

사전지식으로 재검표장에 나타나는 표가 어떠한 경로를 거쳐서 도달했는지 사무편람 기준 **당일 선거**에 사용된 투표지의 생애를 본다.

제작 〉 투표 〉 개표 〉 폐기·소송 순서로 설명한다.

1) 제작
① 투표지 인쇄용 도안 제작
시·도위원회 선거과장 및 구·시·군위원회 사무국 과장과 직원은 투표용지 인쇄용 원고파일의 이상유무를 교차로 확인·점검한 후 인쇄에 착수하며 시·도위원회는 구·시·군위원회가 확인한 투표용지 인쇄용 원고파일을 제출받아 재확인함

② 투표용 특수종이 생산 (국내 무림, 한솔 2개 회사만 생산가능)

무림제지의 투표용지 제품명은 네오투표용지로 특징은 우수한 강도, **정전기 발생이 없다.** 한솔제지 역시 **정전기**나 종이가루를 **방지하는 기술**이 적용되고 인주 번짐을 막는 기술 등 선거전용 용지로 선거 때만 생산, 수익성보다는 기술력을 홍보하기 위한 목적이다.

③ 각 지역 인쇄소에서 투표인쇄종이 구매 및 도안 기준 인쇄

각 구시군 선관위별로 경쟁입찰을 통해 낙찰된 인쇄소 업체에서 선관위가 제공한 투표지 도안으로 두 회사에서 생산한 종이에 인쇄 후 선관위 책임하에 철저한 인쇄관리 및 검수 하에 제작이 완료된다.

④ 선관위에 보관 및 당일투표소로 이송 및 보관

인쇄된 투표지는 상자에 담겨서 보관되다가 원칙적으로 당일투표일 전날 투표소로 이동한다.

2) 투표

① 투표관리관 도장날인

투표인이 몰릴것에 대비하여 100장 내에서 투표관리관의 사인 (개인도장)을 미리 찍어 놓을 수 있다. 때때로 투표관리관이 착오로 투표용지에 사인을 날인하지 아니한 상태로 선거인에게 교부한 경우에는 교부시간·매수·사유 등을 투표록에 기재하게 되어 있다.

② 일련번호지 절취

투표인이 몰릴 것에 대비하여 일련번호지 또한 부분절취하여 준비할 수 있다. 투표관리관의 사인이 날인된 투표용지를 보조투표사무원

에게 확인·교부하게 하는 경우 보조투표사무원은 투표용지에 이상이 없으면 미리 일련번호 절취선을 3분의 2 정도 가위 등으로 자른 후 선거인이 보는 앞에서 일련번호지를 떼어서 선거인에게 교부하되 오손·훼손 구·시·군위원회 청인날인 누락 또는 일련번호가 잘못 절취된 투표용지는 교부되지 않도록 한다.

③ 선거인에게 투표지 교부 및 일련번호지 회수
부분 절취하여 준비 해둔 투표용지에서 일련번호지를 완전히 뗀 후 선거인에게 교부하고 일련번호지는 번호지함에 투입한다.

④ 후보자 기표 및 투표함에 투입
선거인이 기표소에서 후보자에게 기표한 후 공식적으로는 투표지를 접어서 투표함에 투입한다. 실상은 국회의원선거의 경우 긴 비례대표투표지를 접고 그 사이에 접지 않은 지역구 투표지를 넣어 투표함에 투입하는 사례도 목격된다.

⑤ 개표장으로 이동
선거일 18시경 투표가 종료되면 투표관리관, 참관인과 함께 경찰의 호송하에 개표장으로 이동한다.

3) 개표
① 개함부에서 개함
딱딱한 플라스틱 상자 당일투표함의 봉인지를 제거하고 보통 탁자 2개가 연결된 개함상(탁자)에 투표지를 쏟아내면 보통 8명 정도 개표사무원이 415총선 기준 지역구투표지와 비례대표투표지를 분리하여

가지런히 모아 분리가 완료되면 플라스틱바구니에 담아 분류부로 이동한다.

② 지역구 투표지는 투표지분류기운영부에서 후보자별로 분류
② - 1 지역구선거 투표지

길이가 짧아 투표지분류기를 사용, 후보자별로 분류하며 약 5명으로 구성된 투표지분류기운영부의 투표사무원의 업무분담은 다음과 같다.(415총선 개표관리매뉴얼 20,21쪽 발췌)

투표지 정리담당 사무원 1명
• 접힌 투표지, 방향이 다른 투표지가 있는지 확인하고 일정매수 단위로 가지런히 정리하여 운영요원에게 넘겨줌. 유의사항 : 투표지가 일정한 간격으로 투표지분류기에 투입될 수 있도록 평평하게 정리한 후 끝선을 반듯이 정리하여 운영요원에게 넘겨주어야 함. • **일련번호지가 완전히 절취되지 않은 채로 발견된 경우 일련번호지를 절취하고 별도의 봉투에 담아 따로 보관하였다가 투표지분류기운영 종료 후 전임직원에게 인계**
투표지분류기 운영요원 1명
• 투표지를 투표지분류기에 투입하기 전에는 투표지정리담당 사무원과 함께 투표지를 정리함. • 투표지 투입 및 분류
적재함 담당 사무원 2명
• 적재함에서 투표지를 (100매 단위로) 꺼내어 **고무 밴딩함**
책임사무원 1명
• 정당·후보자별로 분류된 투표지 묶음 위에는 유효투표집계전

> 을, 재확인대상 투표지에는 재확인대상투표지 표시전을 각각 올려놓고 **고무밴딩함**

②-2 비례대표 선거 투표지

　모든 투표지를 한 장 한 장 개표사무원이 분류하고 책임사무원이 최종 집계하여 개표상황표를 작성 심사·집계부에 인계한다.

③ 심사·집계부에서 심사 및 집계
　③-1-1 정상분류표
　정상 분류된 표는 집계원이 계수기를 통과시켜 후보자별 매수를 재확인한다.
　③-1-2 재확인 대상표
　재확인대상 투표지는 심사원이 한 장 한 장 심사기준에 따라 유·무효를 판별한다.
　③-2 개표상황표 확정
　책임사무원은 집계·심사된 결과를 반영하여 개표상황표를 확정하고 개표상황표 확인 점검석으로 인계한다.

④ 개표상황표 확인·점검
　개표결과 작성의 적정성을 확인 후 '개표상황표 확인자 성명'란에 성명을 기재하고, 미비점 발견 시 해당 책임사무원에게 원인을 규명하여 보완하도록 조치한다.

⑤ 위원 검열
　출석한 위원은 개표상황표 확인석에서 인계받은 투표구의 후보자

별 득표수, 무효투표수 등을 검열하고 개표상황표에 성명을 기재하거나 도장을 찍는다.

⑥ 개표위원장 개표결과 공표 및 집계시스템 입력
위원장의 개표상황표 날인과 공표시각기재에 의하여 투표구 단위로 후보자별 득표수를 공표한다. 이어 집계시스템에 결과를 입력한다.

⑦ 투표지 등 정리·보관
개표가 완료된 투표지는 정당·후보자별로 유효표를 구분하여 무효표와 함께 투표지 정리·보관상자에 넣고, 상자앞면에 선거(구)명, 투표종류, 투표구명을 기재한 후 봉함테이프로 봉함하고 위원장 도장으로 봉인한다.

⑧ 선관위로 투표지 등 이동
위원장 도장으로 봉인된 상자에 담긴 투표지, 선거관계서류를 각 지역선관위로 이동 보관하고 창고에 보관하고 출입문은 봉인한다.

4) 폐기·소송
4)-1 폐기
① 소송이 제기되지 않은 선거구의 투표지 등 선거관련 서류는 그 제기 기한 만료일부터 1월 이후에 소청 또는 소송이 종료된 때에는 그 확정판결 또는 결정의 통지를 받은 날부터 1월 이후에 해당 구·시·군위원회의 의결로 결정하여 폐기할 수 있다. 즉 선거 후 2달 또는 소송 종류 후 약 1달 후에 폐기할 수 있다.

4)-2 소송 제기 시

① 법원 보관장소로 이동

선거 후 소송이 제기되면 원고에 의한 증거보전신청이 법원에 의해 인용이 되면 보전요청된 투표지 등 자료가 법원이 지정한 장소로 이동한다. 단, 인용이 되지 않은 경우는 선관위에 보관된 상태 그대로 소송이 진행된다.

② 재검표장으로 이동

재검표일이 되면 법원이 정한 보관장소 또는 선관위 보관장소에서 재검표장으로 투표지등 관련 자료가 이동한다.

③ 재검표 실시

재검표를 실시한다.

파주시을 재검표장에서 나타난 투표지가 손을 탄 인원이 몇 명인지 당일 투표소 투표사무원에서부터 추적해보자.

투표사무원 도장 날인담당 〉투표사무원 일련번호 절취 담당 〉선거인 〉개함부 개표사무원 〉투표지분류기운영부 정리담당 개표사무원 〉분류기 운영원 〉적재함담당사무원 〉책임사무원 〉심사·집계부 계수원 또는 심사원 〉책임사무원 〉개표상황표 확인관 〉위원(최대 8명) 〉개표위원장을 거친 후 투표지보관상자로 들어간다. 13단계 인원수로는 최대 20여명을 거친 것이다.

이럼에도 파주시을 재검표장에서 선거당일 투표지에서 꼬리달린 투표지가 발견된 것이다.

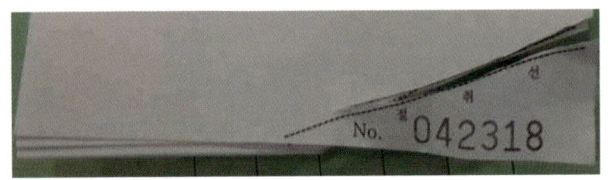

예민한 독자는 이미 간파하였을 것이다. 이러한 투표지가 개표장의 투표함에서 쏟아져 나와 정상적인 절차로 개표가 되었다면 지역구투표지이므로 투표지분류부 정리담당 개표사무원에 의해 발견이 되었을 것이다.

그 사유는 첫째 이 사무원의 임무에 "일련번호지가 완전히 절취되지 않은 채로 발견된 경우 일련번호지를 절취 및 보관"이 있다.

인간사 실수가 있기 때문에 투표장에서 일련번호지가 절취되지 않고 선거인에게 교부될 수 있고 선거인도 무심결에 기표한 후 투표함에 넣을 수 있다. 이런 현상은 여러 곳에서 확인된다.

그러나 정리담당 개표사무원의 손을 벗어 날수가 없다. "접힌 투표지, 방향이 다른 투표지가 있는지 확인하고 일정매수 단위로 가지런히 정리하여 운영요원에게 넘겨줌" 때문이며 개표매뉴얼 예시이다.

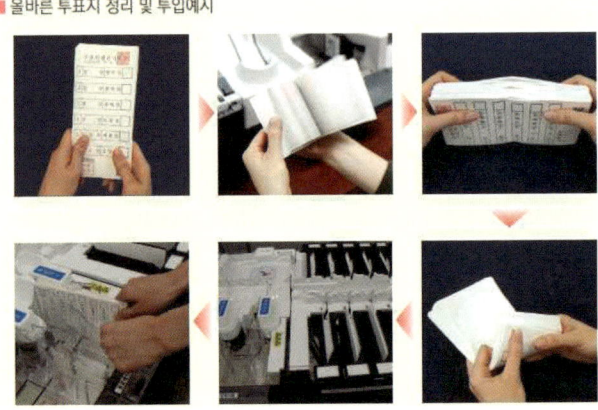

■ 올바른 투표지 정리 및 투입예시

실제 투표지분류기에 투입하기 전에 투표지를 정리모습이다.

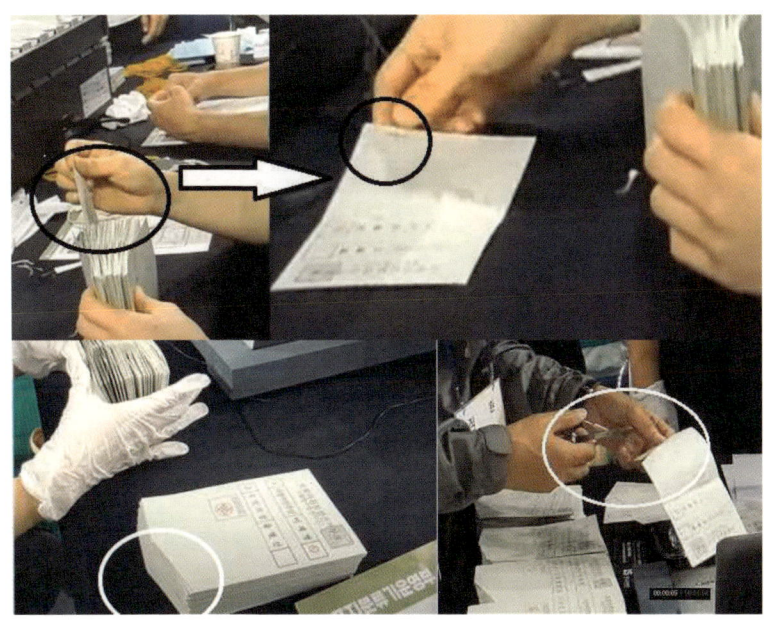

만약 일련번호가 절취되지 않은 투표지가 있다면 그 투표지만 삐죽 튀어나와 표시가 나기 때문에 바로 확인이 가능하기 때문이다. 2022년 인천계양을 보궐선거에서 발생한 이 상황은 일련번호지가 절취가 전혀 되지 않거나 부분 절취 형태로 붙어 있었고 개표사무원(직원)이 가위로 절취하고 절취된 일련번호지는 봉투에 보관하는 것이 참관인에 의해 촬영되었다.

첫 섹션인 부여군개표장에서 투표지분류기 운영원에 의해 가지런히 지역구 투표지 묶음을 정리하는 과정에서 남아있는 일련번호지를 절취하여 버리는 사례에서, 절취하여 보관해야 하는 것은 모르지만 분류에 방해가 되어 제거해야 한다는 사실은 경험으로 아는 것 같다. **그래서 찢어진 꼬리를 달고 분류기 운영원을 통과할 수 없다.**

월롱면제2투표소의 투표자수는 개표상황표에 따르면 605매 교부에 605매가 개표장에 확인되었다. 605매의 규모를 보자. 다음 사진은 재검표장에서 촬영된 문산읍제5투 투표지 1번 박정후보자 득표 722매이다.

605매는 많은 수량이 아니며, 2번 후보의 득표표 328매는 3장이 끼워져 있었을 때 상황을 상상해보기를 바란다.

파주을 재검표장에서 확인된 4장의 일련번호지가 남아있는 투표지는 투표지분류부 운영부 정리담당 개표사무원, 운영담당 사무원, 적재함담당사무원, 책임사무원의 눈을 피해갈 수 없다.

만에 하나 개표사무원들이 놓쳤다고 하자.

냉장고, TV, 전기밥솥 등 사용함에 있어 사전지식을 필요로 하는 기기를 구매하면 반드시 따라오는 것이 사용매뉴얼이다. 이 문서에는 기기에 비정상적인 상황이 발생할 때 사용자가 우선적으로 원인 확인 및 조치를 할 수 있도록 오류 현상과 조치방법이 있다. 415총선에 개표에 사용된 투표지분류기에도 투표지분류기운영매뉴얼이 있다.

파주시을 개표에 사용된 투표지분류기는 정보공개로 확인 결과 2018년형 6대가 운영되었다. 매뉴얼 내 2018년형에 대해 재확인대상 투표지로 분리해야 하는 상황에 대한 코드 및 설명이 있으며 그 중 절취선 관련된 코드는 다음과 같다.

재확인 대상코드	코드 내용	상세설명
-4009	절취선 영역제거 실패	기표인을 인식 전 절취선영역을 무시하지 못함
-4015	특징점정보를 획득하지 못함	선거명 (생략) QR코드, 절취선 등의 특징점 영역을 불러오지 못함
-4332	절취선 크기 검증 결과 오류	투표지 절취선의 크기가 올바르지 않음

415총선 당시 성북구개표장에서 촬영된 영상 내 당일 표준투표지를 인식시킨 화면 갈무리이다. (출처. 공선감TV)

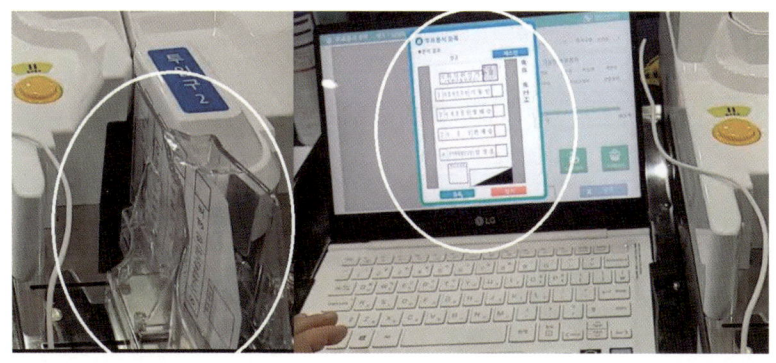

일련번호 절취부가 검은색으로 선명하게 그 영역이 표시되는 것을 확인할 수 있다.

등록된 기준 투표지 이미지와 일련번호지가 제거되지 않은 투표지가 이미지로 스캔되면 **절취부가 존재하는 확연한 차이로 인해 재확인 대상 코드 4332에 의해 재분류표로 분류되었음이 자명하다. 그러므로 심사집계부에서 심사원의 점검대상이 되어 한 장씩 유·무효를 가리면서 덜렁 덜렁거리는 일련번호지가 확인되어 제거되었음이 자명하다.**

4장 중 또하나 재분류표 대상이 있다.

일련번호 043221 투표지의 기표 형태는 다음과 같다.

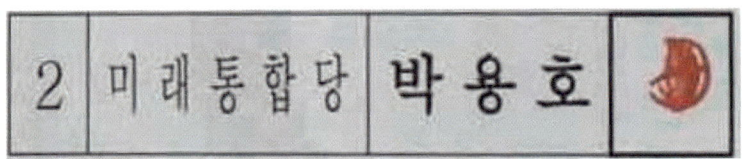

이 기표모양은 재분류대상 4개 코드를 빠져 나갈 수 있는지 독자께서 판단해보기 바란다.

재확인 대상코드	코드 내용	상세설명
-4064	기표인 중심부 확인 실패	기표인의 중심을 찾지 못함
-4065	기표인 내부 선분 개수초과	기표인 내부 점복자 선의 개수가 4개 이상이라고 판단함
-4066	원형검사 탈락	기표인의 원형 검사에서 원형이 아닌 것으로 판단함
-4067	기표인 내부 혼잡	기표인 내부의 여백이 일정 값 이하일 때 정상 기표인으로 판단하지 않음

재확인대상표로 분류되었으면 심사원의 심사를 통과해야 한다.

만에 하나 개표사무원의 시각도 통과했다고 하자.

물리적인 관점에서 덜렁 덜렁 붙어있는 일련번호지가 415 후 576 일만에 생존하여 재검표장에 나타날 가능성을 보자.

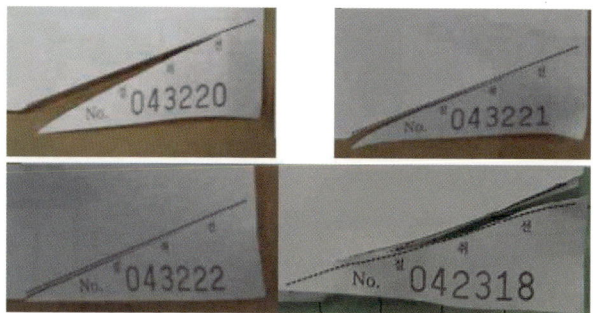

덜렁거리는 일련번호지는 투표지분류기에 장착되어서 분류가 될 것이고 장착된 모습은 다음과 같은 형태일 것이다. 일련번호 절취부가 투입구 바깥쪽 위쪽에 자리한다. 그 실제 투표지가 분류를 위해 장착되어 분류되는 모습이다. (출처. 공선감TV)

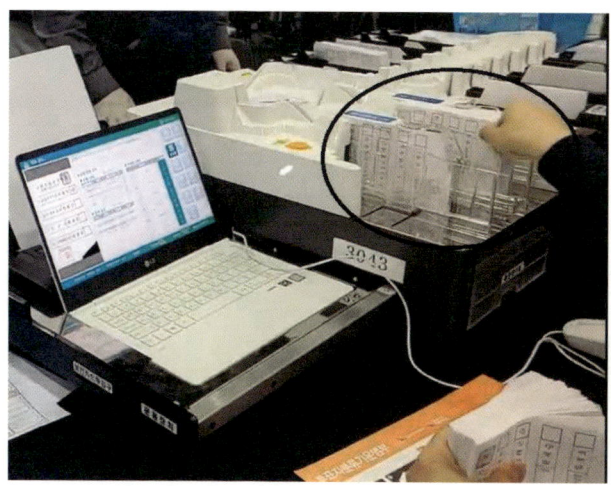

2018년형 투표지분류기의 분류속도는 6인 투표지 기준 분당 340매 이다. 파주시을 경우 3인이므로 더 빠를 것이나 340매로 보자. 즉, 분당 340매의 투표지를 분류한다는 것이고 투입부에서 후보별로 정해진 적재함으로 이동한다. 선관위가 연수구을소송에 제출한 투표지 규격 증거자료(을60호증)내 후보자3명 경우 투표지 규격이다. 너비 10cm 투표용지 하단에 위치한 절취선은 바닥 오른쪽 끝에서 5.5cm 지점에서 시작해 사선으로 2cm 높이로 제작된다.

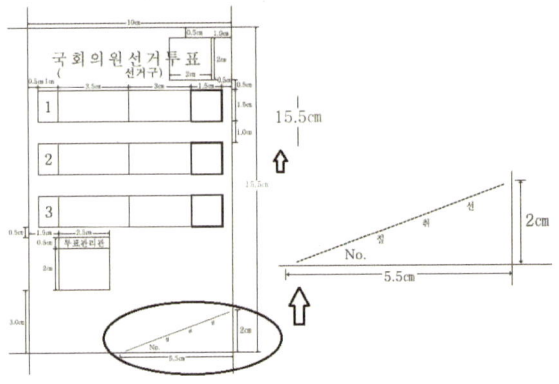

투표지분류기 운영매뉴얼(160쪽)에 투표지가 장착되고 벨트를 장착한 롤과 투표지가 물리적으로 맞닿는 위치이다

선거관리위원회 청인 기준으로 이 흰색선 위치를 꼬리달린 투표지에 표시하면 검은선 정도이다.

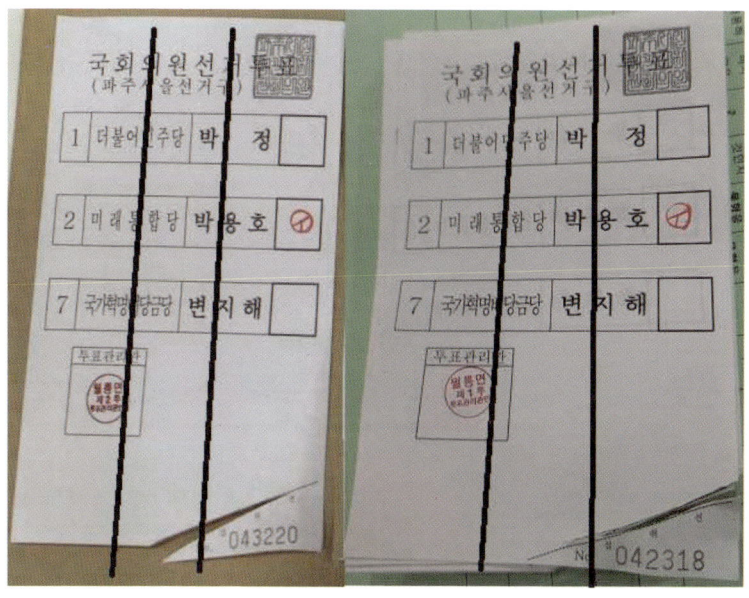

즉, 일련번호지는 직접적으로 롤벨트와 마찰에 의하여 투입구 안쪽으로 빨려 들어간다. 앞서 분류기의 분류속도를 분당 더 많지만 340매라 정하였다. 3인 후보자의 기준 투표지 길이는 15.5cm이다.

따라서 분당 340매 즉, 초당 5.6매 87cm를 이동시켜야 하고, 롤벨트가 20cm라고 초당 4.4회전수로 회전해야 한다. 투입구의 롤벨트부터 시작하여 2번 박용호후보가 지정된 적재함까지 이동하기 위해 통과해야 하는 벨트를 보자. 필자의 개표 참관 경험으로 1,2번은 더불어민주당, 3,4번이 미래통합당(현 국민의힘당)후보에게 배정된다.

▶ 2018년형 투표지분류기 센서 위치도

왼쪽 하단에서 흰 선(붉은선 아님)을 따라 투표지가 이동하며 수많은 롤러의 회전력을 받아야 3,4번 적재함으로 2번 후보표는 분류된다. 이런 힘난한 과정의 힘을 받아야만 갈 수 있는 곳이 적재함이다.

별도 안내되는 방법으로 제공되는 분류기 영상을 시청해 보면 실제 투표지에 가해지는 힘을 체감할 수 있으니 시청 바란다.

일련번호가 부분 절취되지 않고 온전히 존재한다면 당연시 그 형태 그대로 유지될 것이다(사전투표지의 경우와 같음). 그러나 재검표장에서 나온 투표지 상태라면 덜렁거리는 꼬리를 달고 통과할지 독자께서 판단해 보기를 바란다.

선관위는 덜렁거리는 투표지가 투표지분류기에서 살아남아 분류된다는 것을 시연하면 된다. 함께 모인자리에서 정상적인 투표지를 위 4개 절취된 유형과 동일하게 제작하여 시험하면 되며, 필자도 그 시험에 기꺼이 참여하겠다.

좀 더 공학적으로 종이의 재질, 평량, 찢어진 길이, 회전속도 등 조건하에 기계공학적으로 계산할 수 도 있을 것이나 투표지분류기 개표 영상을 보면 그 필요성을 느끼지 못한다.
단, 젊은 기계공학도가 해보고자 도전한다면 관련된 기초데이터를 기꺼이 제공하겠다.

꼬리 달린 형태를 다시 한 번 본다.

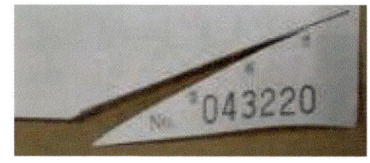

필자도 파주시을 재검표장에서 이러한 표를 동료참관인이 찾아서 소리를 지를 때 바로 가서 눈으로 목도 하였다. 검증기일에 투표지들에 대해서 분류기를 통해 이미지를 생성했는데 이 투표지들에 대해서는 검증에 차출된 검증사무원의 말이 기억난다. 일련번호지가 떨어질 것 같아 투표지분류기를 통과시키지 못할 것 같다. 결국 이 표들은 이미지가 생성되지 않았다.

투표지 한 장이 투표소에서 투표관리관이 도장을 날인하는 순간부터 개표가 끝나 상자에 담기기까지 약 20여명의 주목을 받는다는 것을 설명하였다.

그럼에도 꼬리달린 투표지가 재검표장에 나온 것이 투표소에서 선거인이 투표하고, 개표소에서 개표사무원이 분류한 투표지라고 주장한다면 역시 **개표사무원을 구성하는 공무원, 국민들의 명예를 훼손하는 것이다.**

2. 서로 붙어있는 사전투표지

연수구을 소송 피고가 제출한 서면 내용이다.(2021.12.21 15쪽)

"또한, ③ 투표용지 제작에 쓰이는 특수 인쇄용지는 그 성질상 접었다 폈을 때 원래 모양으로 돌아오는 복원력이 일반 인쇄용지(A4)보다 우수 합니다"

이 기사에 있는 또 다른 내용이다.

"우선 자동 개표기로 개표작업을 하기 때문에 미세한 먼지나 정전기가 없도록 표면처리를 해야 한다. 그래야 투표용지가 달라붙는 것을 막을 수 있다. (중략) 이 같은 특수기술 때문에 두 회사가 투표용지 제작으로 벌어들이는 매출은 전체 매출에서 차지하는 비중이 크지 않지만 투표용지 제작·공급이라는 상징성은 작지 않다"

한솔그룹블로그 내 네오투표용지의 기술력을 자랑하는 글이다.[1]
"투표용지는 자동개표 제도 도입 후 더욱 높은 기술력을 요구하고 있습니다. 선관위는 초당 약 108㎝를 검사할 수 있는 자동개표기를 사

---

1) https://blog.hansol.com/896 [한솔그룹 블로그:티스토리]

용하는데, 이때 종이 걸림 현상과 개표 오류가 발생하지 않으려면 종이 두께가 균일하면서 평활도가 높아야 하고, 정전기나 종이가루를 방지하는 기술이 있어야 합니다. 이번 대선엔 역대 두 번째로 많은 14명의 후보자가 등록해 투표용지 길이가 27㎝에 달하는 만큼 오류 발생 가능성을 최소화하는 **극도의 기술력이 있어야 합니다.**"

무림페이퍼 역시 자사 홈페이지에 네오투표용지 제품소개에 "특징 우수한 강도(STIFFNESS), 정전기 발생이 없음" 즉, 가장 특징적인 기술의 하나가 정전기가 없다는 것을 강조하고 있다.

두 회사의 소개뿐만 아니라 중앙선관위 또한 2019.11. 유튜브 영상[1])에서 "확인해보세요! (투표,사전투표,사전투표제도,사전투표제)"에서 "투표용지의 특성 일반종이보다 평평하고, 정전기 발생하지 않는 특수용지 사용"으로 홍보 하였다.

종이 제조업체가 극도의 기술력이라 표현하는 정전기 방지기술이 투표용지에 적용된 것이다.

붙어 있는 투표지 관련 대법원의 판결이다.(연수구을소송 판결문 27쪽)

"① 2021. 6. 28.자 검증 결과에 변론 전체의 취지를 종합하면, 상단 또는 하단 일부가 붙어 있었던 관외사전투표지는 정전기에 의하여 서로 붙어 있었거나 관외사전투표지의 운반, 개표 또는 보관 과정에서 회송용 봉투의 접착제가 묻는 등의 사유로 생긴 현상이라고 볼 수 있다."

---

1) https://www.youtube.com/watch?v=NG-1I2LQGZQ
투표용지_부정선거_개표부정_NO! '현장 속 선거리포트'

파주시을 소송의 판결문이다.

"라. 그 밖의 주장에 관하여
원고들은 사전투표소의 수 또는 교부된 투표용지수에 비하여 투표수가 과다하다거나. 붙어있는 투표지, (중략) 그와 같은 사정만으로는 이 사건 선거에 위조된 투표지가 투입되었다는 취지의 원고의 주장을 인정하기 부족하고, 달리 이를 인정할 증거가 없으므로 이 사건 선거에 어떠한 선거무효사유가 존재한다고 볼 수도 없다<대법원 2022. 7. 28. 선고 2020수30(연수구을 소송) 판결 참조)"

대법원의 붙어있는 투표지에 대한 판단은 정전기에 의하거나 관외사전 회송용봉투 접착제 등이 묻어 기인한다는 취지이다.

옆이 붙은, 중간이 붙은 또는 어느 한지점이 붙은 투표지는 접착제 이물질 또는 유효투표집계전과 같은 양식에서 떨어져 나온 접착제에 의해서 붙은 것이라 하자. 다음 사진은 영등포을 재검표장에서 확인된 위가 모두 붙은 투표지 이다.

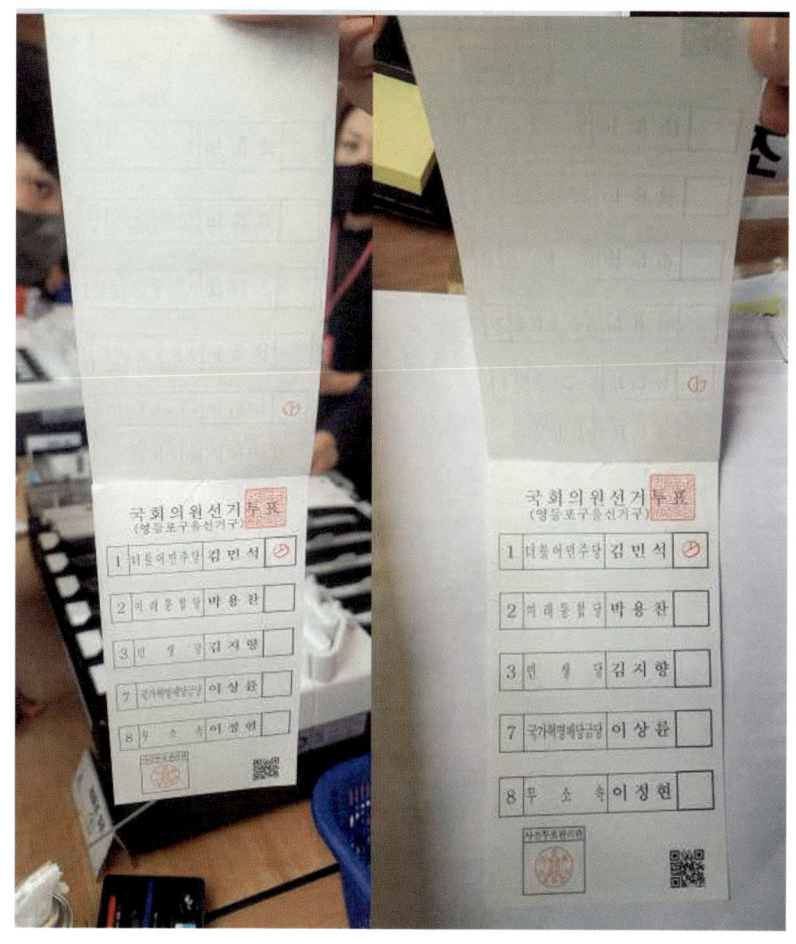

　이　촬영사진의　파일번호는　20210830_131019.jpg에서부터 20210830_131049.jpg까지이며 촬영시간은 2021.08.30. 22:10:20 에서 22:10:50까지 30초이다. 정전기라고 하면 30초간 정전기가 유지되어야 하며 마지막 사진은 심지어 종이위에 올려진 상태이고 모든 사진에서 법원직원이 손가락으로 위 투표지를 잡고 있는 상태이다.

대법원이 붙어있는 투표지의 원인 중 하나가 정전기라고 판단한 것은 피고의 주장과 종이 및 인쇄를 감정한 감정사에 의해서다.(연수구 을소송 판결문 26쪽)

"감정인이 제출한 감정 결과의 요지이다. (중략) ⑤ 앞뒤가 붙어있는 투표지는 정전기에 의하여 붙어 있었다 (중략)
(다) 위와 같은 감정 결과에 다음과 같은 사정을 고려하면, 원고가 위조된 것이라고 주장하는 유형의 투표지가 피고 또는 각 구시군위원회가 정당한 선거인에게 교부한 것이 아니라고 보기 어렵고, 달리 위각 투표지가 위조되어 투입이 되었다는 증명이 없다.
① 2021. 6. 28.자 검증 결과에 변론 전체의 취지를 종합하면, 상단 또는 하단 일부가 붙어 있었던 관외사전투표지는 정전기에 의해 서로 붙어 있었거나 관외사저투표지의 운반, 개표 또는 보관과정에서 회송용 봉투의 접착제가 묻는 등의 사유로 생긴 현상이라고 볼 수 있다"

종이를 규격 중 평량이 있다. 가로세로 1m넓이의 g무게이다. 대중화된 A4 복사용지 중 좀 두껍다고 느끼는 종이가 평량 80이고 조금 값싸고 팔랑되는 것이 75이다. 이에 반해 투표용지의 평량은 100이다. 잡지, 브로셔, 고급 인쇄물 등에 사용되는 종이가 투표용지로는 단지 두 민간 기업만이 생산한다.

극도의 기술력으로 투표용지를 제작한 제지회사가 공급한 정전기가 없는 투표용지가 이러한 강도의 정전기가 가능한지 이제 전기·전자공학도가 답할 차례이다.

3. 비례대표투표지가 겹쳐 인쇄 된 오·훼손된 지역구 투표지

보궐선거를 제외하고 사전투표제도가 2014.6. 제6회 동시지방선거 포함 415총선 이전 4회가 실시되어 충분한 경험을 할 수 있는 횟수가 실시되었다고 하겠다. 이를 잘 반영하 듯 사전투표록은 위가 붙어 있는 공책과 같은 형태로 규격화 인쇄되며 이 양식에 따라 사전투표관리관은 기록만 하면 된다. 415총선 인천 연수구 송도4동 사전투표소 투표록을 양식을 제외하고 내용만 일부 보자.

명부단말기(노트북PC) 8대, 투표용지발급기 8대,

사전투표관리관 도장의 인영등록,

등록일시 2020년 4월10일 05시30분,

투표시간 2020년 4월 10일 개시: 06시00분, 마감 18시05분,

사전투표관리관 사무관 참관인등 현황,

사전투표관리상황 (전산 통계 기재)

   관내선거인

      지역구 국회의원선거

         투표용지 발급기에 의한 발급수 1855,

         투표용지 교부수 1855,

      비례대표국회의원선거

         투표용지 발급기에 의한 발급수 1855,

         투표용지 교부수 1855,

  관외선거인 587, 587,

우체국에 인계한 회송용봉투수(관외선거인) : 587통 그리고

> 라. 보조를 받아 투표를 한 사람
>
> 마. 공개된 투표지 처리상황
>
> 바. 기표소안에서 투표지를 촬영한 선거인 처리상황
>
> 사. 선거인명부에 등재되었으나 선거권이 없음이 확인되어 투표가 거부된 사람, 투표용지의 수령을 거부하여 투표용지를 받지 않은 사람, **투표용지 발급 시 장애 등 사유로 재발급 받아 투표한 사람**
>
> 아. 관외 선거인용 투표함에 잘못 투입되어 관내선거인용 투표함에 재투입한 투표지 처리 상황 ※ 관외선거인의 회송용봉투 미사용으로 인하여 관내 투표함에 투입하게 한 투표지를 포함함"
>
> 등과 우체국에 인수인계한 사전투표 회송용봉투 인계·인수서

위 라에서 아까지 해당되는 상황은 성명, 생년월일, 성별 및 사유 등을 기록하는 칸이 준비되어 있다. 즉, "사"항의 "투표용지 발급 시 장애가 발생하여 재발급" 한 경우 기록을 할 수 있도록 되어 있다.

실제 송도4동 4.11 사전투표 2일차 기록 내용이다. 검은테이프 부분은 정보공개 시 개인정보보호를 위해 가려져있다.

성 명	생년월일	성 별	사 유	비 고
■■■■	■■■■	남	국회의원 투표용지 이물질 묻어 재발행	

사. 선거인명부에 등재되었으나 선거권이 없음이 확인되어 투표가 거부된 사람, 투표용지의 수령을 거부하여 투표용지를 받지 않은 사람, 투표용지 발급 시 장애 등 사유로 재발급 받아 투표를 한 사람

투표용지 롤의 길이는 150m이고 후보자 3명인 경우 지역구 15.5cm, 비례대표 48.1cm 즉 1인당 63.6cm가 소요되니 알뜰하게 쓴다면 235.8명의 투표용지를 인쇄할 수 있다. 끝까지 쓰다보면 1인 소요 길이 63.6cm와 일치 할 수 없고 따라서 약 235명쯤에서 자투리가 생겨 투표지가 완전히 인쇄되지 못하는 상황이 발생한다. 재발급 상황 중 하나가 그런 상황이다. 경험이 쌓이면 롤지가 일부 남아 있을 때 버리더라도 미리 롤을 교체하여 운영의 묘를 살린다.

415총선 연수구을(왼쪽)과 파주시을(오른쪽) 재검표장에서 다음과 같은 투표지가 발견되었으며 일명 배춧잎 투표지로 알려져 있다.

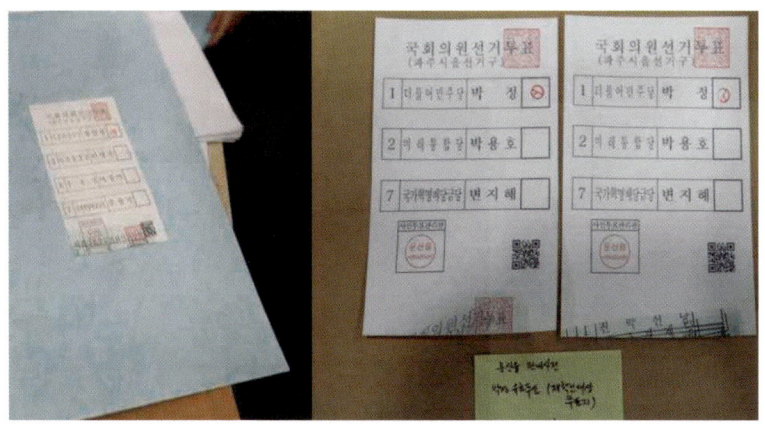

검증조서에 담긴 왼쪽 사진은 공개된 파일 내 사진으로부터 뭉개지지 않는 선에서 최대한 확대한 것이 이정도 크기 및 해상도이다.

중앙선관위는 두 차례 영상을 통해 이러한 투표지가 나올 수 있다고 해명하였다.[1] 지난 2024년 22대 국회의원선거 전 "사실은 이렇습니다" 시리즈의 1위 해명에 해당할 만큼 중대한 사안인 것이다.

연수구을 소송 판결(27쪽) 내 해당 내용이다.

"⑦ 비례대표투표지 인쇄가 중첩된 투표지의 경우 상단과 하단의 잉크는 같은 종류이고, 원고와 피고가 따로 감정인에게 제공한 잉크의 성분과 다르지 않다. 이와 같은 감정인의 감정 결과에 비추어 보면, 원고가 위조되었다고 주장하며 선별하여 감정대상이 된 투표지는 모두 피고 또는 해당 사전투표소에서 각 제공한 사전투표용 롤 용지 또는 투표용지에, 사전투표지는 피고가 제공한 투표용지 발급기의 프린터기로, 당일투표용지는 그 이외의 방법으로 인쇄된 것임이 인정된다"

중앙선관위 해명은 위 판결문을 인용해 이 투표지를 100배 현미경을 통한 인쇄상태 및 잉크 내 금속성분 분석결과 투표용지발급기와 같은 잉크젯 프린터 형식으로 인쇄되었다고 영상에서 말하고 있다.

그러나 파주시을 선거의 판결문(5쪽)에는 이 인쇄가 중첩된 투표지들에 대한 직접적인 판단이 없다. 확인을 위하여 다시 인용한다.

"라. 그 밖의 주장에 관하여
원고들은 사전투표소의 수 또는 교부된 투표용지수에 비하여 투표수가 과다하다거나, 붙어있는 투표지, 좌우여백, 상하여백, 색상이 다른 투표지, 접히지 않은 투표지가 존재한다거나, 사전투표함에 붙인 봉인이 비정상적이라거나, 개표 참관을 방해하였다거나, 사전투표지를 빵

---

1) https://youtu.be/ec0q_WwrzLo 선거이슈!! 팩트체크!! [배춧잎 투표지의 진실] 2022.10.27.
https://youtu.be/ql6HGAtDJw4 [사실은 이렇습니다] 1화 배춧잎투표지의 진실 2024.1.15.

상자에 보관하였다거나, 중복발급된 투표지가 존재한다거나, 중앙선거관리위원회가 폐기한 선거관계서류가 고물상에서 발견되었다는 등의 주장을 하나, 이는 이 사건 선거에 관한 주장이 아니거나, 그와 같은 사정만으로는 이 사건 선거에 위조된 투표지가 투입되었다는 취지의 원고의 주장을 인정하기 부족하고, 달리 이를 인정할 증거가 없으므로 이 사건 선거에 어떠한 선거무효사유가 존재한다고 볼 수도 없다 <대법원 2022. 7. 28. 선고 2020수30 판결 참조)"

연수구을 소송에서 대법원이 사용한 "비례대표투표지 인쇄가 중첩된 투표지의 경우" 용어와 파주시을 재검표 검증조서 내 "투표지 하단에 비례대표 투표지가 중복하여 인쇄"와 같은 용어를 판결문 어디에서도 볼 수 없다. "2020수30(연수구을 소송) 판결 참조"가 이를 대체하는 것인지 알 수 없다.

파주시을 재검 조서 내 선관위의 해명이다.
"⑥ 투표지 하단 부분에 비례대표 투표지가 이중으로 인쇄된 것은 지역구 투표용지 후에 비례대표 투표용지를 출력하면서 생긴 투표사무원의 실수로 보인다"

중앙선관위의 유튜브 내 시연영상에서 재연한 중첩되서 인쇄된 투표지를 화면 갈무리 하였다.

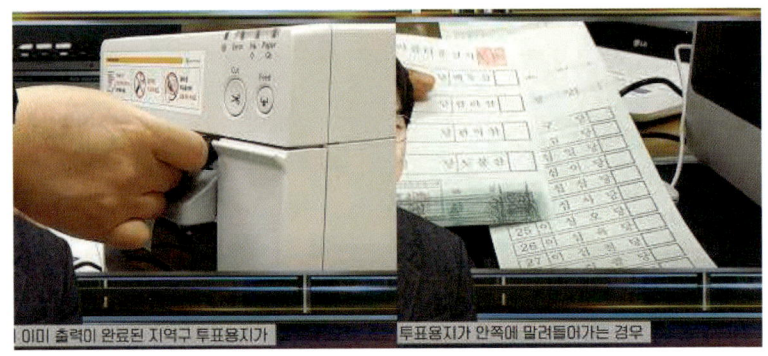

2022.10.27.일자 유튜브 영상에서는 다음과 같은 개선사항을 제시하였다.

" 개선사항
잘못 인쇄된 투표용지가 선거인에게 교부되지 않도록 투표사무원의 교육을 강화하고 신형 투표용지 발급기 제작 시 사양을 개선할 예정"

위 시연영상(우측)사진의 출력물은 연수구을 조서 내 원본(아래 왼쪽), 재검 후 법원이 공개한 사진(중간)에서 발견된 형태와 유사하다.

재검표장에서 원고변호사에 의해 촬영된 배춧잎투표지 사진이 없는 것과 그 후 사연 그리고 법원이 공개한 실물 투표지가 조작되었는지 아닌지에 대한 의견은 3권에서 기록하겠다.

다음 사진은 415총선 선거인에게 정상적으로 발급된 비례대표사전투표용지 윗부분으로 기표소에서 기표되지 않은 시점에 촬영되었다.

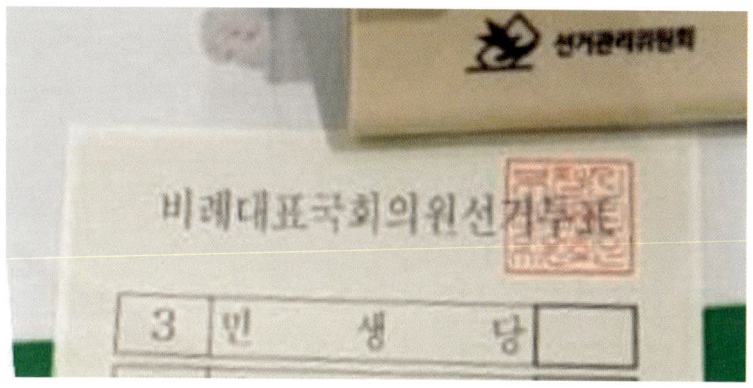

공학적 지식을 동원하지 않겠다. 스타트랙이나 요즘 유행하는 스텔라블레이드 게임에 보면 출연자들이 공간이동을 하는 것을 볼 수 있다. 2020년 기준 공간이동은 불가능하다.

파주시을 재검장에서는 다행이도 변호사들에 의해 직접 촬영이 된 고해상도 파일이 있어 이를 확대하였다.(흰색 원부분)

명확하게 "국회의원선거투표", "..선거투표" 글자 및 파주시선거관리위원회 청인이 두 번 나타난 것을 확인할 수 있다. 사전투표용지 발

급기는 잉크젯프린터로 노즐에서 분사를 하고 지나가면 끝이다. 동시에 공간이동하여 밑에서 동시에 인쇄하는 것은 불가능하다. 청인 또한 두 번이 확인 된다. 하나는 "ㄱ"자로 꺾인 것 (검은색) 나머지는 적게 꺾였다(흰색). 이로 인해 자세히 보면 검은색 "표"자도 "ㄱ"자로 꺾여 인쇄된 것을 볼 수 있다.

선관위 시연영상은 지역구 투표지를 움직이지 않고 있음으로 해서 상하가 압축되는 현상인데 이 투표지는 청인과 글씨가 "ㄱ"자로 꺾인 것이다. 지역구 투표지를 상하움직임을 통제할 수 있어도 좌우의 움직임을 통제할 수 없다.

다음 사진은 415총선 비례대표투표용지 중간 윗부분이다.

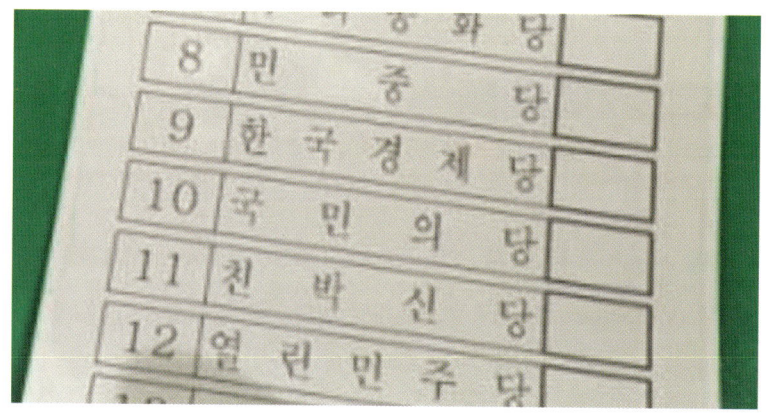

9 한국 경제당, 10 국민의당 11 친박신당의 순서이다.

파주시을 두 번째 배춧잎 투표지 이미지를 확대하였다.

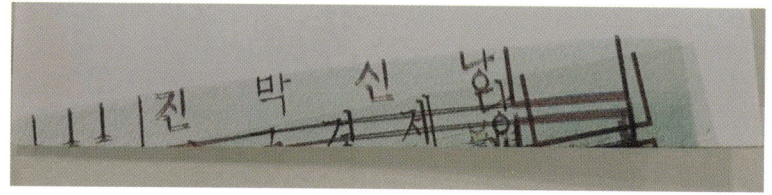

공학적 지식을 동원하지 않겠다. 실제 투표지(위사진)에서는 9 한국 경제당이 11번 친박신당 위에 있는데 아래 사진에는 11이 경제당 위에 있다. 9 인쇄 후 투표용지가 역으로 말려들어갔거나 힘을주어 쑤셔 넣었거나 해야 한다. 그러나 글자 말고 바탕 칠해진 농도가 다른 색을 보면 두 번에 걸쳐 인쇄된 것을 볼 수 있다.

그래 그렇다고 하자.

사전투표 매뉴얼(32쪽)에 투표용지발급 시 유의사항 내용이다.

> **투표용지 교부 시 유의사항**
>
> ○ 투표용지 출력중 또는 투표사무원의 책임사유로 투표용지 등이 오·훼손된 경우
>   • 해당 선거인에 대해 다시 조회한 다음 오·훼손된 해당 투표용지 또는 주소라벨을 선택하여 재발급함.
>   ※ 재발급 사유를 '오·훼손으로 인한 재발급'으로 선택
>   ※ 주소라벨을 재발급한 경우 반드시 새로 발급한 주소라벨을 회송용 봉투에 부착하여 선거인에게 교부함.
>   • 오·훼손된 투표용지는 선거인에게 교부하지 않고 "훼손된 투표용지 등 보관 봉투"에 투입함.
>   • 사전투표록에 그 상황을 기재함.
> ○ 투표용지를 재발급해야 하는 경우 반드시 투표관리관이 재발급여부를 판단하고, 통합명부시스템 '재발급' 기능에서 투표관리관이 서명(또는 손도장 날인)한 후 투표용지 등을 재발급하여 교부하고 그 사유를 사전투표록에 기재함.
> ○ 투표용지를 교부받은 선거인이 자신의 책임사유로 오·훼손한 경우
>   • 재교부할 수 없으며, 그 상황을 사전투표록에 기재함.

투표용지 출력 중 오·훼손된 경우 재발급하며 또한 "투표용지가 모두 출력되면 투표용지 출력매수 및 인쇄상태를 확인한 후 신분증과 투표용지를 해당 선거인에게 교부함"으로 되어 있다.

한 선거인에게 지역구와 비례대표 투표용지 2장이 발급된다. 재검표장에서 발견된 **오·훼손** 지역구 투표지가 있다는 것은 **지역구 투표지에 인쇄된 부분만큼 비례대표 투표지에 출력이 되지 않았다는 것**이다.

연수구을소송에서 피고가 오·훼손투표자가 만들어지는 영상에 나온 결과물 사진을 증거로 제출하였다.(을67-2호증)

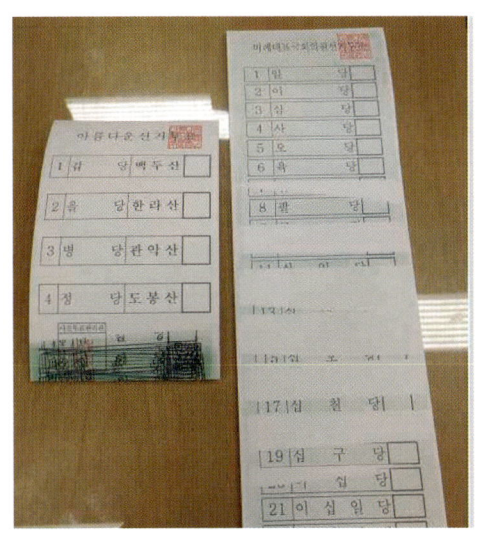

아래 기표소 내부에서 기표하기 위해 투표용지가 올려져있는 실제상황이다.

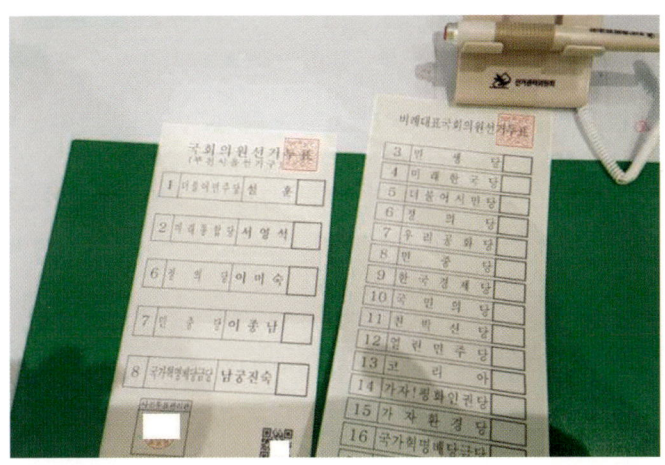

맨 위 사진과 같이 거슬리는 투표지가 올려져있다고 해보자. 선거인은 투표를 하겠는가?

투표용지발급 사무원이 확인을 하였거나, 선거인이 이의를 제기 하였건 비례대표투표지는 기표를 할 수 없을 지경이니 재발급이 되었을 것이다. 비례대표투표용지를 재발급할 때 그러면 지역구 투표지는 어땠을까? 오·훼손된 지역구 투표지를 재발급없이 그대로 선거인에게 주었을까? 지역구 투표용지 재발급에 약 3초밖에 소요되지 않는다. 오·훼손된 경우 재발급은 절차상으로 아무 문제가 없다.

앞서 언급하였듯이 투·개표사무원의 55%는 공무원이다. 45%가 중립적인 일반인이다. 그리고 젊은 공무원들이 대부분 차출되어 실무를 수행한다. 이 투표사무원들이 그렇게 하였겠는가?

당신이라면 그런 투표용지를 받고 투표하겠는가?

415총선 7곳 재검표에서 알려진 곳만 연수구을, 파주시을, 인천서구을 세 곳에서 지역구,비례대표 투표지간 오·훼손된 투표지가 발견되었다. 인천서구을 투표지사진은 발견 사실만 알려져 있고 사진은 확보되지 않은 상태이다. 인천서구을 원고소송대리인은 공개하길 바란다. 7곳 중 3곳 즉, 매우 큰 비율로 발견되었다.

필자는 두장이상의 투표지가 발급되는 2022년 6월 지방선거, 2024년 4월 총선에서 지역구투표지에 비례대표 투표지가 중첩되서 인쇄되었다는 소문을 접할 수 없었다.

3권에서 다른 분야 전문가와 협업으로 함께 분석한 결과를 담아보겠다.

4. 투표관리관 인영이 뭉개진 투표지

인천연수구을 재검표장에서 송도2동 제6투표소 선거당일(4.15) 1,974표 중 1,000장 이상 투표지의 투표관리관 도장이 뭉개진 투표지가 확인 되었다. 일명 일장기 투표지이다.

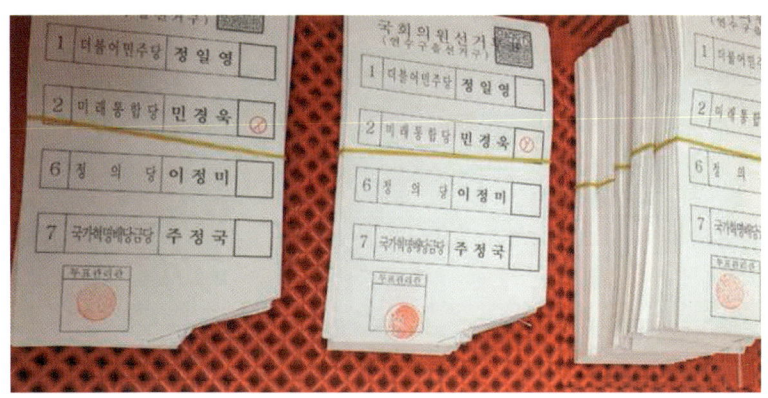

아래 사진 왼쪽, 중간은 위 사진 내 인영을 확대 한 것이고, 오른쪽에 도장이 투표록에 찍힌 실제 투표관리관 도장이다.

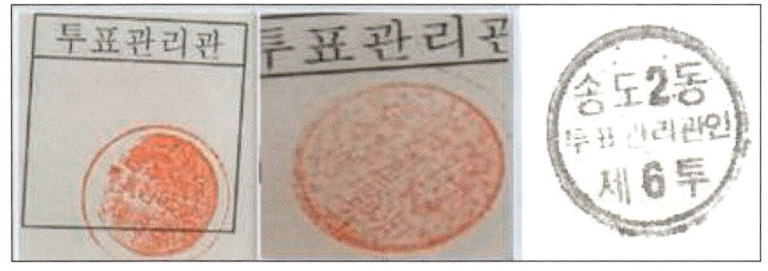

이에 대한 연수구을 피고선관위의 해명이다. (2022.04.21.자 3쪽)

"스탬프 2개 중 1개는 선거인명부대조석에, 나머지 1개는 투표용지

교부석에 비치되어 있는데, 투표용지에 투표관리관인을 날인한 투표관리관 또는 투표관리사무원이 만년인(잉크가 내장되어 인주나 잉크를 묻힐 필요가 없는 형태의 도장)형태인 투표관리관인을 재차 스탬프에 찍어 투표용지에 날인하게 되는 경우 인영이 전체적으로 붉게 뭉개져 보이도록 나타난 것으로 보입니다. 실제 피고가 만년인에 스탬프를 찍은 후 날인하여 보니 이른바, '일장기 투표지'와 유사한 형태의 인영이 찍히는 것을 확인할 수 있었습니다"이며 제출한 날인 결과이다.

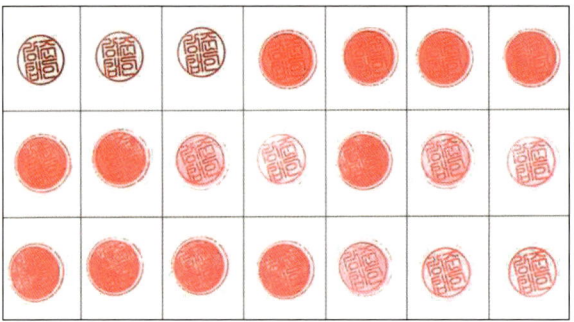

송도2동 제6투표소 당일투표 투표관리관은 2022.5.23. 대법원에 증인으로 출석하여 자신은 인영이 뭉개진 투표지를 4.15 총선 당일 본 적도 없고, 들은 적도 없으며, 보고받은 적도 없다고 증언하였다.

이 1000장 넘게 뭉개진 인영에 대한 대법원의 판단으로 긴 판결문만큼이나 중요하다는 것이다.

"⑦ 송도2동 제6투표소 투표지 중 투표관리관인 인영이 뭉개진 투표지에 관하여 본다. 증인 황OO의 증언, 2021. 6. 28.자 검증 결과, 감정인의 감정 결과에 변론 전체의 취지를 종합하면, 위 투표소에서는 선거일 당일투표가 이루어졌고 총 투표수는 1,974 표인 사실, 위

투표소에서 투표된 투표지 중 다량의 투표지의 투표관리관인 인영이 뭉개진 상태였고, 이에 이 법원은 검증 과정에서 투표관리관인의 인영이 뭉개진 투표지(정진석 후보 111표, 민경욱 후보 137표, 이정미 후보 46표)를 무효표로 판정한 사실, 위와 같은 이유로 검증절차에서 무효표로 판정된 투표지 중 원고가 선별한 10매를 현미경으로 관찰한 결과 그 중 5매는 투표관리관인이 쉽게 확인되었고, 나머지 5매는 상대적으로 식별이 어려운 사실이 인정된다. 한편 위 투표소의 투표관리관은 이 법정에서 투표사무원에게 투표용지에 투표관리관인을 날인하여 교부하도록 지시하였을 뿐, 자신이 위와 같은 투표용지를 본 적이 없고, 위와 같은 형태의 투표용지에 대하여 이의가 제기되거나 이를 투표록에 기재한 기억은 없다고 진술하였다. 이처럼 위 투표소에서 투표관리관인이 뭉개져 찍힌 투표지가 다량 발견되었고, 그 중 이 법원이 육안으로 확인하여 투표관리관인의 확인이 어려울 정도에 이른다고 판정한 것은 총 294표이며, 나머지 투표지는 투표관리관인을 식별할 수 있는 상태였고 무효표로 판정된 투표지도 현미경으로 관찰한 결과 상당 부분 투표관리관인 인영이 추가로 확인되었으며, 위 투표지가 비교대상 투표용지와 동일한 용지에 인쇄된 것으로 볼 수 있음은 앞서 살핀 바와 같다. 또한 을제68호증의 기재, 제69호증의 영상에 의하면, 투표소에 제공되는 투표관리관인은 자체 잉크가 주입되어 있는 소위 만년도장 형태로 제작된 것이지만, 이와 별도로 적색 스탬프도 비품으로 제공되는 사실, 투표관리관인에 스탬프의 잉크를 묻혀 날인하는 경우 송도2동 제6투표소에서 발견된 투표지와 유사한 형태의 인영이 현출되는 사실을 알 수 있다.

이러한 사정에 비추어 보면, 비록 위와 같이 투표관리관인이 뭉개져 날인된 투표지가 존재하였더라도 선거인들이나 참관인들이 이에 대하여 특별히 이의를 제기하지 않은 이상 투표관리관이 이를 인지하지 못하거나 그 사실을 투표록에 기록하지 않은 것이 이례적이라고 보이지 않는다. 오히려 위 투표지는 정규의 투표용지에 투표관리관인을 찍는 과정에서 인영이 뭉개진 결과일 가능성을 배제할 수 없으므로, 이를 무효투표로 판정하여야 하는지 여부는 별론으로 하더라도, 위와 같은 형태의 투표지가 존재한다는 사실 자체만으로 다량의 투표지가 위조되었다고 추단할 만한 정황에 해당한다고 보기 어렵다.

따라서 이러한 투표지가 위조된 투표지에 해당하고, 나아가 이 사건 부정선거 및 선거무효사유의 증거가 된다는 원고의 주장 역시 받아들이기 어렵다"

요지는 **투표용지에 도장을 찍는 책상위에 스탬프가 있었고**, 투표관리관도장은 잉크를 찍을 필요가 없는 만년도장이기는 하지만 스탬프 잉크를 찍어 투표용지에 날인하는 경우 뭉개진 인영과 비슷한 유형이 현출될 수 있기 때문이다.

공학적으로 살펴볼 필요도 없이 상식에서 접근하겠다.
인천 연수구선관위는 정보공개요청으로 확인한 결과 송도2동제6투표소에 비품 중 날인을 위한 스탬프는 **2개 배급했다**.

[별지]
제22대 국회의원선거 투표소 물품세트 구성품목

연번	품명	세부내역	재질	규격(mm)	수량	ㅂ
18	(16종)	스탬프	속건성용(인주색)	80*40 정도	2	
		골무			5	
		봉함용 테이프		15M*50	1	

(당일)투표매뉴얼 내 선거당일 투표소 배치도와 탁자별 비품배치 예시이다.(8~11쪽)

①투표진행기록석, ②투표용지 받는 곳, ③본인 확인하는 곳이다. 단, 물품으로 분류된 서식과 공개된투표지고무인은 ①에 비치된 배급비품목록에는 없다. (비품과 물품이 구분됨)

탁자	비품
①	명부대조용 자 2, **스탬프 2,** 골무 5, 봉함용 테이프 1, 스카치테이프 1, 유성네임 펜 1, 유성매직 1, 플러스 펜 2, 가위 1, 딱풀 1, 볼펜 2, 사무용 칼 1, 인주제거용 각티슈(50매입) 1, 인주제거용 물티슈(30매입) 2, 임시 기표판 1, 자 1
②	
③	

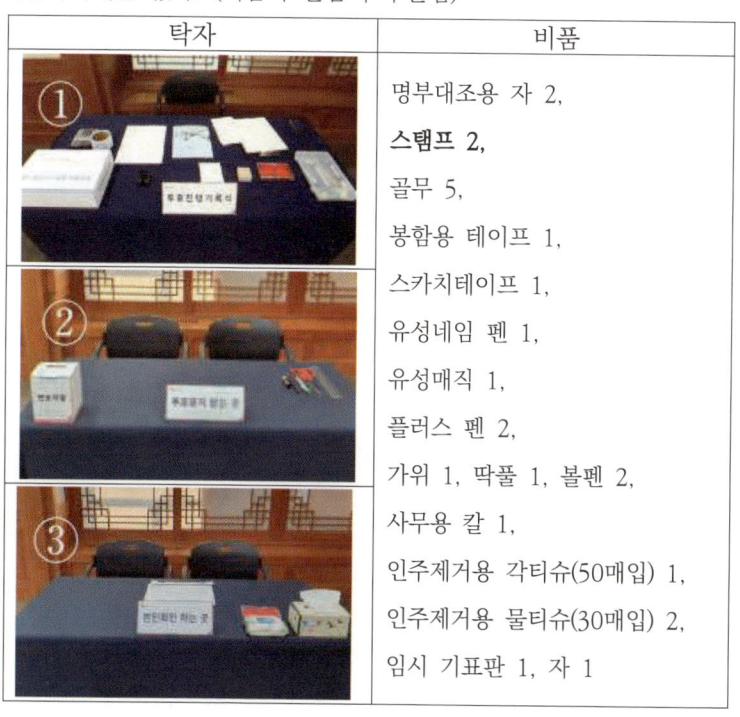

눈치 빠른 독자는 스탬프 2개의 놓인 위치를 확인 하였을 것이다.

한 곳은 "③본인확인하는 곳"으로 신분증과 명부를 대조 확인한 후 투표했음을 표시하는 확인란에 손도장 날인 시 사용한다. 보통 서명을 한다. 그래서 각티슈, 물티슈는 소량인 두 개만 준비한다.

또 한곳은 ①투표진행기록석이며 스탬프의 용도는 공개된 투표지 고무인 날인 시 사용하기 위함이다.

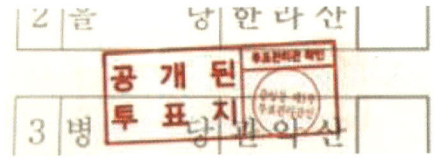

그러므로 이 곳 ①에도 스탬프가 반드시 있어야 한다.

배급받은 두 개의 스탬프 위치는 확정되었다. 그러나 거기에는 투표용지 받는 곳 즉, 투표용지에 투표관리관이 인영을 날인하는 곳에는 없다.

투표관리관이 만년도장에 인주(스탬프)가 필요 없다는 것의 인지여부는 투표록을 통해 확인이 된다. 투표관리매뉴얼에 투표개시직전 투표관리관이 반드시 수행해야 할 작업에 투표관리관인영 등록 즉, 다음 그림과 같은 투표록에 도장을 날인하는 절차이다.

성 명	인 영	등 록 일 시
황	(인영)	2020. 4. 15. 5:46

투표관리관 사인 날인 인영대장

1. 투표관리관 사인의 인영

매뉴얼에 따라 송도2동제6투표구 투표관리관은 투표록에 인영을 등록했다.(투표록 6쪽) 날인된 모습이 뭉개지지않은 것으로 보아 스탬프에 찍지 않고 바로 찍은 것이다. 참고로 날인이 하나인 것은 한 개의 도장만을 사용함을 의미한다.

"②투표용지 받는 곳" 탁자 위 비품배치를 보면 흰테이프가 붙은 인영이 있는데 이 도장이 투표록에 등록된 도장이라는 의미다.

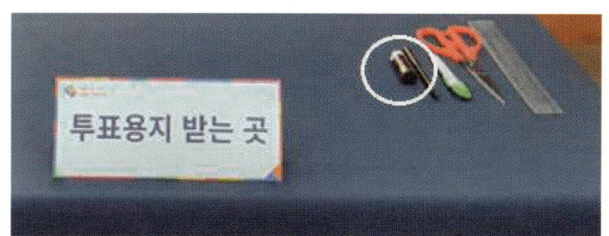

그리고 투표록은 "①투표진행기록석"에 있다. 그러므로 ①에서 5:46에 투표록에 날인하고 ②에 넘겨주거나 또는 직접 ②에 가서 앉아 투표지용지에 도장을 찍어야 한다. 투표관리관이 도장을 찍었다면 이미 만년도장임을 알고 실제 날인도 했기 때문에 스탬프에 인주를 묻혀서 투표용지에 날인하는 것은 불가능하다. 이 투표관리관은 법정증언에서 "투표사무원에게 투표용지에 투표관리관인을 날인하여 교부하도록 지시하였을 뿐" 이라고 한 것으로 보아 투표사무원이 날인 한 것이며, 투표록에 적힌 이 투표소의 종사자 수를 보면 공무원인 투표관리관 1명, 공무원인 투표사무원 5명, 일반인 투표사무원이 6명, 총 12명으로 설비배치도를 참고해서 유추 할 수 있듯이 투표사무원2명을 ②에 배치할 충분한 인원이 된다. 결국 투표사무원이 투표용지에 만년도장으로 날인을 한 것이다.

남은 것은 "②투표용지 받는 곳"에 스탬프가 있었는가이다. 없다면 투표사무원이 스탬프에 잉크를 묻힐 일이 없다. 이미 배급된 스탬프 수 2개가 꼭 필요한 곳이 ①,③임을 확인하였다.

선거업무에 익숙하지 않는 선관위직원이 아닌 투·개표사무원은 우선 매뉴얼에 의존할 수밖에 없다. 매뉴얼 내용을 보자.(8쪽)

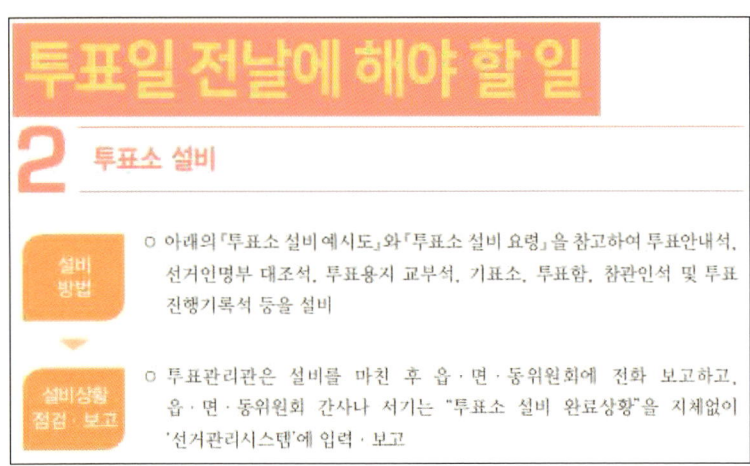

투표관리관은 투표 전날 매뉴얼을 참고하여 설비를 하고 완료여부를 보고한다. 설비 시 "②투표용지 받는 곳"의 내용이다.

읽어보자. "투표관리관 도장 날인용 스탬프 **(투표관리관 도장이 인주 내장형인 경우 생략)**"

투표사무원이 투표용지에 도장을 찍는 상황을 보자.
투표 진행방법에 일련번호지 절취 및 교부 부분이다.(매뉴얼 29쪽)

투표인이 몰릴것에 대비하여 100매 이내의 투표용지에 미리 도장을 날인 해 놓을 수 있다. 교부 전에 재확인도 한다.

가로 2.5cm, 세로 2cm 직사각형 안에 찍어야 한다. 즉, 투표용지를 보지 않고서는 찍을 수 없다.

도장을 찍었는데 아래와 같이 찍혔음에도 계속해서 스탬프 인주를 묻혀서 1000장 이상을 찍었다는 것이다.

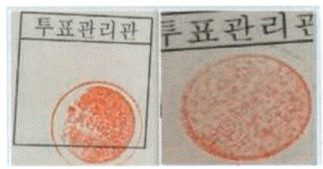

지역구 푸표지는 모두 투표지분류기를 통과한다. 송도2동제6투는 개표상황표 양식이 2018년형으로 분류 후 1974매 중 재확인대상 투표지수가 46매가 나왔다.

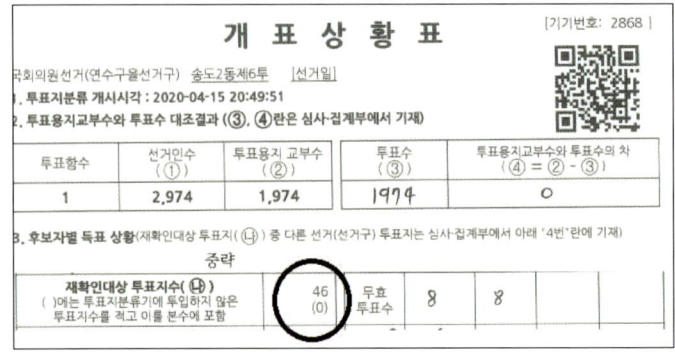

투표지분류기 재확인대상이 되는 오류코드에 "-4331 관인크기 검증 결과 오류, 투표지 투표관리관인의 크기가 올바르지 않을 때" 발생하며, 위 뭉개진 인영 왼쪽이 이에 확실하게 해당한다. 재검표장에서 투표관리관 도장이 실제 크기와 다른 투표지가 몇장 나왔는지 확인되지 않은 것이 몹시 아쉽다. 대법원이 재검표장에서 대법원이 직접 찍은 사진을 이 후 공유하겠다는 명분으로 원고측 대리인들에게 재검표 초반 시점에 사진촬영을 불허하였다.

매뉴얼에 따라 점검·실시될 수밖에 없는 투표관리 절차에 따르면 "②투표용지 받는 곳" 탁자위에 스탬프가 존재할 수 없다. 그러므로 스탬프 잉크가 묻은 인영은 존재할 수 없다.

확인 가능한 다른 선거의 선거당일 실제 투표소의 사진1)이 도장찍는 모습의 모든 것을 대변한다. 저작권 문제로 실루엣으로 대체하며 정성들여 찍는 모습의 기사를 직접 확인해보길 바란다.

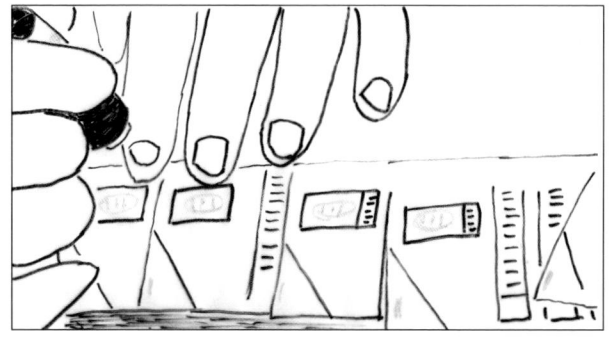

1000장 이상 뭉개진 투표지를 바라보며 스탬프에 잉크를 묻혀 도장을 계속 찍은 자가 한국인인가 아닌가! 사전투표소인가 아닌가!

"이게 그냥 단순히 막 찍는게 아니라 찍고 확인하고 나눠주고.."

송도2동제6투표구 투표관리관의 대법원법정 증언 마지막 문구이다. 실제 도장을 찍은 투표사무원의 증언불발 사유는 3권에 기술된다.

---

1) 출처 : 뉴데일리 [포토] 투표용지 도장 찍는 선관위관계자
https://www.newdaily.co.kr/site/data/html/2022/03/09/2022030900042.html

VI. 다섯번째 눈물 - 소송재판지연, 대법원 판결

* 415총선 시 126+1건의 선거관련 소송이 제기되었다. 정당, 후보자만 소송의 원고로 나선 것이 아니라 시민 5432명 이상이 참여한 대규모 사건이었다.

핵심은
- 공직선거법 "제225조(소송 등의 처리) 선거에 관한 소청이나 소송은 다른 쟁송에 우선하여 신속히 결정 또는 재판하여야 하며, 소송에 있어서는 수소법원은 소가 제기된 날 부터 **180일 이내에 처리하여야 한다**"

* 사건개요

국회의원선거무효, 당선무효 소송은 대법원 단심으로 결정된다. 국회의원 임기는 4년이다. 180일내에 끝내도록 법에 규정되어 있다. 그럼에도 선관위를 피고로하는 소송이 2020.5.1. 소 제기 후 1,216일에서야 종결되었다. 확인된 건만 원고패 96건, 소각하 16건, 소취하 9건이다. 단 한건도 원고승은 없었다. 당선인을 피고로 하는 소송 한건은 임기 마감 20여일 전인 2024.5.9.에 종결되었다. 6개월 내에 끝나지 않는 소송에 대한 기록이다.

2020.10.28. 이 날은 2020.5.1. 기준 180일째 되는 날이다.

확률 100%, 국어단어 중 한 문구 "하여야 한다"에 대해 엔지니어가 관찰한 결과 이 단어가 적어도 법을 다루는 영역의 현실세계에서는 이과생 이해와 문과생 이해가 일치하지 않음을 또한 확인 하였다. 이에 어떠한 괴리가 발생 하였는지 이제부터 짚어보겠다.

필자가 참여한 소송은 미래통합당 배현진후보가 당선된 송파구을 선거구로 소송의 목적은 우파 배후보가 당선되었음에도 사전투표와 당일투표의 개표결과가 비정상적이라고 판단되어 비록 배후보가 당선되었지만 이 또한 원인규명이 되어야 한다고 하여 진행된 것이다. 그러나 어이없게도 이 소송은 2022.12.15. 소취하가 되었다. 대법정 재판 중 대법관이 여당이 당선된 선거구인데 재판을 계속 하겠느냐는 질문에 원고대리인 변호사가 "취하 하겠다"고 하여 취하된 것이다. 소송 끝까지 해보지도 못하고 필자를 포함한 이 소송 46명의 원고는 피고의 소송비용을 생으로 물어내게 되었다. 그래도 이 소송은 46명이 분담·지불해서 2만 원대이지만 소송인원수가 적은 경우 제법 될 것 같아 안타깝다.

필자를 포함 소송의 많은 참가자들은 2020.11.이면 소송이 끝날 줄 알았고 6개월만 하면 되겠지 해서 뛰어들어 대부분의 소송 판결 마감기한인 11월을 기다렸다. 5천여명의 소송 원고들의 기대는 처참히 무너졌다.

415총선 관련 소송 현황이다.

종국결과 원고패(기각) 소송 (96건)

연번	원고	피고 *	소제기일자	종국일자	처리일수
1	권○○ 외 8명	강원 강릉시	2020.05.14	2023.04.13	1063
2	이○○ 외 14명	강원 원주시	2020.05.04	2023.04.13	1073
3	길○○ 외 47명	강원 춘천시	2020.05.04	2023.04.13	1073
4	최○○ 외 8명	경기 고양시일산동구	2020.05.15	2023.06.15	1125
5	박○○ 외 51명	경기 고양시일산서구	2020.05.04	2023.04.13	1073
6	최○○ 외 9명	경기 광주시	2020.05.09	2023.06.15	1131
7	김○○ 외 9명	경기 광주시	2020.05.11	2023.04.13	1066
8	이○○ 외 8명	경기 김포시	2020.05.09	2023.04.13	1068
9	전○○ 외 9명	경기 김포시	2020.05.09	2023.06.15	1131
10	이○○ 외 49명	경기 남양주시	2020.05.08	2023.06.15	1132
11	심○○	경기 남양주시	2020.05.13	2022.08.31	839
12	김○○	경기 남양주시	2020.05.15	2023.08.31	1202
13	서○○ 외 6명	경기 부천시	2020.05.08	2023.04.13	1069
14	한○○ 외 49명	경기 성남시분당구	2020.05.04	2022.08.31	848
15	김○○	경기 성남시분당구	2020.05.14	2022.08.31	838
16	김○○ 외 8명	경기 성남시중원구	2020.05.13	2023.06.15	1127
17	임○○ 외 9명	경기 시흥시	2020.05.08	2023.06.15	1132
18	김○○ 외 30명	경기 안산시단원구	2020.05.04	2022.08.31	848
19	박○○ 외 11명	경기 안산시단원구	2020.05.09	2023.06.15	1131
20	강○○ 외 10명	경기 안산시상록구	2020.05.08	2023.06.15	1132
21	심○○ 외 10명	경기 안산시상록구	2020.05.11	2023.06.15	1129
22	박○○ 외 10명	경기 안양시동안구	2020.05.09	2023.04.13	1068
23	장○○ 외 10명	경기 안양시동안구	2020.05.13	2023.04.13	1064
24	송○○ 외 9명	경기 안양시만안구	2020.05.09	2023.06.15	1131
25	최○○	경기 오산시	2020.05.06	2023.08.31	1211
26	박○○ 외 54명	경기 용인시기흥구	2020.05.04	2023.06.15	1136
27	김○○ 외 50명	경기 용인시수지구	2020.05.04	2022.08.31	848
28	김○○ 외 9명	경기 의정부시	2020.05.08	2022.08.31	844
29	김○○ 외 11명	경기 의정부시	2020.05.13	2023.06.15	1127
30	한○○ 외 16명	경기 파주시	2020.05.14	2023.04.13	1063
31	박○○	경기 파주시	2020.05.01	2023.08.31	1216
32	류○○ 외 53명	경기 평택시	2020.05.04	2023.06.15	1136
33	송○○ 외 37명	경기 하남시	2020.05.14	2023.06.15	1126
34	천○○ 외 24명	경기 화성시	2020.05.04	2023.04.13	1073
35	권○○ 외 46명	경남 김해시	2020.05.11	2023.04.13	1066

36	조○○ 외 8명		2020.05.13	2022.08.31	839
37	나○○	경남 양산시	2020.04.29	2022.07.28	819
38	정○○ 외 9명	대전 대덕구	2020.05.11	2023.06.15	1129
39	장○○ 외 13명	대전 서구	2020.05.13	2023.06.15	1127
40	박○○ 외 9명	대전 유성구	2020.05.13	2023.06.15	1127
41	장○○ 외 1명		2020.05.15	2021.08.19	460
42	박○○ 외 15명	부산 북구	2020.05.11	2022.08.31	841
43	김○○	부산 사하구	2020.04.29	2023.04.13	1078
44	김○○ 외 43명	서울 강남구	2020.05.15	2023.04.13	1062
45	이○○ 외 49명	서울 강동구	2020.05.06	2023.04.13	1071
46	하○○ 외 8명		2020.05.13	2023.04.13	1064
47	김○○ 외 13명	서울 강북구	2020.05.08	2023.08.31	1209
48	이○○ 외 9명	서울 강서구	2020.05.07	2023.06.15	1133
49	최○○ 외 11명	서울 관악구	2020.05.08	2023.06.15	1132
50	김○○ 외 12명		2020.05.13	2023.06.15	1127
51	박○○		2020.05.15	2023.04.13	1062
52	김○○ 외 51명	서울 광진구	2020.05.07	2023.06.15	1133
53	여○○ 외 11명	서울 구로구	2020.05.08	2023.04.13	1069
54	김○○ 외 8명	서울 금천구	2020.05.07	2022.08.31	845
55	김○○ 외 9명	서울 노원구	2020.05.08	2023.04.13	1069
56	김○○	서울 도봉구	2020.05.01	2023.06.15	1139
57	이○○ 외 9명	서울 동대문구	2020.05.08	2022.08.31	844
58	진○○ 외 9명		2020.05.08	2023.08.31	1209
59	장○○ 외 54명	서울 동작구	2020.05.07	2023.04.13	1070
60	심○○ 외 19명	서울 마포구	2020.05.08	2023.06.15	1132
61	유○○ 외 8명		2020.05.08	2023.04.13	1069
62	이○○ 외 12명	서울 서대문구	2020.05.08	2022.08.31	844
63	이○○		2020.05.06	2023.06.15	1134
64	김○○ 외 15명	서울 성동구	2020.05.08	2023.06.15	1132
65	이○○ 외 41명	서울 성북구	2020.05.15	2023.06.15	1125
66	김○○ 외 37명		2020.05.15	2023.06.15	1125
67	김○○ 외 52명	서울 송파구	2020.05.07	2023.04.13	1070
68	조○○ 외 10명	서울 양천구	2020.05.08	2023.04.13	1069
69	허○○ 외 47명		2020.05.12	2022.08.31	840
70	박○○	서울 영등포구	2020.05.01	2023.06.15	1139
71	엄○○ 외 49명	서울 중구	2020.05.08	2023.04.13	1069
72	김○○ 외 11명	세종시	2020.05.08	2023.06.15	1132
73	이○○ 외 19명	울산 북구	2020.05.11	2022.08.31	841
74	한○○ 외 48명	의왕시	2020.05.04	2023.04.13	1073
75	박○○ 외 8명	인천 계양구	2020.05.08	2023.04.13	1069
76	이○○ 외 47명	인천 미추홀구	2020.05.04	2023.06.15	1136
77	이○○ 외 8명		2020.05.08	2023.06.15	1132

78	나○○ 외 11명	인천 서구	2020.05.08	2023.04.13	1069
79	박○○		2020.05.06	2023.04.13	1071
80	노○○ 외 7명	인천 연수구	2020.05.08	2023.04.13	1069
81	민○○		2020.05.07	2022.07.28	811
82	김○영 외 5명	중앙 *	2020.05.12	2022.08.31	840
83	황○○ 외 83명		2020.04.17	2021.12.30	621
84	성○○ 외 1명		2020.05.14	2023.08.31	1203
85	이○○		2020.05.07	2021.08.19	468
86	석○○ 외 42명	중앙, 경남 김해시	2020.05.14	2023.06.15	1126
87	○○○○당	중앙, 서울종로구, 인천연수구, 광주서구, 대전서구, 세종시, 경기부천시, 경기파주시, 경남진주시	2020.05.14	2023.06.15	1126
88	김○○ 외 64명	충남 논산시	2020.05.08	2023.04.13	1069
89	김○○ 외 5명	충남 당진시	2020.05.08	2023.06.15	1132
90	박○○ 외 8명	충남 아산시	2020.05.13	2022.08.31	839
91	유○○ 외 21명	충남 천안시동남구	2020.05.11	2023.04.13	1066
92	윤○○ 외 22명		2020.05.11	2023.04.13	1066
93	곽○○ 외 35명	충북 음성군	2020.05.11	2023.06.15	1129
94	이○○ 외 26명	충북 청주시서원구	2020.05.11	2023.06.15	1129
95	최○○ 외 5명	충북 청주시청원구	2020.05.08	2022.08.31	844
96	이○○	황○○	2020.04.29	2021.04.29	364

* 피고 : 시군구 표시는 해당 시군구 선거관리위원회 위원장임

중앙 : 중앙선거관리위원장으로 비례대표 소송의 피고임

종국결과 소송각하 소송 (16건)

연번	원고	피고	소제기일자	종국일자	처리일수
97	김○○	강원 속초시	2020.05.15	2020.09.22	129
98	김○○ 외 23명	강원 원주시	2020.05.04	2023.06.15	1136
99	장○○ 외 33명	경기 고양시덕양구	2020.05.14	2020.06.05	21
100	장○○ 외 8명	경기 구리시	2020.05.09	2020.05.28	18
101	김○○ 외 8명	경기 남양주시	2020.05.08	2020.06.19	41
102	최○○ 외 37명	경기 성남시분당구	2020.05.14	2023.06.15	1126

103	이○○ 외 38명	경기 안성시	2020.05.04	2023.04.13	1073
104	안○○ 외 9명	대구 수성구	2020.05.11	2023.04.13	1066
105	좌○○ 외 1명	문재인 외 16명	2020.05.16	2022.08.31	836
106	신○○ 외 40명	서울 송파구	2020.05.14	2020.06.05	21
107	이○○ 외 18명	서울 종로구	2020.05.08	2023.04.13	1069
108	강○○ 외 8명	인천 계양구	2020.05.08	2023.04.13	1069
109	한○○ 외 1명	중앙	2020.05.15	2020.07.01	46
110	정○○ 외 3243명		2020.06.15	2022.08.31	806
111	○○○당 외 3명	중앙 외 2명	2020.04.08	2020.08.05	118
112	김○○ 외 34명	충북 청주시상당구	2020.05.08	2022.08.31	844

소취하 소송 (9건)

연번	원고	피고	소제기일자	종국일자	처리일수
113	나○○	경기 구리시	2020.05.13	2021.08.03	446
114	차○○	경기 부천시	2020.05.08	2023.05.13	1099
115	이○○	부산 남구	2020.04.29	2021.06.19	415
116	성○○	서울 관악구	2020.05.14	2020.06.11	27
117	강○○	서울 금천구	2020.05.15	2021.09.25	497
118	노○○ 외 45명	서울 송파구	2020.05.14	2022.12.15.	944
119	홍○○	서울 은평구	2020.05.06	2021.09.16	497
120	경○○	충북 음성군	2020.05.15	2023.05.31	1110
121	최○○	충북 청주시서원구	2020.05.13	2023.05.31	1112

미확인된 소송 (8건)

연번	원고	피고	소제기일자	종국일자	처리일수
122	양○○ 외 8명	경기 광명시	2020.05.13	미확인	
123	이○○	대전 중구	2020.05.01	미확인	
124	허○○	서울 동대문구	2020.05.12	미확인	
125	이○○	중앙	2020.05.15	미확인	
126	윤○○	충북 청주시상당구	2020.05.15	미확인	

출처. 중앙선관위 발행 제21대국회의원선거 총람(백서) 등

소송에 참여한 시민원고등 소송 참여자들은 이 책 부록에서 기록을 위해 남겨놓도록 하겠다. 성명 중 일부만 기재하여, 동명이인이 많으므로 혹시라도 향후 증명을 위해 대법원이나 선관위로부터 소송비용 관련 수령문서를 잘 보관하길 바란다.

대법원사건현황 내 연수구을 소송의 원고 변호인단 이다.

변호인명	위임일자	사임·해임일자	변호인명	위임일자	사임·해임일자
석동현	2020.05.07	-	문수정	2020.12.12	2021.08.24
이동환	2020.05.07	-	구주와	2021.06.23	미확인
김모둠	2020.05.07	-	남봉근	2020.06.24	2020.06.25
도태우	2020.05.25	-	권우현	2020.06.25	2022.04.07
박주현	2020.06.23	-	이명규	2020.06.25	2021.09.02
권오용	2020.05.07	-	강용석	2020.06.24	2020.06.25
현성삼	2021.06.23	-	심규철	2021.10.08	2022.04.07
유정화	2020.11.11	-	유승수	2020.07.28	2022.07.18
윤용진*1)		-	구상진*		-

피고 변호인단이다.

변호인명	위임일자	사임·해임일자	변호인명	위임일자	사임·해임일자
윤O화	2020.06.18	2021.09.02	김O동	2020.12.09	2021.09.02
김O한	미확인		김O관	미확인	
최O준	미확인				
최O림	2021.09.07	-	민O훈	미확인	-
권O정	미확인	-	최O원	미확인	-

415총선 소송은 2020.4. 당시 인천연수구을 선거구 현역의원이었던 민경욱후보가 전면에 나서면서 모든 소송의 기준이 되었고 다음은 이 소송의 진행 경과이다.

---

1) * 복대리인: 법률 용어로, 원래 대리인의 권한을 받아서 업무를 수행하는 또 다른 대리인을 의미

일차	처리기간	내용
2020-05-07	0	사건접수
2020-05-11	4	주심대법관 및 재판부 배당
2020-05-12	5	법리검토 개시
2020-10-23	169	변론준비기일(대법원)
2020-12-14	221	검증기일(중앙선거관리위원회 과천청사)
2021-04-15	343	변론기일(대법원)
2021-05-08	366	사안·쟁점 복잡하여 신중 검토중
2021-06-28	417	검증기일(인천지방법원)
2021-10-28	539	변론기일(대법원)
2021-11-19	561	감정기일(대법원)
2021-12-13	585	감정기일(대법원)
2022-04-01	694	변론기일(대법원)
2022-04-29	722	변론기일(대법원)
2022-05-23	746	변론기일(대법원)- 변론종결
2022-07-28	812	판결(종국)

소송을 제기 하기 전 2020.4.29.에 증거보전을 통해 연수구선관위가 보관하던 투표지 등 선거관계서류가 인천지방법원으로 이동해 보관되었다. 이때 비례대표투표지까지 보전을 법원이 인용했으나 연수구선관위의 거부로 보전되지 못하였다.

5월7일 소송 제기 후 재판부배정과 심리검토가 바로 시작되어 재판이 순조롭게 시작될 것 같았으나 180여일 도래 근처인 10.23. 최초 변론준비기일이 열렸고, 12.14.에 비밀투표원칙 침해 분석의 기초자료였던 통합명부시스템 등 자료가 공개된 검증기일이 있었다.

지지부진하던 재판은 2021.5.8. 신임 천대엽대법관이 임명되면서 속도를 내기 시작해 417여일 만인 6.28에 재검표가 이루어졌다. 이후 3회 더 변론기일이 열린 후 2022.7.28. 원고패소로 종국 되었다. 812일 만이다.

준비서면, 참고서면이 원고는 46차례, 피고는 35차례, 증거의 수는 제OOO호증 기준으로 원고가 242까지 피고가 80까지 제출되었다.

그러한 방대한 양의 자료가 제출 되었고, 이에 대한 대법원의 판결 시각은 다음 피고서면과 판결문 중 하나의 사례 비교로 대체하겠다.

피고 서면 내용 (2022.6.17.자 12,13쪽)	**대법원** 판결문 (2022.7.28. 8.9쪽)
가. 사전투표지 부정 발급이 가능하다는 주장에 관하여 원고는 '실제 사전투표를 한 선거인 수'라는 정보가 오직 선관위 서버에만 존재하고, 투표를 참관하는 참관인들도 그 수를 전혀 알 수 없다는 점에 착안하여 누군가가 사전투표기록을 인위적으로 추가하여도 중앙선관위의 서버 조작자 외에는 아무도 알 수 없으므로 투표지 부정발급의 가능성이 열려 있다고 주장합니다. (중략)	1) 사전 투표 단계에서 부정한 개입이 있었다는 주장에 대하여 가) 원고의 이 부분 주장의 요지는, '누군가가' 다량의 사전투표지를 위조하여 투입하였다는 것이다. (중략)

그러나 아래와 같이 사전투표지 부정 발급이 없었음을 증명하기 위한 간단한 방법이 존재합니다.	
사전투표에서는 통합선거인명부를 통해 선거인 본인 여부를 확인하고, 투표용지 발급기를 통해 투표용지를 발급하므로, 해당 선거인의 투표 사실(투표소명, 투표일자)은 이중투표 방지를 위해 통합선거인명부(통합명부시스템)에 기록되는 바, 투표용지 발급 매수는 통합명부시스템의 '투표마감' 란에 기록된 수치로 확인할 수 있습니다.	관내사전투표함의 경우 사전투표기간이 종료되면, 사전투표참관인의 참관 하에 해당 투표함 투입구와 자물쇠에 특수 봉인지를 부착한 다음 사전투표관리관 및 정당 또는 후보자별로 신고한 사전투표참관인 각 1명이 서명하도록 하여 봉인하고 이를 관할 구·시·군위원회에 인계하는데, 이 경우 후보자별로 사전투표참관인 1인과, 호송에 필요한 정복을 한 경찰공무원 2인을 동반시킨다.
사전투표관리관은 사전투표기간 중 각 일자별 투표가 마감되면 통합명부시스템의 '투표마감' 란을 확인하여 사전투표록에 투표용지 발급기에 의한 발급수, 투표용지교부수를 각 기록하고,	

관외선거인의 경우 기표를 한 후 회송용봉투에 투표지를 넣고 봉함한 후 관외투표함에 투입하는데, 사전투표관리관이 이를 열어 우체국에 인계하며(등기우편으로 해당 선거인의 선거구로 배달), 인계하는 회송용봉투수를 사전투표록에 기록하고 회송용봉투 인계·인수서도 작성하여 첨부합니다. 위와 같이 사전투표용지 교부·발급수는 통합선거인명부(통합명부시스템)에 기록이 되고, 이를 바탕으로 사전투표록 및 회송용봉투 인계·인수서의 기재로써 실물기록(물적 증거자료)이 되며, 실물 투표지가 존재하므로 발급·교부수와 실제투표수의 관리·확인이 이루어지는 바, 피고는 투표지 부정발급이 없었다는 사실을 실물자료를 통하여 직접적으로 증명할 수 있습니다.	관외사전투표의 경우, 사전투표참관인의 참관 하에 사전투표함을 개함하고 사전투표자수(관외사전투표의 회송용 봉투 수)를 계산한 후 후보자별로 사전투표참관인을 1명씩 지정하여 해당 우체국까지 동행하도록 하여 관할 우체국장에게 인계하고 등기우편으로 발송한다. 구·시·군위원회는 사전투표소로부터 인계받은 관내사전투표함을 해당 구·시·군 위원회의 정당추천위원의 참여 하에 투

한편, 갑 제219호증 기사의 내용이 된 전주 완산구 사례는 피고가 2020. 7. 22.자 준비서면 25면 내지 26면에서 이미 해명한 바 있습니다. 10장의 투표지는 관내사전투표함과 일반 투표함을 연달아 개함하면서 투표지가 섞인 것에 불과하여 선거조작과는 무관하고, 특히 서버와는 더더욱 무관합니다. 원고는 전혀 무관한 사례를 자신의 주장에 억지로 갖다 붙여서 재판부를 현혹하고 있습니다.	표함의 봉쇄·봉인 상태를 확인하고 보관하여야한다.

관내사전투표의 경우 투표인수는 통합명부시스템 서버만 알 수 있다는 원고는 주장에 대해, 피고 선관위의 주장은 통합명부시스템에 투표인수가 기록이 되고, 이 기록된 숫자를 읽어 사전투표록에 기재를 하기 때문에 사전투표록이라는 물리적 증거가 있으니 또한 실물투표지가 있으니 이 두 자료를 통해 확인할 수 있다는 것이다.

사전투표록에 기재하는 관내투표인수 숫자의 출처는 통합명부시스템이고, 관내사전투표함은 개표장에서 개함을 할 때까지 열어볼 수가 없으니 실물 투표지와 기록된 숫자를 어떻게 확인한다는 것인가!

그에 반해 관외사전투표는 사전투표가 끝나는 18시 경에 투표함을 열어 실물 회송용봉투수를 세고 통합명부시스템에 표기된 숫자와 비교하는 절차가 있다. 그러니 실물 투표지(회송용봉투수)와 통합명부시스템과 일치여부를 물리적으로 확인 하는 수단이 있는 것이다.

이런 피고의 주장에 대해 대법원은 관외사전투표 투표인수에 대해서는 피고의 주장을 거의 원용하였다. 그러나 관내사전투표에 대해서는 실물 투표지수와 통합명부시스템 상 관내사전투표인수가 물리적으로 일치한다는 것에 대한 표현은 어디에서도 볼 수 없다. 단지 투표 후 봉인을 거쳐, 참관인과 경찰 호송하에 이동한다는 표현만 있을 뿐이다. 원고가 주장한 관내사전투표인수를 물리적으로 확인할 수 없다는 내용은 없다. 이것이 대법원의 입장이다.

앞서 두 관내사전투표지발급속도, 삼천3동 관내사전투표 사례에서 충분히 설명하였으므로 더 이상 설명하지 않겠다.

2020수로 시작되는 선고관련 소송 중 상세정보가 확보된 원고패소 사건 94건에 대한 소송진행과정을 정리하였다.

선거소송이 제기되면 사건기록에는 "사건접수" 〉 "주심대법관 및 재판부 배당" 〉 "법리검토 개시"를 먼저 거치는데 이 단계는 모든 소송에 대하여 곧바로 지정되었다. 소송이 진행되는 동안 변론기일이 열린 횟수기준 소송건수는 인천연수구을 소송이 5회로 가장많고, 한 건이며, 4회가 1건 (파주시을), 3회가 2건 (남양주시을,강북구갑), 2회가 17건 1회가 74건이다. 단지 1회의 의미는 변론기일 시작하자마자 변론종결하였고 판결선고일에 선고가 되었다는 의미이다. 지역구 선거소송은 변론기일이라도 열리고 주요사건은 작은 횟수이지만 변론도 열리곤 했다.

그러나 증거보전 등 원고의 소송비용이 가장 많이 투입된 국민혁명

당(현 자유통일당) 비례대표 소송(이하 비례대표소송)을 보자.

  증거보존신청 지역만 서울 종로구, 인천 연수구, 광주 서구, 대전 서구, 세종시, 경기 부천시, 경기 파주시, 경남 진주시 8곳으로 이 비용만 수천만원 지불되었으며 피고만도 9명에 이르는 소송으로 이 소송의 진행 현황이다.

2020.05.14. 사건접수,
2020.05.18. 주심대법관 및 재판부 배당
2020.05.27 원고 준비서면 제출,
2020.06.25 피고 답변서 제출,
2020.07.07 원고 준비서면 제출,
2020.07.31 피고 준비서면 제출,
2020.10.16 원고 준비서면 제출,
2021.01.20 원고 이부신청서 제출,
2021.03.18 원고 기일지정신청서 제출
2021.05.11 원고 기일지정신청서 제출
2021.05.14 원고 변론병합신청서 제출
2021.05.20 원고 기일지정신청서 제출,
2021.05.21 원고 기일지정신청서 제출,
2021.05.24 원고 기일지정신청서 제출,
2021.05.25 원고 기일지정신청서 제출,
2021.05.26 원고 기일지정신청서 제출,
2021.05.27 원고 기일지정신청서 제출,
2021.05.27 원고 기일지정신청서 제출,
2021.05.28 원고 기일지정신청서 제출,

2021.05.31 원고 기일지정신청서 제출,
2021.06.15 원고 기일지정신청서 제출,
2021.06.21 원고 기일지정신청서 제출,
2021.06.22 원고 기일지정신청서 제출,
2021.06.23 원고 기일지정신청서 제출,
2021.06.24 원고 기일지정신청서 제출,
2021.06.26 원고 기일지정신청서 제출,
2021.06.27 원고 기일지정신청서 제출,
2021.07.06 원고 기일지정신청서 제출,
2021.07.08 원고 기일지정신청서 제출,
2021.07.09 원고 기일지정신청서 제출,
2021.07.12 원고 기일지정신청서 제출,
2021.07.13 원고 기일지정신청서 제출,
2021.07.14 원고 기일지정신청서 제출,
2021.07.15 원고 기일지정신청서 제출,
2021.07.16 원고 기일지정신청서 제출,
2021.07.17 원고 기일지정신청서 제출,
2021.07.18 원고 기일지정신청서 제출,
2021.07.19 원고 기일지정신청서 제출,
2021.07.20 원고 기일지정신청서 제출,
2021.07.21 원고 기일지정신청서 제출,
2021.07.22 원고 기일지정신청서 제출,
2021.07.23 원고 기일지정신청서 제출,
2021.07.24 원고 기일지정신청서 제출,
2021.07.25 원고 기일지정신청서 제출,

2021.07.26 원고 기일지정신청서 제출,

2021.07.27 원고 기일지정신청서 제출,

2021.07.28 원고 기일지정신청서 제출,

2021.07.30 원고 기일지정신청서 제출,

2021.07.31 원고 기일지정신청서 제출,

2021.08.01 원고 기일지정신청서 제출,

2021.08.02 원고 기일지정신청서 제출,

2021.08.03 원고 기일지정신청서 제출,

2021.08.04 원고 기일지정신청서 제출,

2021.08.05 원고 기일지정신청서 제출,

2021.08.06 원고 기일지정신청서 제출,

2021.08.09 원고 기일지정신청서 제출,

2021.08.10 변론준비절차회부명령,

2021.09.06 변론준비기일(대법원 1호법정 14:40) 준비절차종결
(추후지정)

2021.09.08 원고 기일지정신청서 제출,

2021.09.09 원고 기일지정신청서 제출,

2021.09.10 원고 기일지정신청서 제출,

2021.09.13 원고 기일지정신청서 제출,

2021.09.14 원고 기일지정신청서 제출,

2021.09.16 원고 기일지정신청서 제출,

2021.09.17 원고 기일지정신청서 제출,

2021.09.23 원고 기일지정신청서 제출,

2021.09.24 원고 기일지정신청서 제출,

2021.09.27 원고 기일지정신청서 제출,

2021.09.28 원고 기일지정신청서 제출,
2021.09.30 원고 기일지정신청서 제출,
2021.09.30 원고 기일지정신청서 제출,
2021.10.01 원고 기일지정신청서 제출,
2021.10.04 원고 기일지정신청서 제출,
2021.10.05 원고 기일지정신청서 제출,
2021.10.06 원고 기일지정신청서 제출,
2021.10.07 원고 기일지정신청서 제출,
2021.10.11 원고 기일지정신청서 제출,
2021.10.15 원고 기일지정신청서 제출,
2021.10.18 원고 기일지정신청서 제출,
2021.10.19 원고 기일지정신청서 제출,
2021.10.20 원고 기일지정신청서 제출,
2021.10.21 원고 기일지정신청서 제출,
2021.10.22 원고 기일지정신청서 제출,
2021.10.25 원고 기일지정신청서 제출,
2021.10.26 원고 기일지정신청서 제출,
2021.10.28 원고 기일지정신청서 제출,
2021.10.29 원고 기일지정신청서 제출,
2021.11.01 원고 기일지정신청서 제출,
2021.11.02 원고 기일지정신청서 제출,
2021.11.03 원고 기일지정신청서 제출,
2021.11.04 원고 기일지정신청서 제출,
2021.11.05 원고 기일지정신청서 제출,
2021.11.08 원고 기일지정신청서 제출,

2021.11.10 원고 기일지정신청서 제출,
2021.11.11 원고 기일지정신청서 제출,
2021.11.12 원고 기일지정신청서 제출,
2021.11.15 원고 기일지정신청서 제출,
2021.11.16 원고 기일지정신청서 제출,
2021.11.17 원고 기일지정신청서 제출,
2021.11.18 원고 기일지정신청서 제출,
2021.11.19 원고 기일지정신청서 제출,
2021.11.22 원고 기일지정신청서 제출,
2021.11.23 원고 기일지정신청서 제출,
2021.11.24 원고 기일지정신청서 제출,
2021.11.25 원고 기일지정신청서 제출,
2021.11.29 원고 기일지정신청서 제출,
2021.11.30 원고 기일지정신청서 제출,
2021.12.01 원고 기일지정신청서 제출,
2021.12.02 원고 기일지정신청서 제출,
2021.12.03 원고 기일지정신청서 제출,
2021.12.07 원고 기일지정신청서 제출,
2021.12.08 원고 기일지정신청서 제출,
2021.12.09 원고 기일지정신청서 제출,
2021.12.10 원고 기일지정신청서 제출,
2021.12.13 원고 기일지정신청서 제출,
2021.12.14 원고 기일지정신청서 제출,
2021.12.16 원고 기일지정신청서 제출,
2021.12.20 원고 기일지정신청서 제출,

2021.12.21 원고 기일지정신청서 제출,
2021.12.22 원고 기일지정신청서 제출,
2021.12.23 원고 기일지정신청서 제출,
2021.12.24 원고 기일지정신청서 제출,
2021.12.27 원고 기일지정신청서 제출,
2021.12.28 원고 기일지정신청서 제출,
2021.12.29 원고 기일지정신청서 제출,
2021.12.30 원고 기일지정신청서 제출,
2021.12.31 원고 기일지정신청서 제출,
2022.01.01 원고 기일지정신청서 제출,
2022.01.03 원고 기일지정신청서 제출,
2022.01.04 원고 기일지정신청서 제출,
2022.01.05 원고 기일지정신청서 제출,
2022.01.06 원고 기일지정신청서 제출,
2022.01.07 원고 기일지정신청서 제출,
2022.01.10 원고 기일지정신청서 제출,
2022.01.11 원고 기일지정신청서 제출,
2022.01.12 원고 기일지정신청서 제출,
2022.01.13 원고 기일지정신청서 제출,
2022.01.14 원고 기일지정신청서 제출,
2023.02.01 피고 준비서면 제출,
2023.05.10 피고 준비서면 제출,
2023.05.12 원고 변론재개신청서 제출,
2023.05.12 변론기일(대법원 1호법정 14:00) 변론종결(추후지정)
2023.06.08 원고 변론재개신청서 제출,

2023.06.15 판결선고기일(대법원 1호법정 11:30) 판결선고,
2023.06.15 종국: 원고패

  2020년 12월 당시 기독자유통일당은 180일 이내 처리하여야 하는 선거소송을 진행하지 않은 13명의 대법관을 직무유기죄로 대검찰청에 고발했다. 2021.1.20 원고 이부신청서 즉, 재판부를 변경 줄 것을 원고가 요청하였다. 변경은 없었다.
  소송이 제기된 2020.5.14에서 180일이 훌쩍 지난 308일째 2021.3.18부터 기일지정 신청 즉, 재판 시작일자를 지정해 달라고 요청서를 본격 제출하기 시작했고 47차례 제출한 소송제기 480일째인 2021.09.06에 재판 준비기일 즉, 이후 재판을 어떻게 해나가겠다는 대면이 이루어졌다.

  그때 민유숙대법관과 원고소송대리인과 오간 대화의 일부분이다.

  " 재판장: 이 자리에서 결정할 수 있는 것은 아무것도 없다. 언제까지 결정하겠다는 말도 할 수 없다. 법원의 업무가 과중합니다.

변호사1 :180일 안에 재판을 해야 함에도, 아무런 이유 없이 15개월 이상 재판을 열지 않다가, 오늘 이렇게 얘기 하는 것은 납득이 안 간다. 이유를 얘기 해기 해 주십시오.

변호사2 : 그렇다면 오늘 재판 왜 열었냐?

재판장: 그렇게 말씀하시는 것도 이해는 하지만, 그렇다 하더라도 오

늘 이 자리에서 정할 것은 아무것도 없다. 기일을 정하지 않겠다. 더 하실 말씀 없으시면 재판을 마치겠다"

비례대표소송대리인단의 거센 항의에도 불구하고 30분 만에 대법관들은 재판정을 빠져 나갔다.

"법원의 업무가 과중하다"라고 말하고 있지만 그리고 필자가 어느 변호사에게서 연 5만 건 재판이 대법원에 올라온다는 말도 들었지만, 이러한 논리도 공직선거법 제225조 "선거에 관한 소청이나 소송은 다른 쟁송에 우선하여..."를 피해갈 수 없다. 공직선거는 임기가 있기 때문이다. 2021.9.은 국회의원 60개월 임기 중 15개월이 지나는 시점이다.

원고는 2023.4. 대법원 특별2부(재판장 민유숙, 천대엽, 조재연, 이동원 대법관) 대법관들 개개인을 상대로 손해배상 청구소송을 제기하였다. 비교적 신속한 2023.5.12.에 첫 번째 변론기일이 열렸다. 1093일만이며 누적127번째 변론기일 신청이 제출된 상태였다. 이 재판에서 원고측 변호인단은 180일 내에 선고해야 하는 공직선거법에도 3년만에 열린 이유에 대해서 집중적으로 대법관에게 답변을 요구하였다. 민사소송이 걸려서인지는 재판장은 동문서답하면서 "재판이 진행중.."이라는 말만 되풀이 하였고 끝내 답변을 하지 않았다.

2023.6.15. 원고패로 종국되었다. 1127일만이었다. 증거 보존된 7개 시군구의 비례대표 투표지 1,792,795표는 검증도 하지 못하고 무용지물이 되었다.

판결 법정에서는 판결 후 변호사들과 방청객의 거친 항의가 있었고 원고 변호사가 법정경위에 의해 끌려 나가는 상황도 있었지만 그 뿐이었다. 필자도 고스란히 목도하였다. 소위 주류 언론이라는 곳 어디서도 이러한 상황은 보도되지 않았다. 애초 기울어진 운동장에서 경기다. 선거소송의 대부분 피고는 각 시군구의 선거관리위원회 위원장과 중앙선거관리위원회 위원장이다. 중앙은 대법관이 겸직하고 있으며 각 시군구는 해당 지역 법원의 부장판사가 겸직하고 있다. 즉, 재판을 주관하는 자가 피고가 될 수 있으며 비례대표소송의 경우 대법관 즉, 중앙선거관리위원장이 피고인 것이다.

2023.6.15. 선관위를 피고로 하는 415총선 소송 중 남아있던 마지막 5개 소송의 마지막 변론기일에서 도태우변호사의 변론이다.

"**사실과 증거를 인정하는 재판부의 태도는 대립하는 양 측에 대해 공평해야 한다.** 이는 동서고금에 통용되는 법이념의 근본이라 할 수 있다. 이번 415총선 선거무효소송 판결은 이 근본적인 법이념을 무너뜨린 판결이었다. 피고 선관위에 대해서는 피피티(PPT) 발표 한 번만을 보고 다섯 차례나 주요 사실 인정의 근거로 삼는 반면, 원고의 경우 각종 물증과 증언이 쏟아진 부분에 대해서도 마치 결론을 정해 둔 듯이 한사코 인정을 거부했다. **양 측의 주장과 증거를 대하는 잣대가 서로 다르다면 그 재판은 공정한 것이라 보기 어렵다.** 나아가 이미 결론을 정해 두고 거기 짜 맞추어 간 것이라 의심을 받을 수 있다. **재판의 본질과 법질서를 파괴한 재판이라 하지 않을 수 없다.**"

헌법재판소법 제38조이다.

"제38조(심판기간) 헌법재판소는 심판사건을 접수한 날부터 180일 이내에 종국결정의 선고를 하여야 한다. 다만, 재판관의 궐위로 7명의 출석이 불가능한 경우에는 그 궐위된 기간은 심판기간에 산입하지 아니한다."

공직선거법 제225조와 같이 헌법재판소 사건 또한 180일 이내 종국결정을 선언하게 되어있다. 이 조항에 대하여 헌법소원이 제기 되어 2009.7.30. 선고된 2007헌마732 판결문을 보자.

먼저 훈시규정으로 해석하는 사유는 해당 조항을 위반 시 즉, 180일이 경과 시 제제 등 즉, 예를 들어 처벌 같은 조항을 두어 심판기간의 준수를 강제하는 규정을 주지 않았기 때문에 단지 지침으로 훈시규정이라 본 것이다. 이와 동일하게 공직선거법 제225조 또한 위반 시 어떤 제약 즉, 처벌 규정도 없다.

이 헌법소원은 9명의 재판관 중 7명의 다수의견으로 최종 기각이 되었는데 헌법 제27조 **신속한 재판을 받을 권리와 개별사건의 특수성 및 제반여건을 불문하고 모든 사건에서 반드시 준수하여야 할 심판기간을 미리 예측하여 일률적으로 정해 놓는 것은 적절하지 않을 뿐만 아니라 가능하지도 않다는 현실적인 문제 간 충돌**이다.

이에 대해 다수의견 논리는 "모든 헌법재판에 대하여 일정한 기간 내에 반드시 종국결정을 내리도록 일률적으로 강제하는 것은 공정한 절차에 따라 실체적으로 적정한 결론을 도출하는 데 필요한 심리를 과도하게 제한할 수 있어, 오히려 헌법상 재판청구권의 중요한 내용 중 하나인 공정하고 적정한 재판을 받을 권리를 침해할 수 있기 때문이다" 이다. 즉, 기간을 준수하는 것 보다는 공정하고 적정한 재판을 받을 권리를 우선 시 했기 때문이다.

판결문에 이런 결정을 하기 위한 전제가 기술되어 있다.

"헌법 제27조 제3항이 보장하는 '신속한 재판'은 **공정하고 적정한 재판을 하는 데 필요한 기간을 넘어 부당하게 지연됨이 없는 재판을 뜻한다**"

2023.8.31. 415총선 선관위를 피고로 하는 모든 소송이 종국되었다. 원고가 승소한 소송은 한건도 없다. 원고가 패한 소송의 소제기에서 판결일까지 경과일수이다.

경과일수	원고패 소송건수
364 ~ 621	4
811 ~ 848	18
1062 ~ 1078	32
1125 ~ 1139	36
1202 ~ 1216	6
계	96

절차적 정당성을 갖춘 180일 이내에 재검표가 실시된 역대 선거소송 재검표 결과이다.

연도	선거명	선거구	재검전후 표차이	특이사항
1992	14대 국회의원	노원을	36 → 172	100장 묶음 집계 오류
2000	16대 국회의원	경기 광주	3 → 2	1표 정정
		충북 청원	16 → 17	1표 정정
2004	17대 국회의원	충남 당진	25 → 9	16표 정정

2006	5·31지방선거	충주시의원	0 → 2	2표 정정
2016	20대 국회의원	경기 부평갑	26 → 23	3표 정정
2022	제8회 지방	안산시장	181 → 179	2표 정정

    2022년 제8회 지방선거 경기도 안산시장선거는 2020년 415총선 소송보다 2년 이상 늦게 선거무효소송이 제기되었으나 선거일 2022.6.1. 이후 35일 만에 실시된 재검표에서 2표만 정정되었다.

    그에 반해 소 제기 후 417일 만인 2021.6.28. 열린 연수구을소송 재검표 결과는 재검 전 1,2위 표차이가 2893표에서 2614표로 줄어 더불어민주당 후보표는 128표가 줄었고 미래통합당 후보표는 151표 증가하는 역대 가장 많은 279표가 뒤바뀐 사례이다.

    415총선을 제외한 다른 선거의 재검표에서는 대부분 기표의 유·무효를 판단하였으며, 인간이 할 수 있는 실수범위내의 오차로 인한 차이였으나, 연수구을 소송 재검표는 투표지 자체의 유·무효를 판단하는 기존 재검표와는 성격이 전혀 다른 투표지 자체 정합성, 선거제도의 문제점이 쟁점이었으며 차이가 발생한 사유 또한 기표후보의 유·무효가 아닌 투표지자체의 정합성으로 인해 발생하였으며, 이 279표 차이도 도장이 뭉개진 표의 상당수를 대법관이 유효표로 인정하면서 그 수가 줄어든 것이다. 2022년 안산시장 재검표에서 접착제로 인해 투표지가 붙었다는 또는 투표지에 다른 선거 투표지가 겹쳐 인쇄된 투표지가 나왔다는 소식은 듣지 못했다. 이 현상은 투표지 보관기간과 무관하다.

    헌법재판소법 제38조 180일 위헌 소청건의 반대의견을 낸 헌법재판관 2명이 있었다. 반대의 공통의견은 "180일 이내에 종국결정을 하여야 한다"에 대해 "하여야 한다"라는 강제규정 문언을 사용한 점 또는 이 조항이 "문언상 명백한 의무규정"이라는 것이다. 이를 헌법재판소가 준수하지 않아도 된다는 뜻으로 해석하는 것은 헌법재판소가 법률해석의 문언적 한계를 넘어서는 것이라는 것이다.

또한 "이러한 문헌상 의무규정에 대하여 어떤 규정은 훈시규정으로 이해하고, 어떤 규정은 의무규정으로 이해하는 것은 헌법재판소의 유권적인 판단이 있기 전까지는 그 해석기준이 법률전문가 뿐만 아니라 일반국민에게 예측가능한 것도 아니기 때문에 그 법적 준수의무의 기대가능성의 관점에서 법적 안정성을 과도하게 손상시킨다고 할 것이다"라는 반대의견을 제시 하였다. 필자와 같이 법을 잘 모르는 일반국민의 입장에서는 당연한 지적이라고 본다.

반대의견을 낸 두 재판관도 일률적으로 180일로 한정하는 것은 모든 사건이 상황이 다 달라 현실성이 없으므로 개선이 되어야 하거나 또는 이 조항 자체가 위헌이라는 판단을 하였다.

헌법재판관들의 치열한 논쟁의 과실을 대법관은 공직선거법 적용에 그대로 활용하고 있다. 그러나 그 전제가 있으니 한 번 더 언급한다.

국민은 헌법 제27조 제3항이 보장하는 '신속한 재판'을 받을 권리와 '공정하고 적정한 재판'을 받을 권리가 있다. 이 두 원칙은 다음과 같이 국민의 눈높이에 맞는 상식의 범위에 있어야 한다.

"공정하고 적정한 재판을 하는 데 필요한 기간을 넘어 부당하게 지연됨이 없는 재판을 뜻한다"

VII. 여섯번째 눈물 - 고소고발, 경찰, 검찰 대응

* 415총선 후 개표결과에 이의를 제기한 필자를 포함한 시민들에 의해서 많은 고소고발이 이루어졌다. 그 결론은 고소고발에 전혀 경험이 없던 필자가 보더라도 이상하다.

핵심은
  - 수사의지

* 사건개요
　필자가 관여하거나 또는 모니터링 한 사건을 중심으로 공용서류무효죄로 고발한 부산남구선거관리위원회, 투표지증감죄, 공전자기록위작 및 동행사 등으로 고소한 부천시선거관리위원회, 투표지증감, 직무유기죄로 김OO 등이 고발하고 필자가 지원한 전주시 완산구 선거관리위원회에 대한 사건기록이다. 그리고 김OO변호사에 의한 부여개표장 개표 시 개표상황표를 찢어 공용서류무효죄로 고발된 사건도 살펴본다.

부여선관위 고발사건

이 책 첫부분에 부여개표장에서 발생한 사건을 분석하였다. 앞서 언급하지 않은 상황이 있는데 재분류 한 경우 재분류하기 전 개표상황표 처리에 관한 문제로 개표시작에서 4.15 22:32까지 재분류로 인해 2회 이상 출력된 개표상황표 심층분석 현황이다.

기기 번호	투표소	분류 수	출력 횟수	최종 제외 이전 개표상황표 처리 형태
1151	양화면 관내사전	3	3	찢음(기술협력원 1회, 운영원 1회)
142	옥산면 관내사전	2	2	찢음(기술협력원 1회)
1052	남면관내사전	2	2	공책밑에 보관 최종 처리 확인안됨
1151	부여읍제3투	2	2	영상종료로 확인안됨
142	충화면투표소	2	2	확인안됨, 단, 심사집계부 기록과정에서 실수로 재출력
1052	규암면제2투	2	2	찢음(운영원 1회)

고발된 상황은 옥산면관내사전 개표 시 기술협력원이 찢은 재분류 전 개표상황표로 재분류하게 된 사유는 이미 설명 했다.

공직선거법 제186조이다.
"제186조(투표지·개표록 및 선거록 등의 보관) 구·시·군선거관리위원회는 투표지·투표함·투표록·개표록·선거록 기타 선거에 관한 모든 서류를, 시·도선거관리위원회는 집계록 및 선거록 기타 **선거에 관한 모든 서류를, 중앙선거관리위원회는 선거록 기타 선거에 관한 모든 서류를 그 당선인의 임기중 각각 보관하여야 한다.** 다만, (중략) 선거에 관한 쟁송이 제기되지 아니하거나 계속되지 아니하게 된 때에는 중앙선거관리위원회규칙이 정하는 바에 따라 그 보존기간을 단축할 수 있다."

대한민국 선거의 투·개표 절차는 디지털 기기, 컴퓨터서버와 프로그램의 집합체인 통합명부시스템과 선거집계시스템의 절대적인 도움을 받아 투개표가 이루어지는 만큼 디지털 결과에 대한 상호 견제와 감시를 가능하게 하는 아날로그 문서가 모두 무효화 되지 않고 보존되어야 하는 것은 너무나 중요한 사항이다. 재분류 전후의 개표상황표는 재분류를 해야 할 만큼 중대한 사실을 담고 있다. 그러므로 공표되기전 개표상황표는 보관되어 부여군 개표장 상황과 같이 이의 제기 시 투표지분류기가 어떤 문제가 있는지 쉽게 파악할 수 있는 증거물이다. 이런 증거물이 부여개표장에서 훼손된 것이다.

이 사건은 김OO변호사에 의해 고발되었고 2021. 6.7. 불송치(혐의없음)되었다. 이 수사결과 통지서의 첫 번째 부분인 피의사실 요지와 불송치의 기준이 된 중앙선관위 판단 내용이다.

"[피의사실의 요지와 불송치 이유]
  가. 공직선거법위반, 나. 공용서류무효죄 혐의
    O 1,2 피의자 수사
      1 피의자 수사한바, 투표지 개표작업 중 옥산 지역구 분류기 오류 출력된 개표상황표 확인되어 2 피의자 기술협력요원(민간 지원인력)이 찢고 새로이 출력하여 오류를 정정한 사실 있다고 진술합니다. (후략)"

    O 중앙선거관리위원회 판단
      중앙선거관리위원회는 판례 (대법원 1995.11.10.선고 95도1395 판결)에 비추어, "공용서류무효죄는 권한 있는 자의 정당한 처분에 의한 공용서류 파기에는 적용의 여지가 없고, 공문서의 변경 삭제가 불가능한 단계에 이르지 않은 경우 언제든 작성자가 그 내용을 변경 또는 일부 삭제할 수 있으므로 공용서류의 효용을 해하는 행위에 해당한다고 할 수 없어 공용서류 무효죄에 해당되지 않는다."며 피의자들의 행위가 권한 범위 내 처분행위로 공용서류무효죄 되지 않는다고 회신

덧붙여, 공직선거법 제244조 1항을 포함한 그 밖의 어떠한 공직선거법위반도 관련 법규나 업무편람 및 내규에 권한 있는 자에게 오작성 개표상황표 보관, 관리의 의무 부여하지 않는다며 피의자들의 행위가 공직선거법위반에 해당하지 않음으로 회신

그 밖에 중앙선거관리위원회가 각 지역선거관리위원회에 하달한 '2021.4.7. 재·보궐선거 절차 사무 처리 공문' 중 '개표 진행 중 발생한 미완료된 서류 등 처리방법"에 미완료문서를 파쇄기로 폐기토록하며, 미완료 서류에 '미공표된 개표상황표, 개표집계상황표'로 이건 객체가 폐기 가능함을 명시 하였습니다. ('개표 진행 중 발생한 미완료 서류 등 처리방법'"

여기서 피의자가 증언한 "오류"에 해당하는 내용은 첫 번째 장에서 관련 사실을 기술하였고, 오류여부를 판단할 충분한 자료(재분류전 개표상황표, 재분류전 ③,④ 적재함 표수)를 가지고 있지 않기 때문에 여기서는 경찰 조사결과 공용서류 무효죄 관련 부분만 언급 하겠다.

참고로 영상에 보면 재분류전 개표상황표를 참관인 2명(다음 사진 ①,②)이 사진을 촬영한 것(오른쪽 두 컷)으로 파악되나 그 사진은 확보되지 않았다.

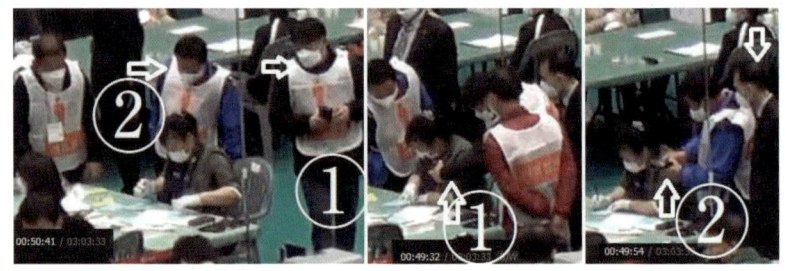

　이 책을 통해 참관인 ①,②의 사진이 삭제되지 않고 보관되어 있어 공개되길 기대해 본다. 사진 오른쪽 끝에서 양복차림으로 보시는 분은 개표위원으로 개표 초반이라 날인할 개표상황표가 없어, 개표장을 두루 살펴보고 있는 중이다.

4. 위원 검열

위원	위원	위원	위원	위원	위원	부위원장	위원장
홍권표	박민길	선미영	임상배	고성준	김인겸	해영	이경서

5. 위원장 공표시각 : 4월 15일 20시 17분

　다시 공용서류무효죄로 돌아와서 경찰은 수사 결론에서 중앙선거관리위원회 판단 3가지를 인용하여 불송치 결정을 내렸는데 첫 번째 두 번째 판단근거는 공직선거법 186조와의 관계를 살펴보아야 한다. 단지 단어의 정의만 놓고 보았을 때 "모든"에는 투개표과정에서의 발생하는 모든 서류를 의미하며 어떤 문제의 원인을 파악할 수 있는 개표상황표도 당연히 모두에 포함된다. 그리고 그 문서의 양 자체로 많지 않다. 부여 개표장에서 재 출력된 개표상황표는 7매이다.

　문제는 세 번째 판단기준인데 415총선은 2020.4.15. 실시되었다. 그런데 415 총선 후 약 1년이 지난 2021.4.에 내려진 '2021. 4. 7.

재•보궐선거 절차 사무 처리 공문' 내용에 공표되기 전 개표상황표는 폐기가 가능하다고 하달하여 이때부터 이 지침이 적용되기 시작했는데, 경찰은 이를 1년 전에 발생한 415총선 사건에 소급적용하여 다음과 같이 결론을 내렸다.

"위 내용 종합할 때, 가.항, 나.항의 범죄가 성립되려면 객체인 개표상황표가 최종 공표되어 그 변경 삭제가 불가능한 경우에 이르러야 합니다. 그러나 고발장, 고발인 진술, 제출영상에서도 이건 객체인 개표상황표가 최종 공표되어 성립되거나 효력 발생된 문서 (또는 서류) 로 보여지지 않고, 1, 2 피의자의 진술에서 단순 오류출력물로 공표되지 않았으며, 중앙선거관리위원회 회신사항, '미공표된 개표상황표, 개표집계상황표를 폐기처분 가능하다는 지침'에서 1,2 피의자 행위가 절차, 법령상 위반 없음으로 확인됩니다. 그러므로, 1, 2 피의자의 가.항, 나.항 범죄혐의 불송치혐의없음) 결정"

이렇게 부여 사건은 종결되었다.

부산남구 선관위 고발사건

필자가 고발한 부산 남구 선거관리위원회 직원 고발사건(이하 "부산남구 고발사건")에 대하여 2024.1.경 수사를 중지한다는 서울 강동경찰서의 우편을 받았다.

"수사중지(피의자들을 특정할 단서를 확보하지 못하여 추가 단서 발견시까지 수사중지(피의자중지) 결정"

부산남구 고발사건의 계기는 2020.12.경부터 투표소별 개표가 완료되어 발표되는 개표상황표의 공표시각 기준 후보자별 누적득표수와 방송사의 개표방송에서 발표한 득표수를 비교하면서 시작되었다.

이때 부산 남구을 선거구의 후보자별 득표수가 4.16. 00:30분경부터 두 득표수 사이 불일치가 발생함을 확인 하였다. 이에 대한 자세한 내용은 별도 서술예정이다. 부산 남구 선관위가 이 불일치에 대해 민원회신해준 내용은 최초 공표된 용호제2동 제5투표소 개표상황표 기준으로 집계시스템에 입력 후 "투표용지교부수"의 오입력이 확인되어, 재분류를 하였고 이 재분류된 개표상황표의 후보자별 득표수에 변동이 없어 최초 개표상황표를 보관하지 않았다고 하였다. 즉, 재분류 이전 그러나 위원장에 의해 **날인된 공용서류가 없다는 것**이다.

부산남구 선관위 고발사건이기 때문에 부산남구경찰서에 고발을 위해 전화하니 서울에서 멀리 올 필요 없이 근처 경찰서에 고발하면 자신들에게 내려온다고 하였다. 변호사들도 통상 고발하면 수사가 피고발인의 지역 경찰서로 이송 된다고 하였는데 필자가 고발한 서울 강동경찰서는 고발장 접수 후 고발인 조사, 이 후 수사진행 및 2024.1. 수사중지 결정까지 완결하였다. 그리고 정확한 사유도 모르는 체 수사중지통보를 우편으로 받았다.

부여 고발 사건의 공표 전 개표상황표를 무효화한 것과는 다른 공표된 공용서류를 훼손한 것이기 때문에 수사중지를 이해할 수 없었다. 중지 이유는 본인의 경우 정보공개요청을 하면 결정서를 받을 수 있다고 하여 확보하였고 그 내용이다.

"IV. 피의사실과 수사중지 이유

2020.4.16. 00:30경부터 02:30경까지 사이 제21대 국회의원선거 관련 용호2동제5투표함 개표상황표를 불상의 방법으로 훼손하여 공용서류무효

O 2020. 4. 16. 00:33에 보고용PC에 후보자별 득표수 등을 입력한 '재분류 전 개표상황표'를 보관하고 있지 아니한 사실은 인정된다"
O 고발인은 보고용PC 입력 업무를 한 개표사무원과 이를 관리하는 부산남구선관위 소속 성명불상자가 재분류 전 개표상황표를 보관하여야 함에도 불구하고 자의적으로 훼손하여 공용서류무효에 해당한다는 취지로 주장한다.
O 그러나 '재분류 전 개표상황표'의 기기번호를 확인할 수 없고, 각 투표소별보고용PC가 특정되어 있지 아니한바 결국 '용호제2동제5투표소' 개표상황표를 입력한 자를 특정할 수 없고, 나아가 '재분류 전 개표상황표'를 훼손한 피의자를 특정할 만한 단서가 부족하다.
O 수사중지한다."

2023.4.부터 9개월 간 수사한 결과이다. 가칭 선거공학과에 재학중인 필자에게는 이러한 결정서를 보는 순간 수사의 방향이 맞지 않음을 알 수 있었다. 개표상황표 훼손과 보고용PC, 입력한자와는 관계가 없기 때문이다. 집계시스템에 입력하는 개표사무원은 단순 입력하는 역할만 수행하지 훼손을 결정할 권한도 그리고 공표가 시작되면 끝날 때까지 바빠서 여유도 없다. 개표장내 수 백명의 개표사무원, 개표위원 및 참관인이 피의자라고 하면 "피의자를 특정할 만한 단서가 부족"하다고 할 수 있다. 그러나 그러한 상황이 아니므로 상위기관인 서

울경찰청에 수사중지에 대해 이의제기를 한 내용이다.

"2020년 제21대 국회의원선거 개표장에서 개표업무에 봉사를 한 사무원은 부산시 남구 선관위 직원, 개표위원장(법관), 정당추천위원 등 위원 그리고 개표를 위해 위촉된 남구청, 남구교육지원청 그리고 일반인들로 구성되어 있습니다. 개표업무에 대해서는 선관위 직원을 제외하고는 전문분야가 아니기 때문에, 개표 전에 교육 받지 못한 상황이 발생 시, 각 개표업무별로 할당된 선관위 직원에게 문의하고 선관위 직원의 결정을 따르는 구조입니다.
즉, 선관위 직원이 모든 예외적인 상황에 대하여 실질적인 의사결정권자이고 당시 개표업무에 적용된 2020공직선거절차사무편람에 따라 판단하게 됩니다. 이를 기준으로 공용서류를 무효화 시킨 상황의 제1책임자는 사무국장(성명미확인), 제2책임자는 선거계장 박OO이고 제3책임자는 홍보계장 김OO으로 특정하며 그 사유와 관련 증빙 자료를 별지와 같이 제출 합니다"

이후 사무국장의 성명이 권OO임을 인사발령자료 확인을 통하여 추가로 제출하여 개표상황표를 훼손할 권한을 가진 책임자를 3인으로 특정한 것이다. 결과는 이의제기 불수용이었다. 수사중지가 된 것이다. 이의를 받아들일 수 없는 이유는 불수용 결정을 한 담당자와 통화에서 들을 수 있었다.

재수사 결정 담당자의 권한 범위에서는 추가로 제출한 자료들이 합리적으로 피의자일 거라는 추측이지 확정적으로 그 사람들이 공용서류를 훼손을 하였거나 훼손을 지시한 입증자료가 없다는 것이다.

그거는 수사관의 해야할 일이 아니냐고 해도 그 내용만 가지고 다시 수사를 진행하기가 어렵다는 것이다. 부산 남구 경찰서 사건을 강동경찰서가 왜 이송하지 않고 결정을 하느냐는 질문에, 자신 답변 영역밖이라고 한다. 생각해 보니 고발인 조사를 할 때 통상적인지는 모르나 고발인조사 수사관외에 수사과장이 일정시간 배석을 하면서 수사내용을 듣다가 갔다.

재수사는 안되도 피의자를 특정해서 다시 고발하면 된다는 것을 확인 했다. 그때가 2024.3.5. 410총선 부방대 활동 준비로 바쁜 나날이 시작된 시점이었다. 총선 이후에는 2권에 기술될 예정인 410총선 결과 분석에 너무나 많은 시간이 투입되었다.

부산남구 사건의 공소시효가 7년이니 아직 남아있다. 고발인 조사를 마치고 출입구까지 배웅하는 젊은 여성 수사관에게 종이한장 찢은 것 가지고 고발하는 것이 너무 심하지 않나라는 취지로 말했더니 대답이 죄를 지었으면 처벌을 받아야죠라고 한 기억이 있다.

완산구선관위 고발사건

이제 415총선 완산구 삼천3동 관내사전 비례대표 투표지가 발급수보다 10매 더 많은 투표지가 개표장에서 나온 고발사건 기록이다.
사건은 내용은 이미 앞에서 충분히 설명이 되었으므로 고발사건의 진행과정에 대한 사항을 다룬다. 2020.10.경 공명선거쟁취 총연합회는 전주시완산구 선관위 직원 및 개표당시 삼천3동의 개표를 수행한 개표책임사무원을 투표위조 또는 증감죄 및 직무유기죄로 변호사를 통해 고소하였다.

2022.3.경 전북전주완주경찰서는 이 사건을 불송치(혐의없음) 수사결과통지서를 고소인들에게 통보하였다. 불송치 이유다.

"가. 공직선거법 위반
  - 삼천 3동 사전관내투표에서 선거인수보다 투표수가 10매가 많은 것은 확인되나 전체 표수에서 같은 것으로 확인
  - 투표위조나 증감하였다 볼수 없어 불송치(혐의없음)
 나. 직무유기
  - 선거매뉴얼은 개표 사무를 수행하면서 참고하는 자료로 현장에서 선거사무원이 이를 판단하는 것은 정당하다
  - 불송치(혐의없음)"

여기서 전체표수에서 같은 것으로 확인의 의미는 삼천3동에서 10매 더 많이 나왔고 서신동제9투에서 10매 적게 나와 합하면 0이 된다는 의미이다. 사전투표와 선거당일투표지가 완전히 다른 투표지이고 투표소도 다른 투표지임은 이미 설명했다.

415총선 선거소송 가운데 중앙선거관리위원장을 피고로 "제21대 국회의원선거 중 비례대표국회의원 선거 무효"를 구한 소송으로 소가 제기된 2020.5.12.에서 비교적 빠른 840일 만인 2022.8.31.에 원고 패로 판결이 난 사건이 있다. 2022.6.9.이 첫 변론기일이자 변론종결일이었고, 2022.8.31. 판결선고 되었다. 원고에 의하면 변론기회가 한 번도 없었다고 한다. 이 사건의 판결문에 선관위나 대법원이 삼천

3동 사건을 보는 시각을 확인할 수 있고 이미 기술하였다. 이 시각의 문제점을 필자가 조목조목 지적하여 항고이유서를 작성, 고소인을 통해 2023.5.11.경 전주지방경철청에 제출했다. 결과는 신속하게 2023.6.9. 항고기각으로 고지되었다.

"이유 이 항고사건의 피의사실 및 불기소 이유의 요지는 불기소처분 검사의 불기소 결정시 기재와 같아 이를 원용하고, 항고청 담당검사가 새로이 기록을 살펴보아도 원 불기소처분이 부당하다고 인정할 자료를 발견할 수 없으므로 주문과 같이(항고를 기각한다) 결정한다"

항고청 담당검사의 불기소이유는 대법원의 판결을 인용했고 차이를 비교했다.

대법원판결문	전주지방검찰청 불기소결정서
이러한 이유로 특정 사전투표소에서 관내사전투표용지 교부수에 비하여 투표수가 많은 현상이 발생할 수 있다는 피고의 주장은 이를 수긍할 수 있다. 더군다나 전체 사전투표소 중 극히 일부에서 나타난 현상으로서 그 차이도 전주 완산구 외에는 대부분 1표 내지 3표 정도에 불과하다.	대법원은 '관외 사전투표용지가 관내 사전 투표함에 혼입되거나 개표과정에서 다른 투표함의 투표지가 혼입될 가능성이 있고, 이러한 투표지등감 사례가 극히 일부에서 나타난 현상인바, 본건 사전투표에 부정이 있다고 볼 수 없다'는 취지로 판시하며 고발인들의 청구를 기각하였다.

대법원판결문에는 전주완산구의 10매 차이 표현을 회피하였는데 결정서에는 문장이 없다.

항고과정에서 경찰에서 검찰로 건네진 불송치 수사보고서를 원고가 검찰로부터 확보할 수 있었는데 그 송부된 형태가 정상이 아니었다.

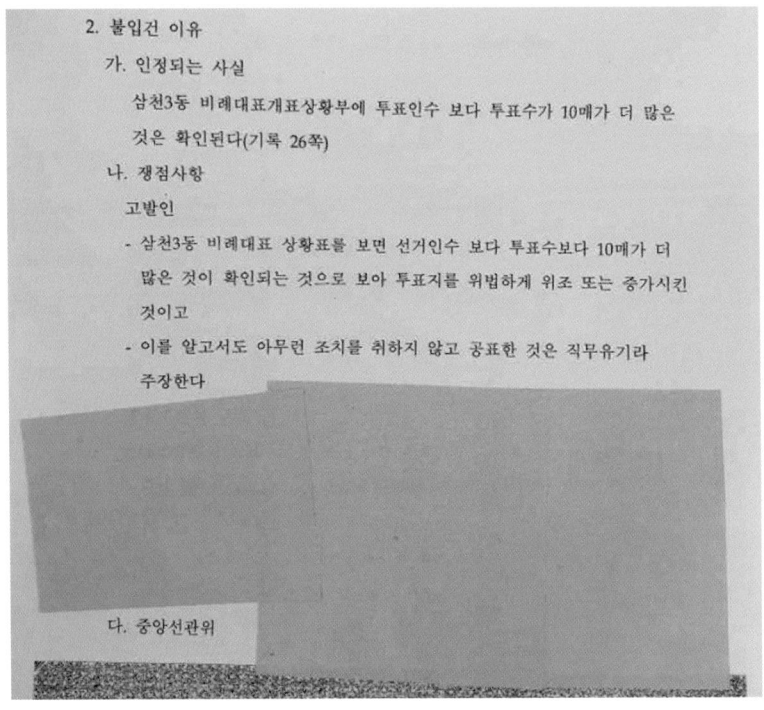

위 사진과 같이 특정부분이 가려져 공개되어 확인 결과 가린 부분이 당연히 공개가 되어야 한다고 하여 다시 확보하였다.

선관위 직원 등 피의자들이 "**총선거인수와 투표수가 일치하여 이상이 없는 것**이라 판단 공표한 것이며 범죄사실 부인한다"라는 내용이다. 이 부분을 최초 가리고 공개한 검사의 심정을 이해할 것 같다.

고소인과 필자는 항고이유서에서 비례대표 선거당일 투표지와 사전투표지가 명백히 구분되는 차이점이 있음을 적시하였음에도 이와 같은 대법원판결에 근거한 기각결정에, 대검찰청에 재항고를 하였다.

이때 사전투표지와 당일투표지의 차이점을 이해를 못하는 것 같아 498장은 사전투표지, 2장은 당일투표지 총 500매 모형 투표지를 만들어 함께 증거로 제출하였다. 필자가 500매를 가지고 차이나는 투표지를 골라내는 작업을 하니 30분도 채 걸리지 않았다. 비례대표 사전투표지와 당일투표지가 함께 있는 앞면, 뒷면 모양이다.

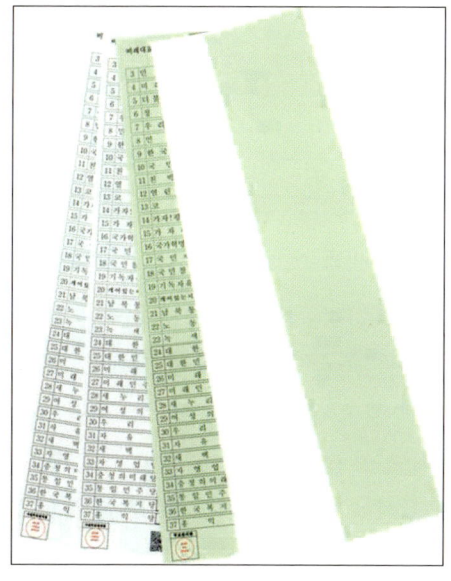

이러한 노력에도 불구하고 고소인들을 다시 불러 조사하는 등 과정도 없이 대검찰청은 다음과 같이 재항고를 기각하였다.

"이유 이 재항고사건의 피의사실 및 불기소 이유의 요지는 불기소처분 검사의 불기소 결정서 기재와 같아 이를 원용하고, 이 사건 기록과 재항고인의 주장 및 **재항고인이 제출한 모든 자료를 면밀히 살펴보아도 원 불기소처분이 부당하다고 인정할 자료를 발견할 수 없으므로** 주문(재항고가각)과 같이 결정한다"

이로써 이 사건도 종결되었다. 더 이상 하소연 할 데가 없다.

부천시 선관위 고소사건

2023.5.경 필자를 대표 고소인으로 여러 뜻을 같이하는 분들과 함께 부천시선관위 등을 공직선거법위반(투표지위조증감, 공전자기록위작 및 동행사, 허위공문서작성, 위계 공무집행방해)으로 고소하였고, 고소장 접수시 이미 이전에 부천시 신중동사전투표 4.7초마다 투표한 것에 대한 고발사건이 있었고 혐의없음 종결된 상태라 이전 사건과 중복여부를 확인하기 위해 고소내용의 검토가 있었다. 담당이 지능범죄수사팀이었다. 고소의 요지는 동일한 인력과 장비로 사전투표1일차보다 2일차의 시간당 투표인수가 60%이상 증가했으며 필자가 이는 물리적으로 불가능하다고 주장했으나 고소를 다시 받아들인 것은 필자의 이 주장에 대해 부천시 선관위가 민원회신한 답신을 보면서 접수가 되게 되었고 부천시 선관위의 답변이다.

> 1차 민원회신
> 3. 우리 위원회는 법과 원칙에 기반하여 부천시 관내 총 10개소의 사전투표소에 가용할 수 있는 장비를 총 동원하여 140여대의 사전투표장비를 설치하고 기표대는 운용 장비 수의 1.3배 정도를 설치하여 유권자의 투표 편의를 원활하게 하기위해 만전을 기하였음을 알려드리며, <u>귀하께서 확인·요구하신 사항에 대하여는 유권자의 특성에 따른 결과임을 안내드립니다.</u>
>
> 2차 민원회신
> 3. 사전투표 2일차에 투표인수가 증가한 것은 사전투표 요일(금, 토요일), 선거인의 투표일 결정, 투표참여 분위기 등 다양한 원인에 의한 것으로 보입니다.

2일차에 많은 투표인수를 처리할 수 있었던 원인이 "유권자의 특성" 또는 "사전투표 요일, 투표일 결정, 투표참여분위기 등" 요인에 기인한다는 것입니다. 부천시는 2016년 총선 때 36개 사전투표소가 2019년 10개 광역행정동으로 변경되면서 415총선 당시 10개 사전투표소에서 실시되 사전투표 1,2일차 아침시간을 제외하고 모든 시간대에 투표인이 줄을 서서 투표하는 상황이다. 긴 줄이 서있는 상태에서 총 사전투표인수를 증가시키기 위해 투표인이 할 수 있는 것은 없었다. 군 시절 유격 훈련처럼 이동간 뛰어다니며 투표할 수도 없는 노릇이다. 오로지 투표소 내 물리적 환경에 의해서만 결정이 되는 것이 투표인수이다. 고소장은 접수되었고 지능범죄수사팀이 맡게 되었고 기대가 컸다. **지능범죄**!

고소인 조사에서 수사관의 이해를 위하여 필자가 손발처럼 잘 사용하는 엑셀프로그램을 사용하여 투표장 환경을 시뮬레이션 할 수 있는 프로그램을 만들어 시연도 하고, 이전 신중동 섹션에서 설명한 내용을 충분히 설명하였다. 한OO이 법무부장관일 때 민경욱전의원이 법무부에 제기한 "415 부정선거에 대한 철저한 수사 요청 등" 민원이 검찰청으로 이첩되었다는 민원회신도 참고로 제출하였고, 2023.10.10. 국정원과 한국인터넷진흥원의 중앙선관위 통합명부시스템 점검결과 투표인수의 증감이 가능하다는 보도자료도 제출 하였다. 고소인 조사 2차례, 자료제출도 4차례 하였다.

   고소한지 9개월 정도 지난 2024.2.경 불송치(혐의없음)을 결정한 수사결과통지서를 받았다. 남아있는 공소시효동안 더 현명한 대응을 할 수 있는 독자가 나왔으면 하는 마음으로 모두 인용한다.

"【결정 종류】
피의자들은 증거 불충분하여 혐의 없다.

【피의사실의 요지와 불송치 이유】
□ 피의사실
피의자들은 제21대 국회의원 선거를 할 당시 선거 사무 업무를 수행한 자들이다.

가. 공직선거법위반
선거관리위원회의 위원, 직원 또는 선거 사무에 관계있는 공무원이 투표를 위조하거나 그 수를 증감해서는 아니 됨에도, 제21대 국회의원 선거의 2일차 사전 투표일인 2020.4.11.경 부천시 전체 선거구의 사전 투표 용지를 위조한 후 통합선거인명부시스템의 전산을 조작하여 투표를 한 것처럼 하고 투표가 종료된 다음 투표용지 보관함에 위조한 투표지를 투입하는 등의 방법으로 투표지 약 14,272표를 증가

시켜 공직선거법위반

나. 공전자기록위작 및 동행사
위 '가'항에 기재된 내용과 같이 약 14,272표를 증가시킨 후 선거 사무를 그르치게 할 목적으로 중앙선거관리위원회의 투표 등과 관련된 불상의 전자기록 등 특수매체 기록을 위작 또는 변작하고, 마치 진정하게 성립된 투표인 것처럼 서버에 등록하고 이를 행사하여 공전자기록위작 및 동행사

다. 위계에 의한공무집행방해
위 '가'항에 기재된 내용과 같이 사전 투표 용지를 위조하여 통합선거인명부시스템의 전산을 조작하여 약 14,272표를 증가시켜 제21대 국회의원 선거 사무의 공무 집행을 방해하여 위계에 의한 공무집행방해

라. 허위공문서작성
위 '가'항에 기재된 내용과 같이 사전 투표 용지를 위조하여 통합선거인명부시스템의 전산을 조작하여 약 14,272표를 증가시켜 허위 내용의 투표록을 작성하여 허위공문서작성

□ 불송치 이유
- 고소인은 제21대 국회의원 선거 관련, 부천시의 사전 투표 1일차에는 14시부터 15시까지 최대 약 6,500명이 투표를 하였으나, 부천시의 사전 투표 2일차에는 17시부터 18시까지 최대 약 10,420명이 투표를 한 것으로 확인된 만큼 사전 투표 2일차에는 물리적으로 투표용지를 발급할 수 있는 시간적인 상황이 되지 않기에, 사전투표수가 증

가되었다고 주장한다.

- 반면 중앙선거관리위원회에서는, 부천시 신중동 사전투표소에는 20대 이상의 사전투표장비와 기표대를 이용해 동시 다발적으로 신속하게 투표가 진행되었고 대법원도 해당 사전투표소에서 상기 규모의 선거인이 투표하는 것이 불가능하지 않다고 판단하였다는 내용으로 답변하였고, 고소인의 주장하는 취지와 같은 내용으로 확인되는, 인천 연수구을 국회의원 선거 무효 소송에 대한 대법원 판결 내용을 보면, △위조한 사전 투표 용지를 투표함에 투입하였다는 사실에 대한 행위 주체의 존부 및 방법을 구체적으로 증명하지 못한 점, △중앙선거관리위원회는 선거인의 사전 투표 용지 발급 이력을 분단위까지만 기록하여 저장하고 있는 사실이 인정될 뿐 사전 투표 용지 발급 이력이 초단위까지 저장, 관리되고 있다고 인정할 만한 증거가 없다는 점, △부천시 신중동 사전 투표소에서 사전 투표 기간인 2일 동안 해당 규모의 사전 투표가 이루어지는 것이 불가능하거나 경험칙에 현저히 반한다고 보기 어렵다는 점의 내용으로 판결을 한 것으로 확인된다.

- 고소인의 주장 내용과 달리 대법원의 판결 및 중앙선거관리위원회의 답변 등은 이견을 보이고 있어, 결국 이 사건 피의자들에 대한 형사 책임을 입증하기 위해서는, 통합 선거인 명부 시스템을 조작하는 동시에 위조한 사전 투표용지를 투표함에 투입한 선거 관련 위반 행위자를 특정하고 조사하여 범행 지시 내지는 개입이 있었는지 여부를 판단해야 한다.

- 사안 살펴보면, 고소인이 주장하는 대로 불상의 자가 통합 선거인 명부 시스템을 조작하고, 불상의 자가 위조한 사전 투표용지를 투표함에 투입하여 사전 투표자 수를 증감시킨 것이 사실이라면, 피의자들과 함께 선거 관련 위반 행위자가 반드시 존재해야 하고 동시 다발

적으로 이루어져야만 하며, 특히 선거 관련 위반 행위자는 핵심 인물에 해당한다.

- 그러나 고소인이 주장하는 입증 방법인 통합 명부 시스템의 로그 파일의 경우, 사전 투표수 조작에 대한 소명 대상에 불과하고, 누군가가 통합 선거인 명부 시스템을 조작하고 그만큼의 위조한 사전 투표 용지를 투입한 것이라면, 통합 선거인명부 시스템의 투표자 수와 위조한 사전 투표 용지의 투표지는 일치할 수 밖에 없으며, 당시 사전 투표함이 보관된 장소의 영상 (공직선거법 제176조에 의해 고정형 영상정보처리기기가 설치된 장소에 보관하여야 하고, 해당 영상 정보는 해당 선거의 선거일 후 6개월까지 보관) 도 21대 국회의원 선거 이후 약 3년이 지난 현재로썬 보관되어 있지 않는 점 등을 고려하면 선거 관련 위반 행위자를 특정할 단서는 부족하다.

- 따라서 대표 고소인이 입증 방법으로 주장하는 통합 명부 시스템의 로그 파일을 확인하더라도 통합 선거인 명부 시스템을 조작하고, 위조한 사전 투표용지를 투표함에 투입한 자를 특정할 단서는 현재로썬 없다고 봄이 상당하다.

- 본건 고소인의 진술과 달리 피의자들이 통합 명부 시스템 조작 및 위조한 사전 투표 용지를 투입하는 등의 지시가 있었거나 이에 개입하였다고 볼 증거는 불충분하다.

- 피의자들은 증거 불충분하여 혐의 없다"

대법원의 판결문과 선관위의 주장을 역시나 인용했다. 단서 또는 단초라는 말이 있다. 어떤 문제를 해결하는 데 실마리가 되는 정보나 자료로 필자는 그것을 통합선거인명부 시스템의 사전투표 시 발생한 로그라고 보았다. 그 로그 파일에는 선거과정에서 발생한 모든 데이터의 추가, 수정, 삭제, 조회, 로그인, 접속기록 등이 기록되어 있어 문제의 단서가 될 수 있다. 로그인, 데이터 추가 수정 삭제 변경 시 변경자 ID등 정보로부터 단서를 잡을 수 있다는 것이다.

지능범죄의 종류에는 컴퓨터 범죄 즉, 컴퓨터를 이용하여 부정하게 이익을 취하거나 다른 사람에게 손해를 가하는 범죄도 있는데, 컴퓨터 범죄의 수사 출발점은 누가, 언제, 어디서, 어떻게 대상 컴퓨터에 접속했는지 파악해야 하는 것인데, 필자와 생각과 다른 것 같다.

두 번의 고소인 조사, 소송 완료에 따른 추가 확보된 공개된 정보를 활용하여 총4회 서면 및 증거자료 제출하는 등 **기대에도 불구하고 종결되었다.** 추가 조치에 의미를 부여할 수 없다.

기타

415총선 이후 부정선거를 밝히려는 시민활동의 핵심이었던 민경욱 전 국회의원은 415총선 후 17건의 고발을 하였다. 피고발인은 당시 문대통령, 중앙선관위 상임위원과 박영수사무총장, 중앙선관위 관계자 등이며, 공직선거법 위반·공무상비밀누설 등 혐의이며 고발 내용이다.

- 여러 지역구에서 관외 사전투표 득표 수 대비 관내 사전투표 득표 수 비율이 일치 한다.
- 부천 신중동 관내사전투표 1만8210명이 투표하기 위해서는 한 명당 4.7초로 이는 선관위가 사전투표 인원을 부풀렸다.
- 4·15 총선에서 기표가 되지 않은 채 무더기로 발견된 사전투표용 비례대표 투표용지가 있다.
- QR코드(격자무늬 2차원 코드)가 이용된 불법선거

- 투표관리인의 날인 없이 기표되지 않은 비례투표용지가 발견
- QR코드에 담긴 500만명의 성명, 주민번호, 주소, 전화번호, 이메일, 등록기준지, 전과, 병역, 학력, 납세, 교육경력, 재산 등을 사용한 의혹

이 고발사건은 중앙지검에 배당되었으나 2020.10.경 일괄 무혐의 불기소처분 되었다. 민 전 의원에 의하면 검찰이 피고발인에 대한 소환 조사조차 하지 않았다고 한다. 2020.10.14. 일명 조·중·동 KBS등 주류언론을 포함 수많은 언론에서 일제히 보도 되었다.

'부정선거 주장' 민경욱 고발 사건 17건 모두 무혐의

파주시을 금촌2동제2투표구 투표록내용이다.

> 오전 09시 30분 때에 약 20장의 투표용지가 투표관리관 도장 날인없이 선거인에게 교부됨.
>
> 국회의원 선거투표 일련번호지 1건에 대하여 절취하지 못함.

파주시을 재검표장에서는 위 투표관리관이 기술한 투표관리관도장이 찍히지 않은 투표지가 발견되지 않았다. 덜렁거리는 일련번호기가 붙은 투표지는 다른 투표소에서 발견되었다. 2022.8. 박용호후보가 고소를 했고 경찰은 두 번이나 불송치 했고, 검찰이 재수사 지시 후 불기소 처리 그리고 2024.6. 고검항고로 진행중이다.

VIII. 일곱번째 눈물 - 언론의 보도 행태

* 필자가 2022.2.경 한 주류언론의 논설기사를 읽고 논설위원에게 보낸 이메일 글의 일부이다. 답신은 없었다.

"부정선거를 주장하는 국민들은
정당한 소송과정을 거쳐 부정선거가 아니라고 밝혀지면
기쁜 마음으로 아직도 우리나라가 바른나라이구나 기뻐하면서
그렇게 주장한 자신을 부끄러워하면 됩니다.

반대로 부정선거임이 밝혀진다면
부정선거가 음모론이라고 기를 쓰고 방해하였던 분들은 자기만의 부끄러움으로 해결될까요?
나라를 구렁텅이로부터 구해야 할 언론이 이를 방조한 역사적 죄과를 어찌 감내하려 하십니까? "

* 보도를 대하는 시각을 넓히기 위하여 2019년 KBS보도 한건을 짚어보고, 415총선 선거무효소송 중 변곡점에 해당하는 인천연수구을 소송 재검표, 판결, 비례대표선거무효소송 판결, 파주시을 등 127건 중 1건을 제외한 126건이 마무리된 2023.8.31. 시점의 언론 보도에 대한 특징을 분석한다.

2019.10.29 KBS는 '[팩트체크K] "(2017년)19대 대선은 부정선거" 정교해진 가짜뉴스…따져보니'1) 보도 내용 중 한 부분이 "투표용지 때문에 누가 누구에게 투표했는지 알 수 있다"이다. 즉, 비밀 투표에 관련 내용이며 QR코드가 인쇄된 사전투표용지를 보여주면서 "여기에는 선거명과 선거구 같은 정보가 들어가고 인적 사항은 없습니다"라고 말하며 대형 화면에는 아래 그림과 같은 형태가 표시됩니다.

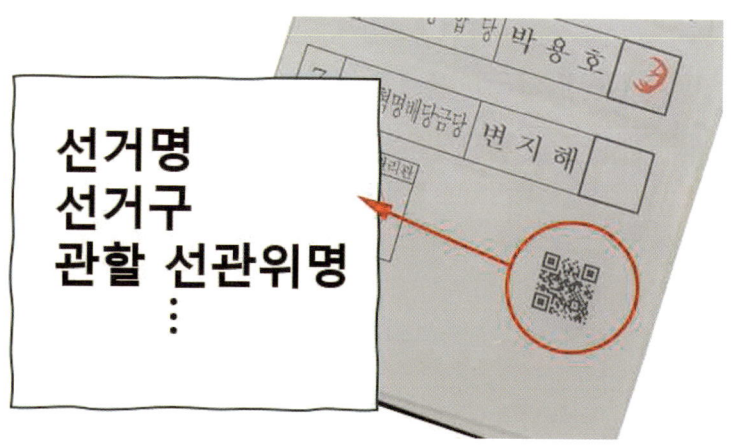

2019년 당시 사무편람 기준 QR코드가 포함한 정보는 4가지이다. 위 그림에서 ':'에 해당하는 내용은 무엇일까요? 독자여러분은 아시겠지요! ':' 대신 단 하나 **"일련번호"**를 표시하면 됩니다. 공간도 충분한데 하지 않은 것이다. ':' 하면 오히려 더 많은 정보가 담겨져 있는 것으로 오래할 수도 있는데 하지 않은 것이다. 그 이유는 KBS만 알겠죠. 이미 기술하였듯이 QR코드에 담긴 4개 정보 조합은 현행 선거 제도가 유지되는 한 결코 중복되지 않는 고유한 정보이다.

---

1) https://news.kbs.co.kr/news/pc/view/view.do?ncd=4312763

415총선 선거소송에 대한 관심도는 보도를 통해 파악할 수 있는데 인천연수구을 소송 재검표, 판결, 비례대표선거무효소송 판결, 선관위를 피고로 하는 126개 소송이 완료된 시점의 보도를 보겠다.

2021.7.28. 9시경부터 7.29 7시경까지 22시간 동안 연수구을 재검표가 실시되었다. 재검표 진행 중 확인된 내용은 민전의원이 SNS로 중계방송한 내용과 식사, 휴식 등 시간에 원고 및 원고대리인이 법원 밖으로 나와 재검표를 지켜보는 국민들에게 알려주는 내용이 전부이다. 그리고 SNS로 중계도 어느 시점 부터는 대법관의 제지로 하지 못하게 되었다. 필자도 7.28 11경까지 인천 법원앞에서 그 상황을 지켜보아서 잘 기억하고 있다. 그리고 대법원은 재검표 내용을 재검표가 끝난 후에도 바로 공표하지 않고 7월30일 발표하기로 했다.

원고 및 원고대리인에 의해 2021.07.29 07시경까지 알려진 사실은 다음과 같다.
- 투표지간 붙은 투표지
- 지역구 사전 투표지 밑 부분에 비례대표 사전투표지 상단 부분이 겹쳐 인쇄된 투표지
- 오른쪽에 인쇄공장에서 대량 재단 시 발생하는 자투리가 있는 사전투표지
- 인쇄색깔이 검은색인 아닌 녹색끼가 있는 사전투표지
- 투표관리관 인영이 뭉개진 선거당일 투표지

2021.6.29 07시 기준 대법원이나 피고 선관위가 발표한 내용이 없으니 원고측의 비정상적인 상황에 대한 소식만 있는 것이다. 즉, 이

시점은 재검 결과를 판단할 상황과 시점이 아니나, 각 언론사의 기사 입력 시간과 제목이다.

번호	매체	입력시간	기사제목
1	한국경제	2021.06.29 00:15	인천 연수을 총선 소송 이틀에 걸쳐 재검표(종합)
2	YTN	2021.06.29 01:25	[사회]인천 연수을 총선 소송 재검표 오늘 새벽까지 진행
3	KBS 뉴스	2021.06.29 02:57	대법, 인천 연수을 총선 재검표 22시간 만에 종료
4	국민일보	2021.06.29 04:37	민경욱 415 총선 소송 재검표…이틀째 새벽까지 진행
5	연합뉴스	2021.06.29 07:39	인천 연수을 총선 소송 재검표 이틀만에 종료
6	SBS 뉴스	2021.06.29 07:49	인천 연수을 총선 소송 재검표 이틀 만에 종료
7	이데일리	2021.06.29 08:01	대법, '민경욱 제기' 총선무효소송 재검표 이틀만에 종료
8	매일신문	2021.06.29 08:03	민경욱 총선 소송' 재검표, 결국 전수조사…22시간만에 마무리
9	YTN	2021.06.29 08:33	대법원, 인천 연수을 총선 소송 재검표 밤샘 끝에 22시간 만에 종료
10	파이낸셜뉴스	2021.06.29 08:48	인천 연수을 총선 재검표 이틀만에 종료..추가 기일 후 선고
11	뉴시스	2021.06.29 08:52	민경욱 투표소' 12만표 전부 재검표…22시간만 종료
12	세계일보	2021.06.29 09:02	민경욱 투표소' 12만표 전부 재검표…22시간만 종료
13	머니투데이	2021.06.29 09:33	민경욱 전 의원 제기' 인천 연수구 재검표 종료
14	YTN	2021.06.29 09:52	대법원, 인천 연수을 총선 소송 재검표 밤샘 끝에 22시간 만에 종료
15	파이낸스투데이	2021.06.29 09:53	재검표 현장서 부정투표지 대량 발견 "스모킹건 나왔다"
16	MBC NEWS	2021.06.29 09:57	민경욱 제기' 4.15 총선 무효 소송 재검표 절차, 이틀만에 종료
17	아주경제	2021.06.29 10:28	대법원, 민경욱 선거구 투표용지 밤샘 재검표…22시간 만 종료
18	서울시정일보	2021.06.29 10:32	[속보] 민경욱 전 의원. 4.15부정선거 의혹 대법원 재검표…송도2동 무효표 294장 무더기 발견

19	아시아경제	2021.06.29 10:32	총선 재검표 22시간만에 종료… 대법원, 추가변론 거쳐 …
20	뉴스1	2021.06.29 11:09	민경욱 4·15총선 무효소송' 재검표 하루넘겨 오늘 아침 종료
21	경향신문	2021.06.29 11:10	대법, '민경욱 선거 무효 소송' 인천 연수을 재검표 종료
22	중앙일보	2021.06.29 11:11	민경욱이 주장한 재검표 종료…"개표 전산조작 발견 못해 …
23	인천IN.COM	2021.06.29 11:44	4·15 총선 인천 연수을 재검표 종료… "조작 증거 못찾아"
24	뉴스타운	2021.06.29 12:41	총선 재검표, 조작 증거 발견 못해 -
25	중앙뉴스	2021.06.29 13:18	부정 투표의혹, 대법원 진실 가린다…인천 연수을 총선 소송 …
26	인천신문	2021.06.29 13:28	연수을 재검표 종료, 현재 조작증거 없어
27	스카이데일리	2021.06.29 14:05	'민경욱 4·15총선 무효소송' 재검표 종료…"무효표 294장 발견"
28	서울신문	2021.06.29 14:49	민경욱 측 요구에…대법, 투표용지 12만 7000장 전수 수개표 확인
29	뉴시스	2021.06.29 15:04	민경욱 투표소' 재검표…"무효 294장 나왔다" 주장(종합)
30	동아일보	2021.06.29 15:30	'민경욱 투표소' 재검표…"무효표 294장 나왔다" 주장
31	글로벌경제신문	2021.06.29 16:00	민경욱 전 의원이 제기한 '투표 조작 위혹', 인천 연수구 재검표 종료
32	동아일보	2021.06.29 16:43	민경욱 제기 총선 소송 재검표 종료…"30일 결과 공개할 것"
33	연합뉴스	2021.06.29 17:30	인천 연수을 총선 재검표 검증…"전산조작 발견 못해"
34	한국경제	2021.06.29 17:30	인천 연수을 총선 재검표 검증…전산조작 발견 못해
35	국민일보	2021.06.29 17:44	민경욱 주장 연수을 총선 재검표…"전산조작 발견안돼
36	세계일보	2021.06.29 17:50	민경욱 "재검표에서 정일영과 표 차이 2893표→2614표로 줄었다"
37	YTN	2021.06.29 18:06	대법원, 인천 연수을 총선 소송 재검표·검증…"조작 발견 못 해"
38	MBC NEWS	2021.06.29 18:54	인천 연수을 총선 재검표 전산 조작 의혹 발견 안 돼
39	제주매일	2021.06.29	인천 연수을 총선 소송 재검표 이틀만에 종료
40	데일리홍콩	2021.06.29	인천 민경욱 의원 지역구 4.15 총선 재검표에서 부정 투표지 대량 확인

독자께서 위 보도 중 사실만 보도한 기사와 주관적 의견(판단)이 포함 된 기사를 찾아 구분해 보길 바란다.

대법원은 7.30 재검표 결과를 발표하기로 하였으나 통상적으로 보도자료·알림이 게시되는 홈페이지 메뉴에서 재검표에 대한 대법원의 공식적인 입장을 볼 수 가 없다. 밤을 꼬박 새워서 했기 때문에 30일은 단지 재검 후 하루정도의 여유가 있는 시점이다.

공식적인 보도자료를 확인할 수 없음에도 30일 언론 보도에 따르면 대법원이 어떤 수단으로 발표를 했는지는 모르지만 여러 매체의 내용을 종합해 보면 발표 내용은 다음 문구 정도이다.

"재검표장에서 투표지분류기를 통해 전체투표지를 이미지파일로 만들었고 이미지파일에서 큐알(QR)코드를 원고측이 만든 프로그램을 통해 판독하여 일련번호를 선관위가 제시한 일련번호와 비교한 결과 최종 일련번호 내에 있었고, 일련번호 간 중복된 번호가 존재하지 않았다"

이 발표된 현상에 대한 6.30일자 언론매체의 보도이다.

번호	매체	보도일자	제목
1	복음기도신문	2021.06.30 09:10	4.15총선 재검표… 인천 연수구 한 투표구에서만 294장 무효표 무더기 발견
2	미주중앙일보	2021.06.30 10:00	"인쇄된 사전투표지 봤다"…4·15 부정선거 의혹 소송 첫 재검표
3	뉴스1	2021.06.30 15:43	대법, 민경욱 총선무효소송 재검표…"사전투표지 이상 발견 못해"
4	동아일보	2021.06.30 15:50	대법원, 민경욱 총선무효소송 재검표…"사전투표지 이상 발견 못해"
5	경향신문	2021.06.30 16:32	민경욱 '사전 투표 조작' 발견 안 돼…대법, 재검표 결과 공개
6	한겨레	2021.06.30 16:40	민경욱이 낸 소송으로 연수을 재검표…대법원 "투표지 이상 없어"
7	조선일보	2021.06.30 16:41	민경욱 선거구 재검표한 대법 "투표용지 조작 증거 발견 못해"
8	법률신문	2021.06.30 16:44	대법원 "인천 연수을 재검표, 사전투표지 이상 발견 안돼"
9	중앙일보	2021.06.30 16:45	헛심 쓴 민경욱…대법 "총선 사전투표 유령·중복투표지 없었다"
10	조선biz	2021.06.30 16:58	4·15 총선 인천 연수을 재검표… 대법 "사전투표지 이상 없어"
11	주택건설신문	2021.06.30 17:27	민경욱 재검표' 무효 300장 확인…"전산조작은 없었어"
12	동아일보	2021.06.30 17:44	대법 "민경욱 총선 무효소송 재검표, 조작 정황 없어"
13	중앙일보	2021.06.30 18:00	재검표뒤 민경욱만 151표 늘었지만…조작 아니란 대법 근거
14	세계일보	2021.06.30 19:15	'민경욱, 총선 무효 소송' 재검표… 대법 "조작 없어"
15	TV조선	2021.06.30 21:35	대법, 연수을 재검표 "사전투표 조작 없어"…표차이는 줄어
16	서울시정일보	2021.07.01 11:13	[415총선] 부정선거 의혹. 이제는 의혹을 빼야해…천대엽 대법관은 재검표 실시에 대한 사실을 밝혀서 국민에게 공개해야
17	LA중앙일보	2021.07.02 10:00	"압력은 흉내 못 내" … 인쇄전문가들 증언글 쇄도

재검표장에서는 원고에게 사진촬영도 금지한 지역구 사전투표지 하단에 비례대표투표지 상단이 인쇄된 사전투표지도 나왔다.

대법원은 말 한마디, 판결하나가 판례가 되어 기준이 되는 권위를 가진 기관이다. 그런 기관에서 재검표를 한지 하루·이틀 만에 확정적인 결론을 내린다는 것을 엔지니어인 필자가 보더라도 상상할 수 없다. 그럼에도 제목만 보면 이미 결정이 난 것 같다.

415총선 재검표는 2021.6.28. 인천 연수구을, 2021.8.23. 경남 양산을, 8.30. 서울 영등포을, 10.29. 경기 오산시, 11.12. 경기 파주시을, 2022.11.8. 인천 서구을, 12.2. 부산 사하구갑 7차례이다.

2021.6.29. 이후 2024.4월까지 재검표 단어로 조·중·동 인터넷 매체에 검색 결과 현황이다.

번호	매체	보도일	제목
1	동아	2021.06.29	민경욱 제기 총선 소송 재검표 종료…"30일 결과 공개할 것"
2	동아	2021.06.29	'민경욱 투표소' 재검표…"무효표 294장 나왔다" 주장
3	중앙	2021.06.29 11:11	민경욱이 주장한 재검표 종료…"개표 전산조작 발견 못해"
4	조선	2021.06.30	4·15 총선 인천 연수을 재검표… 대법 "사전투표지 이상 없어"
5	동아	2021.06.30	대법 "민경욱 총선 무효소송 재검표, 조작 정황 없어"
6	동아	2021.06.30	대법원, 민경욱 총선무효소송 재검표…"사전투표지 이상 발견 못해"
7	조선	2021.06.30	민경욱 선거구 재검표한 대법 "투표용지 조작 증거 발견 못해"
8	중앙	2021.06.30 16:39	헛심 쓴 민경욱…대법 "총선 사전투표 유령·중복투표지 없었다"
9	중앙	2021.06.30 18:00	재검표뒤 민경욱만 151표 늘었지만…조작 아니란 대법 근거
10	동아	2021.07.01	대법 "4·15총선 인천 연수을, 사전투표 조작 없었다"
11	동아	2021.07.01	[단독]윤갑근 홍인정 장동혁…총선 무효소송 재판 줄줄이 이어져

12	중앙	2021.07.22 14:10	'배춧잎 투표지' 논란…조해주 선관위 상임위원 고발당한 이유는
13	조선	2021.07.25	황교안 "총선 패장으로 거리됐는데…이제 부정선거 의혹 진상규명"
14	중앙	2021.07.29 17:24	"도덕성 검증" "치맥독대는 국민우롱" 尹저격한 野후보들
15	중앙	2021.07.30 00:02	"반문만으론 못이겨" "계파 우려" 윤석열 견제 쏟아졌다
16	조선	2021.08.04	대법, 윤갑근 총선 무효소송 재검표 오는 10월로 연기
17	동아	2021.08.04	[단독]윤갑근 선거구 총선 재검표 10일 사법연수원서 진행
18	조선	2021.08.16	[류근일 칼럼] 결전 앞두고 '콩가루 집안' 만든 이준석 대표
19	조선	2021.09.02	검찰, 민경욱 작년 '광복절 불법집회' 혐의로 기소
20	중앙	2021.09.22 14:12	최재형 "4·15 선거 비정상적 투표용지 상당수…선관위 해명해야"
21	조선	2021.10.05	4위냐, 탈락이냐… 다섯 후보 피말리는 다툼
22	조선	2021.10.07	황교안 "이재명은 국가적 수치, 유동규는 측근 넘어 공동 몸통"
23	조선	2021.10.18	이준석 "경선 부정 주장은 악성종양" 황교안 "명예훼손 고소"
24	중앙	2021.10.19 00:23	[삶의 향기] "그들은 저급해도 우리는 품위 있게"
25	중앙	2021.10.28 00:09	[로컬 프리즘] 배춧잎 투표지와 선거 민주주의
26	중앙	2021.12.12 17:37	일장기·배춧잎 투표지가 부정선거 증거?…선관위 "확대해석 말라"
27	동아	2021.12.30	김종인 '나를 위해 이재명'에 "자신 위해 뭐든 한단 사고방식"
28	조선	2022.01.03	김민전 "하태경, 군대 안다녀와 몰라"…이준석 "이제 20대 적대시"
29	동아	2022.01.03	김민전 "하태경은 군대 안 가 이대남 몰라"…河 "아이고"
30	동아	2022.01.03	김민전 "부족한 언어로 오해 빚어 죄송, 소통토록 노력"…사퇴추측 일축
31	중앙	2022.01.03 00:16	김민전 "하태경, 군대 안 가 이대남 몰라"…이준석 "기어코"
32	조선	2022.01.04	김민전 "선대위 때린 하태경… 성상납 의혹 이준석은 어떻게 해야 하나"

33	중앙	2022.01.04 11:34	김민전 "'성상납 의혹' 이준석, 선거기간 직무정지 선언해야"
34	조선	2022.02.04	[단독] 3월 6~9일 코로나 걸리면 투표 못한다…유권자 수십만 '선거 사각지대'
35	중앙	2022.02.04 08:58	3월 6~9일 코로나 걸리면 대선투표 못한다…수십만 될 듯
36	조선	2022.02.09	선관위, '3시간 연장'에 반기… "현행법으로 확진자 투표 가능"
37	중앙	2022.02.14 16:40	민경욱 "조작" 소송 건 그 'QR'…대선 사전투표지에 또 넣는다
38	중앙	2022.02.17 00:22	[로컬 프리즘] 국민이 투·개표 감시하는 나라
39	조선	2022.02.25	[박성희의 커피하우스] 순한 국민이 나쁜 정부를 낳는다
40	중앙	2022.03.01 05:00	[단독] 선관위, 황교안 고발한다…"사전투표 거부는 선거방해"
41	조선	2022.03.08	[인터뷰] 김소연 변호사 "사전투표 부실, 책임자 교체 등 강력 대응해야
42	조선	2022.03.08	"국정은 실전, 위기 극복하겠다"
43	동아	2022.03.10	개표 초반부터 무효표↑…이미 17~19대 대선보다 많아
44	중앙	2022.05.17 05:00	재검표 5번, 한표차 승부 갈렸다…청양군의원 4년 만에 재격돌
45	조선	2022.06.02	나주시 의원선거서 동수 득표자 나왔다…연장자가 당선
46	조선	2022.06.02	"단 2표 차"… 성주군 경북도의원 선거에서 무슨 일이
47	중앙	2022.06.02 15:00	1표차 낙선 뒤 4년간 이 악물었다…청양군의회 임상기 첫마디[화제의 당선인]
48	중앙	2022.06.29 20:40	'181표 차 당선'…선관위, 안산시장 선거 투표지 재검표 결정
49	조선	2022.07.14	'181표차' 당선 안산시장 선거 재검표… 차이 2표 줄었지만 당락은 그대로
50	중앙	2022.07.14 18:30	반전은 없었다…'181→179' 표차만 달라진 안산시장 선거 재검표
51	중앙	2022.07.15 00:02	[사진] 안산시장 선거 재검표, 이변은 없었다
52	조선	2022.07.28	대법, 민경욱 전 의원 총선 무효 소송 기각
53	조선	2022.07.28	대법 "21대 총선, 부정선거 없었다"… 민경욱 전 의원 패소

54	중앙	2022.07.28 15:24	민경욱 '총선 조작' 검증한 대법, "아무런 객관적 증거 없다"
55	동아	2022.07.30	[횡설수설/송평인]부정선거 의혹의 결말
56	동아	2022.10.17	황교안 "尹정부 성공 이뤄내는 강한 與 만들겠다" 당대표 출마 선언
57	조선	2023.02.22	민노총서 '특정후보 찍고 인증' 부정선거…하태경 "선관위 위탁해야"
58	중앙	2023.04.05 12:28	진보당 국회의원 나오나…너도나도 '파란점퍼' 입고 뛰는 전주을
59	조선	2023.05.20	"똑똑해야 스타트업 성공? 무모함이 오히려 더 큰 도움"
60	중앙	2023.07.05 00:36	취업 특혜에 가려진 선관위 더 큰 의혹…'화살표 용지'의 비밀 [로컬 프리즘]
61	중앙	2023.08.11 16:00	"나약하고 게으른" X세대·신세대 활보하고 Y2K 걱정했던 그때[BOOK]
62	중앙	2023.08.12 00:28	신세대·X세대 떠오르고 Y2K 걱정한 그 시절
63	조선	2023.09.04	21대 총선 부정선거 소송 126건 종결 "혐의 인정 전무"
64	조선	2023.09.04	'총선 부정선거' 소송 모두 종결…선관위 "소모적 의혹제기 없어져야"
65	동아	2023.09.04	21대 총선 선거소송 마무리…"부정선거 증거 없다" 종결
66	중앙	2023.09.04 11:36	선관위 "21대 총선 선거 소송 종결"…부정선거론 재판 마침표
67	중앙	2023.09.17 21:49	"사법부 분쟁해결기능 부전(不全)"… 이균용 "상고심 선별해야"
68	중앙	2023.09.18 00:01	이균용 "청렴성 문제 없다면, 법관의 투자 비난은 부당"
69	조선	2023.09.22	[김태완의 인간탐험] 인간탐험 원조 오효진
70	조선	2023.10.11	국정원 "과거 선거는 로그 기록 남은 것 없어… 해킹 단정하기 어렵다"
71	조선	2023.11.04	[朝鮮칼럼] 구멍 뚫린 선거 관리, 해법은 무엇인가?
72	조선	2024.01.05	새 법원행정처장에 천대엽 대법관 임명
73	중앙	2024.03.13 00:20	[로컬 프리즘] 투표 직전 재난지원금과 민생토론회
74	조선	2024.04.09	[우정아의 아트 스토리] [526] 투표의 중요성
75	조선	2024.04.11	인천 개표 한때 지연… 윤상현에 패배한

			남영희, 재검표 요구했다 승복(종합)
76	조선	2024.04.11	패배한 野남영희 "투표함 3개 사라져"…선관위 "정상적 개표"
77	동아	2024.04.11	윤상현에 또 석패 남영희, 재검표 요구했다 승복…171표 → 0.89%p
78	조선	2024.04.11	與윤상현에 밀린 野남영희 재검표 요구…인천 개표 지연
79	조선	2024.04.15	보수단체 "경기지사 사전투표 무효" 소송, 大法서 기각
80	동아	2024.04.28	'1025표차' 낙선 민주 남영희, 선거 무효소송 제기
81	조선	2024.04.28	윤상현에게 두번 진 민주당 남영희, 선거 무효소송
82	중앙	2024.04.28 17:30	與윤상현에 '1025표차'로 진 민주 남영희, 선거 무효소송 제기
83	동아	2024.04.29	'1025표차' 낙선 민주 남영희 '선거 무효소송' 제기…"절차상 오류"

청주시상당구 윤갑근 후보의 재검이 연기되었다는 기사, 2022.6. 지방선거 이후 재검표, 2024.4. 제22대 국회의원선거 남영희 재검표 정도가 보도되었을 뿐이다.

수차례 실시된 415총선 재검표 관련 보도는 없다.

2022.7.28. 14시 경 연수을 소송에 대한 판결이 이루어졌다. 기각(원고패)이었다. 재판정에서 직접 상황을 지켜본 필자가 휴대폰 노츠엡으로 기록한 내용 중 의견이 아닌 사실만 옮겨 적는다.

"연수을 소송이 (원고와 피고 간) 가장 많은 다툼을 거쳤다. 당연히 먼저 판결이 났어야 했다. 양산을 원고가 참석하지 않은 소송이 (민유숙대법관에 의해) 먼저 기각판결이 났다. 잠시 한·두명의 이의제기 목소리가 있었다. 그리고 민유숙대법관이 먼저 자리를 떴다. 그리고 주심 대법관 천대엽이 아닌 재판장인 대법관 조재연이 주문을 읽어 (연수구을 소송) 기각으로 판결했다. 소동이 일었다. 소동이 계속되었다. 대법관들이 모조리 퇴장 했다."

이것이 당시 재판정 상황이다. 민유숙대법관은 양산시을 소송의 주심도, 재판장도 아닌 재판관이지만 양산시을 소송 판결문을 읽었다.

연수구을 판결문은 43쪽에 이른다. 이 중 다음 문장이 있다.

"그런데 이 사건 선거를 비롯한 모든 선거의 투·개표 절차 전반에 걸쳐 선거관리위원회 직원, 원고를 추천한 미래통합당을 비롯한 정당 추천의 선거관리위원 및 참관인, 공무원인 개표종사원 등 수많은 인원이 참여하였고, 이는 처음부터 예정된 공지의 사실이다. 이처럼 수많은 사람들의 감시하에서 위와 같은 **부정한 행위를 몰래 하기 위해서는 고도의 전산 기술과 해킹 능력뿐만 아니라 대규모의 인력과 조직, 이를 뒷받침할 수 있는 막대한 재원이 필요하다.**
그러나 원고는 이 사건 소 제기일부터 변론종결일까지 약 2년 이상 재판이 진행되었음에도, 위와 같은 선거무효사유에 해당하는 부정선거를 실행한 주체가 존재하였다는 점에 관하여 증명을 하지 못하였다."

이 문장은 6쪽에 나온다. 2쪽은 기초사실, 3쪽은 원고주장의 요지, 선거소송의 무효사유와 주장·증명책임에 관한 빽빽한 내용이 A4용지로 위 문장이 나오기 전 최소 2,3,4쪽 세장이나 나온다. 이런 긴 판결문은 대법원 재판정에서 읽혀지지 않았다.
"기각"이라는 주문이 읽혀지자마자 법정이 아수라장이 되었기 때문이다. 이것이 2022.7.28. 14시 대법원 재판정의 사실이다.

14시5분부터 기각 보도가 한줄 속보기사로 나기 시작했고, 기각 판결 사유에 대해서는 알 수 없는 상황임에도 기사 입력시간 기준 14시 14분부터[1] 판결문 내용이 포함되어 연합뉴스부터 상세하게 보도되기 시작했다. 이 시점에는 "기각"이라는 사실 외에는 확인 된 것이 없었다. 대법원 홈페이지 보도자료에 판결문이 등록된 시간은 필자가 정보공개요청을 통해 확인한 결과 **2022.7.28. 15:10:03 이었다.**

판결문이 공개도 되기 전에 언론에 판결문 내용이 보도되기 시작한 것이며 파인내스투데이의 인세영기자가 보도한[2] 내용으로 필자가 당시 보도된 언론매체 기사를 검색하여 심층분석하였다.

보도 시간순으로 정리하는데 타 매체의 보도를 인용한 보도는 제외하며 보도가 수정되어 최초 내용을 알수 없는 보도도 제외하였다.

2022.07.28. 14:05 연합뉴스가 제1보로 "대법, 민경욱 前의원 총선무효소송 기각"이 떴다. 14:10 중앙일보, 14:11 뉴시스, 14:13 헤럴드경제에 기각 한줄기사가 떴다.

14:14 연합뉴스부터는 2보로 구체적인 내용이 보도되기 시작했는데 그 내용과 추후 입수된 판결문 내용을 비교해 보자.

---

[1] 14:14 이전은 기사가 등록 후 수정이 돼서 시점 판단 불가
[2] https://m.fntoday.co.kr/news/articleView.html?idxno=277871
  "선거무효소송 대법원 판결문에 심각한 문제 있다"

기사내용	판결문 내용
"수많은 사람의 감시하에 원고의 주장과 같은 부정한 행위를 하기 위해서는 **고도의 전산기술과 해킹 능력뿐만 아니라 대규모의 조직과 이를 뒷받침 할 수 있는 막대한 재원이 필요할 것**"이라며 "원고는 부정선거를 실행한 주체가 누구인지조차(중앙선관위인지 아니면 제3자인지, 만약 제3자라면 어떤 세력인지) 증명하지 못했다"	이처럼 수많은 사람들의 감시 하에서 위와 같은 부정한 행위를 몰래 하기 위해서는 **고도의 전산 기술과 해킹 능력뿐만 아니라 대규모의 인력과 조직, 이를 뒷받침 할 수 있는 막대한 재원이 필요하다.** 그러나 원고는 이 사건 소 제기일부터 변론종결일까지 약 2년 이상 재판이 진행되었음에도, 위와 같은 선거무효 사유에 해당하는 부정선거를 실행한 주체가 존재하였다는 점에 관하여 증명을 하지 못하였다.

판결문의 일부 내용이 보도되기 시작했지만, 실제 대법정에서 어떤 비정상적인 상황이 발생했는지에 대한 보도는 14:49에 머니투데이가 시작이며 이 판결 관련 주요 언론매체에 의해서 현장에서 촬영된 유일한 사진이 실렸다. 머니투데이는 14:19에 한줄 속보를 보도했을 뿐 14:49에도 판결 내용에 대해서는 없고 법정안에서 판결 후 공명선거를 밝히려고 했던 시민들의 항의성 시위에 대한 상황이 기술되어있다.

14:54에 연합뉴스가 법정 상황을 "지지자 80여명으로 가득 찼다. 기각 판결이 나오자 지지자들은 대법관들을 향해 거친 욕설을 하고 고함을 치며 반발했다."라고 표현했다. 판결 전 당시 대법원 동쪽문을 통해 법정으로 출입하는 정상 경로를 대법원 경비가 막아서 들어가지 못하는 상황이었는데 필자와 동행한 분이 기지를 발휘해 대법원 뒤편 대검찰청 출입구로 들어가 대법원으로 가는 길을 알고 있어 그쪽으로 갔고 필자도 80명 중에 포함될 수 있었다.

판결 후 민경욱원고는 페이스북에 "참으로 슬픈 날입니다. 이 세상에 정의가 있기를 바랐으나 그렇지 않았습니다. (중략) 법정에 제시된 분명한 증거와 증언도 무시한 대한민국 대법원의 이번 판결은 후세 법조인들에 의해 두고두고 조롱거리가 될 것입니다.(후략)"라 하였다.

15:24이 되니 중앙일보에서 판결문 전체에 대한 핵심적인 내용들이 요약되어 보도되었다[1].

"재검표 결과와 선관위의 개표 결과가 사실상 일치한다. 또 투표지 분류기를 외부에서 조작할 수 있다거나, 분류기에 부정한 프로그램이 설치돼있다고 볼 아무런 객관적인 증거가 없다 등등"

아래에 2022.07.28 이날 판결을 보도한 매체이며, 시간대별로 언론매체 보도 목록은 지면 제약으로 블로그나 웹사이트에 남기겠다.

강원도민일보, 경향신문, 국민일보, 뉴시스, 대한경제, 데일리안 미디어, 데일리홍콩, 디지털타임스, 매일경제, 매일신문, 머니S, 머니투데이, 법률신문, 서울 TBS, 서울경제, 서울신문, 세계일보, 시사저널, 썬뉴스, 아시아경제, 아시아투데이, 아주경제, 여성신문, 연합뉴스, 이데일리, 이투데이, 인천in, 조선비즈, 조선일보, 중앙일보, 채널A, 파이낸셜뉴스, 펜앤드마이크, 푸른한국닷컴, 한겨레, 한국경제, 한국면세뉴스, 한국일보, 헤럴드경제, KBS 뉴스, MBC NEWS, SBS, TV조선 뉴스, YTN (가나다순)

---

[1] 민경욱 '총선 조작' 검증한 대법, "아무런 객관적 증거 없다"
https://www.joongang.co.kr/article/25090423

2022.08.31. 16건의 소송이 원고패(기각), 소장각하 3건으로 종국 되었고, 2023.4.13. 36건 종국, 2023.6.15. 38건 종국, 2023.8.31. 6건 종국되어 선관위를 피고로 하는 소송은 모두 마무리 되었다.

사연 많은 2023.6.15. 비례대표소송등이 종국된 날도 주요매체의 어떠한 보도도 볼 수 없었다. 확실한 증거에도 무력감만을 안겨준 파주시을 소송 등 2023.08.31. 종국 후 보도도 마찬가지다.

단지 9월4일 중앙선관위의 보도자료를 인용한 보도가 다음과 같은 제목으로 있었을 뿐이다.

번호	매체	제목
1	경기신문	선관위, 제21대 국선 선거소송 종결
2	경인종합일보	경기도선관위, 제21대 총선 도 관내 선거소송 모두 마무리
3	국제뉴스	선관위 "21대 총선 소송 126건 모두 종결…부정선거 의혹 마침표"
4	뉴스1	21대 총선 선거소송 마무리…"부정선거 증거 없다" 종결
5	뉴시스	경기선관위, 제21대 총선 도내 선거소송 40건 모두 마무리 - 다음
6	로리더	선관위 "제21대 총선 선거소송 판결 종결…부정선거 의혹 …
7	서울경제	선관위, 21대 총선 소송 모두 종결…"부정선거 의혹 마침표 …
8	시사매거진	선관위, 제21대 국선 선거소송 종결
9	연합뉴스	총선 부정선거'소송 모두 '맹탕' 종결…"소모적 의혹제기 없길"
10	일간투데이	경기도선관위, 지난 제21대 총선 경기도 관내 선거소송 모두 마무리
11	조선일보	'총선 부정선거' 소송 모두 종결…선관위 "소모적 의혹제기 …
12	주간조선	21대 총선 부정선거 소송 126건 종결 "혐의 인정 전무" - 주간조선
13	중앙일보	선관위 "21대 총선 선거 소송 종결"…부정선거론

		재판 마침표 ...
14	투데이신문	3년만에 21대 총선 소송 모두 종결…중앙선관위, '소모적 의혹 ...
15	파이낸셜뉴스	21대 총선 선거소송 마무리…"부정선거 증거 없다" 종결
16	파이낸셜뉴스	경기선관위, 제21대 총선 도내 선거소송 40건 모두 마무리
17	파이낸셜뉴스	총선 부정선거'소송 모두 '맹탕' 종결…"소모적 의혹제기 없길"
18	한국경제	총선 부정선거'소송 모두 '맹탕' 종결…"소모적 의혹제기 없길"
19	한국공보뉴스	선관위, 21대 총선 소송 마무리 "부정선거 증거 없어"
20	헤럴드경제	"21대 총선 선거소송 모두 종결…선거 결과 조작 의혹 해소 ...
21	KBS 뉴스	선관위 "21대 총선 부정선거 소송 모두 종결…소모적 의혹제기 없어야"
22	MBC NEWS	21대 총선 관련 소송 모두 종결··선관위 "법원 '부정선거' 의혹 ...
23	YTN	[정치]21대 총선 관련 선거 소송, 인용 '0건'으로 마무리

이 섹션이 일련번호로 시작이 되었으니 일련번호로 마무리 하겠다. 2021.6.28. 재검표 후 이를 보도한 한 기사에 대해 두 번에 걸쳐 기자에게 메일을 보냈으며 첫 번째이다.

"제목: 기자님 후세를 위해 그러시면 안됩니다

QR코드 분류기로 스캔만하여 보관한 상태이고
이에 대한 어느 진행 사항도 없는데
어떻게 검증이 되었다는 것입니까.

이 기사 제가 다운로드하고 영원히 보관하여 기록으로 남기겠습니다.

사전투표지가 투표소 내 프린터로 인쇄된 것이 아니라는 부인할 수
없는 증거들이 한둘이 아닌데
이에 대해 보도하셔야지 어떻게 그럴 수가 있습니까..
연세(또는 나이)가 어찌 되는지는 모르겠으나..
눈물만 흐르네요.. (후략)"

후략 부분에 한 줄이 있었는데 생각해 보니 너무 심한 말인 것 같아 제외하며 표현이 심해 미안하다고 전달하고 싶다.

두 번째 메일은 기사 내 QR코드에 포함 정보 관련 "일렬번호"라고 되어 있어 "일련번호"라고 오타를 알려주는 메일이며 답신도 받았다.

"오기 나온 지점 말씀주셔서 감사합니다. **선생님께서 말씀주신 지점들, 앞으로도 관심 가지고 살펴보겠습니다.**"

기자에 대해 검색해보니 당시 20대 중반 여기자였다.

415총선 이후 수많은 사람을 접촉하면서 격은 소회는 3권에서 다룰 예정이다.

IX. 2020. 4.10에서 2020. 5.15까지 회상

  * 사전투표 시작일 4월10일부터 415총선 직후부터 불기 시작한 개표결과에 의문을 품기 시작한 국민들의 뜨거웠던 날 중 5월 15일 소제기 가능 마감일까지 기록이며, 나머지 6,7월은 2권에 기술하겠다.

  * 필자는 180일내 판결이 되어야한다는 단순 그 문구로 인해 2020년 11월이면 소송이 결판 날 것으로 생각하고 2020.10.경부터 415총선 180일 동안 생생한 기록을 당시 분위기 그대로 남기고자 2020.4.10. 사전투표 1일차부터 매일 415총선 관련 주요 기사를 확인하였고 이후 "415총선 그 후 215일 기록"이라는 제목으로 한곳에 모아서 출판을 준비했었으나 이루어지지 않아, 그때 자료와 이 책을 통해 415총선 전후 수많은 날의 생생한 분위기를 전하고자 한다. 독자 여러분도 잘 아시겠지만 현재시점으로 과거를 재단하는 것이 얼마나 문제가 많은지 알 것이다. 180일 이내에 판결이 나야하는 415총선 소송 중 최장 소송은 당시 더불어시민당이 비례대표 당선자를 피고로 한 소송으로 2020.5.14.에 제기되어 국회의원 임기만료 20여일 전인 2024.5.9.에 종국이 되어 1456일 만에 판결이 났다. 후세에 "무슨 선거소송이 1456일이나 걸려"라고 반문하는 것이 당연할 것인데 그럴 때 당시 상황 이해에 도움이 되었으면 한다.

  당시 분위기를 전할 유튜브 영상의 상당수가 여러 사유로 2024.9. 지금 조회가 되지 않으니 참고 바라며, 다운로드 해 놓지 않은 것이 못내 아쉽다. 저작권 문제를 피하기 위해 짧게 기술하였고 2020년 당시 작성한 원문 기록 그대로 옮겨적는다.

제 1 장

점화냐! 소화냐!

[2020년 4월10일 ~ 4월30일]

이긴 쪽도 진 쪽도 누구도 예상하지 못한 총선 결과가 나왔습니다. 여당 180석 미래통합당 103석 여당의 압승이었습니다. (영상 35초 구간) 〈출처: 우인시대, 채널A보도 인용〉 [QR코드(이하 Q) 1]

* QR코드는 우측 홀수쪽 하단에 있으며, 기사,영상 등 제공처의 사정에따라 연결이 되지 않을 수 있습니다.

* QR코드가 한 곳에 여러개가 붙어있어 스캐너를 집중할 때 쉽지않을 수 있으니 독자분 각자 현명한 방법을 동원하여 활용 바랍니다.

* QR스캐너는 안드로이드폰(갤럭시폰)의 경우 손전등켜는 곳에 보면 함께 있으니 이 앱을 통해 읽어 링크가기로 활용가능합니다.

제 1일차 -2020년 4월 10일 (금) - 사전 투표 1일차

모든 사전투표소의 CCTV가 신문지 등으로 가려지는 등 녹화가 되지 않았다. 즉, CCTV를 통해 사전투표 인원수를 확인할 수 없게 되었다. 개인정보 보호라는 사유로, 그러나 본 투표일(4월15일) CCTV는 정상 가동되었다. 〈출처: 하면되겠지, 현재 영상조회불가〉
참고로 6월1일 경 CCTV를 가린 사유가 확인됩니다.

유시민은 4월10일자 자신의 알릴레오 유튜브 방송에서 범진보 180석을 예측했다. 미래통합당(이하 미통당) 선대위원장은 "지금껏 180석 운운한 정당 중에 선거에서 성공한 정당은 없었다"고 말했고 더불어민주당(이하 더불당) 선대위원장은 "누가 국민의 뜻을 안다고 그렇게 함부로 말할 수 있겠느냐"고 말했다. 〈출처: NEWSTOF〉 [Q3]

사전투표 1일차 투표율이 역대 선거 통틀어 최고를 기록했습니다. 2016년 20대 총선 2일에 걸친 총 사전 투표율 12.19%와 거의 같게 하루만인 오늘 533만명이 참여함으로써 투표율이 12.14%가 되었으며, 청와대에 계신 어떤 공무원은 평일 오전 9시 "사전투표로 분산되면 좋겠다"는 말과 함께 사전투표를 하였습니다. 〈출처: 조선비즈〉[Q4]

중앙선거관리위원회(이하 중앙선관위) 조사 결과 사전투표를 하겠다고 답한 유권자가 26.7%로 역대 선거보다 월등히 높았다고 합니다. 〈출처: 한겨레〉[Q5] 참고로 21대 총선 최종 사전투표율은 26.69%로 반올림하면 선관위는 예측과 일치하게 됩니다.

미디어는 사전투표가 순조롭게 진행되고 있으며 사전투표는 엑스(X), 당일투표는 동그라미(O) 스티커가 서울 시내에 곳곳에 붙어 있다며 보수 유튜버들이 비슷한 주장을 하고 있으며, 선관위는 이런 주장이 중대한 범죄에 해당한다며 이들을 검찰에 고발했고 서울중앙지검, 종로경찰서에서 수사를 착수했다고 합니다. 〈출처: MBC뉴스〉[Q6]

남양주 사전투표함 보관소에서 투표함을 이동하면서 투표함 봉인지에 누군가가 서명을 하였습니다. 중앙선관위의 홍보자료에 따르면 관내사전투표함은 사전투표마감 후 사전투표관리관과 사전투표참관인이 서명한 특수봉인지를 투입구에 부착하게 되어 있고 투표함 보관장소 출입문은 선관위사무국장과 정당추천위원서명 후 특수봉인지로 막게 되어있습니다. 이 영상은 5월17일 공개된 영상입니다. 〈출처: 김문수TV, 링크 내 20분~〉[동영상 조회되지 않음]

용인시 수지구 관외사전투표함이 우체국으로 이송된 이후 우편투표 봉투를 분류하는 내부 공간을 보지 못하게 차단하는 상황이 발생하였습니다. 관외사전우편투표지가 관리 사각지대에 놓이게 된 상황입니다. 〈출처: 안동데일리TV〉[Q8]

제 2일차 -2020년 4월 11일 (토) - 사전 투표 2일차

종로구 황교안 후보측에서 더불당 이낙연 후보를 향해 선거운동 9일 중 5일이나 다른 후보지원을 위해 지방을 방문하거나 서울시 내 다른 후보를 지원하는 것을 확인 한 후 "종로구 선거구가 우습나"고 말했고 이낙연 후보측은 지방방문을 한 후 복귀했다고 합니다. 〈출처: 펜앤드마이크〉[Q9]

YTN은 미통당 전신 정당들이 선거직전에 패착한 사유들을 방송하면서 이러한 사유로 인해 한방에 갈 수 있다고 하였으며 동시에 COVID19에 대한 정부 대응을 모범사례로 함께 보도하였습니다. 〈출처: YTN news〉[Q10]

　사전투표 종료 결과 1174만명이 참여, 26.69% 투표율을 기록 하였으며 역대 최고입니다. 〈출처: 매일경제〉[Q11]
참고로 4월15일 당일투표반영 투표율 66.2% 기준으로 투표한 유권자 10명 중 6명이 당일에 투표하였고 4명이 사전에 투표하였다

Q6		Q8	Q9	Q10	Q11
▓		▓	▓	▓	▓

　253개 선거구 중 24개 선거구가 당일투표 보다 사전투표에 더 많이 참여하였다.

시도	지역구명	총투표수	당일투표	사전투표
경남	사천남해하동	122,516	59,795	62,721
	산청함양거창합천	117,664	55,543	62,121
경북	군위의성청송영덕	91,951	38,889	53,062
	김천시	81,909	37,803	44,106
	상주문경	103,489	48,938	54,551
광주	광주북구갑	103,390	47,362	56,028
	광주서구갑	85,304	41,937	43,367
	동구남구을	86,577	39,639	46,938
전남	고흥보성장흥강진	118,588	47,179	71,409
	나주화순	98,815	44,630	54,185
	담양함평영광장성	108,051	43,726	64,325
	목포시	128,688	54,972	73,716
	순천광양곡성구례갑	135,649	67,620	68,029
	영암무안신안	99,257	45,640	53,617
	해남완도진도	90,398	43,525	46,873
전북	군산시	151,665	74,226	77,439
	김제부안	79,528	35,732	43,796
	남원임실순창	88,743	32,715	56,028
	완주진안무주장수	102,147	44,374	57,773

	익산시갑	75,250	36,205	39,045
	익산시을	79,688	37,228	42,460
	전주시갑	93,635	46,503	47,132
	정읍고창	95,452	43,705	51,747
충북	보은옥천영동괴산	104,823	51,332	53,491

유권자가 두번째로 용인 수지구 관외사전투표지를 선관위에서 우체국으로 이송하는 과정을 추적하였습니다. 우체국내 상황은 전일과 동일하게 파악할 수 없었습니다. 지역 선관위는 선관위 사무실에서 우체국직원에게 전달하면 법적으로 할 일을 다 한 것이라고 합니다. 우체국부터 관외사전투표는 아무런 감시체계가 없습니다. 〈출처: 국민주권 신상민TV, 링크내 13분부터~〉[Q12]

제 3일차 -2020년 4월 12일 (일)

중앙선관위는 2차 여론 조사 결과 79%가 반드시 투표에 참여하겠다는 내용의 보도자료를 배포하였습니다. 21대 총선의 투표율이 역대 최고가 될 것임을 예고 하였습니다. 〈출처: 중앙선관위 보도자료〉[Q13]

역대 최고로 기록된 21대 총선 사전투표율로(26.69%) 인해 선거당일 출구조사 정확도에 대한 우려가 제기되었습니다. 결과적으로 5명중 2명이 사전투표에 참여함으로써 40%에 해당하는 유권자의 표심을 읽을 수 없으니 당연한 의심입니다. 〈출처: 한겨레 신문〉[Q14]

더불당 전략기획위원장 이근형은 국민일보와 인터뷰에서 마지막까지 130석+α가 목표치라고 하였으며 사전투표 참여 의향 조사 시 민주당 지지층에서 사전투표에 참여 할 것이라는 응답이 훨씬 높게 나온다고 하였습니다. 〈출처: 국민일보〉[Q15]

정봉주 열린민주당 최고위원은 유튜브에서 "당신들(민주당지도부)이 이번 선거기간에 한 것을 보면 짐승만도 못한 짓을 했다. 내가 영원히 을로 있을 줄 아느냐. 당신들은 금도를 넘었다. 이씨 윤씨 양씨 너네 나 누군지 아직몰라?" 라고 말했다. 〈출처: 조선일보〉[Q16] 참고로 이씨 윤씨 양씨는 훗날 이근형, 윤호중, 양정철인 것으로 추정되었다.

방송에서 기자와 앵커는 관외 사전 투표지 이송 관련 소동이라고 표현된, 결과적으로 매우 심각한 사건이 된 용인시 수지구 관외사전투표 이송 시 우체국 도착 이후에 과정에 대해서는 국감에서도 제기되었던 감시 체계가 없었음을 보도합니다. 또한 "의혹제기는 할 수 있지만 공공시스템 자체가 우리사회를 지탱하고 있는 것 아니겠습니까" 라는 언급을 합니다. 〈출처: TV조선〉[Q17]

박형준 미통당 공동선대위원장은 지원유세에서 이 정권이 이번 총선에서 180석을 얻게 되면 그때는 대한민국 민주주의가 끝나는 날이 된다. 177석 이상 획득하면 상임위 프리패스, 본회의 프리패스로 바른 일을 하건 또는 거짓된 일을 하건 견제장치 없이 폭주할 수 있다고 하였습니다. 〈출처: 뉴스터치〉[기사조회안됨]

사전투표용지가 담긴 투표함은 선관위가 지정한 보관장소로 옮겨져 중앙선관위 내 통합관제센터에서 CCTV를 통해 24시간 실시간으로 확인 한다고 합니다. 〈출처: 한국일보〉[Q19]

| Q12 | Q13 | Q14 | Q15 | Q16 | Q17 | Q19 |

제 4일차 -2020년 4월 13일 (월)

중앙선관위는 친문지지자들의 친일청산 관련 구호 현수막은 허용했다가 선거 막판에 불허로 변경하였고 그에 반해 미통당의 민생파탄, 거짓말Out같은 구호는 정부와 상대후보를 연상시킨다고 불허했습니다. 〈출처: 조선일보〉[Q20]

총선 전 미통당의 막말들에 대한 기사로 2013년 지방선거 참패를 가져온 원인이 막말이기 때문인데 2년이 지난 21대 총선에서 그 때 패배에 대한 교훈을 찾아볼 수 없다고 합니다. 〈출처: 서남투데이〉[Q21]

중앙선관위는 투표지에 QR코드를 사용하는 것이 현행법에 부합(불법)하지 않음을 알면서도 QR코드를 사용하였습니다. 〈출처: NewDaily〉[Q22]
참고로 QR코드(2차원바코드)관련 중앙선관위는 5월28일 시연회에서 법 위에 군림하는 발언을 하였습니다.

정봉주 열린민주당 최고위원은 어제 더불어민주당을 향해 나를 모략하고 음해하고 시정잡배, 개쓰레기로 취급했다는 막말에 대하여 부적절한 표현이라며 긴급 죄송 방송을 하였다. 〈출처: 조선일보〉[Q23]

YTN은 보도에서 소선거구제도의 특성상 표본수가 적고 역대 최고의 사전투표율을 보인 이번 선거는 더욱 상황이 복잡해서 방송3사의 출구조사 적중율이 더 낮아질 수 있다고 하였으며 과거 출구조사가 틀린 사례를 설명하였습니다. 〈출처: 연합뉴스TV〉[Q24]

제 5일차 -2020년 4월 14일 (화)

서울 양천구 선관위 건물 앞 길바닥에서 투표함 봉인지가 발견됩니다. 사전투표에 유권자가 몰리면서 통에 골고루 넣기 위해 통을 흔들 수밖에 없었는데 그것 때문에 봉인지가 훼손된 것 같다고 합니다.〈출처: KBS뉴스, 체크살〉[Q22] 체크살 유튜버 팩트판다 임주현도 같은 맥락에서 설명합니다. [동영상연결안됨]

YTN은 공정선거국민연대등 보수단체의 역대급 투표조작이 예상된다는 주장에 대해 선관위가 관련자를 허위사실 유포로 고발했다고 하며 관내, 관외 사전투표도, 투표함바꿔치기 가능성도 어불성설이라고 합니다. 〈출처:YTN〉[Q26]

미통당 용인시병 이상일 후보는 수지구 사전투표함 부실관리에 대하여 유감을 표명했으며 부정선거 감시과정에서 발생한 불미스러운 일로 선관위가 고발한 시민단체에 대하여 고발취소를 하는 것이 좋겠다고 하였습니다. 〈출처: 경기매일〉[Q27]

신율 명지대 정치외교학과 교수는 "투표율이 65 ~ 70% 안팎이면 야당(미통당)이 이길 것이고, 60~65%면 20대 총선처럼 1~2석 차이로 원내 1당이 갈릴 것이다. 투표율 50~60%면 여당(더불당)이 이길 것"이라고 내다봤다. 〈출처: 뉴스핌〉[Q28] 참고로 21대 총선 투표율은 1992년 이후 최고인 66.2%

제 6일차 -2020년 4월 15일 (수) - 본 투표일

투표완료 후 방송3사의 출구조사에 따른 각 당의 예상 의석수 전망 결과 더불당 계열이 153 ~ 178석 미통당 계열이 107~133석으로 전망되었습니다. 〈출처: 그린포스트코리아〉[Q30]
참고로 본 투표일 득표수만으로 당선자수를 산정했을 때는 더불당은 123석, 미통당은 124석으로 본 투표 기준 출구조사로부터 방송3사가 발표한 출구조사 결과는 미스터리입니다.

21대 총선 최종 투표율은 66.2%로 집계되었으며 1992년 이후 28년만에 최고치입니다. 더불당은 COVID19에 대처를 잘한 정부여당에 우호적 표현이고 미통당은 정부에 대한 분노 표출이라고 하였습니다.
〈출처: 한국경제〉[Q31]
참고로 총 투표율이 높은 것은 20대 총선에 비해 사전투표는 14.6%나 높고, 본 투표가 6.3% 낮은 것을 감안하면 사전투표가 8.2%나 높기 때문입니다.

공직선거법 제181조(개표참관)에 따르면 개표참관인은 개표소안에서 개표상황을 언제든지 순회,감시 또는 촬영할 수 있는 법률상 유권자의 권리가 있음에도, 인천 연수구을 개표소에서 사전투표 개표 시작 시 김**은 인천선관위 직원은 다음과 같이 방송 하였습니다. "지금 촬영하시는 분들 개표상황표를 찍거나 투표용지를 찍거나 이거는 안됩니다. 다시 한번 말씀드립니다. 전체적으로 스크린 하는 그런 촬영은 되지만 개표상황표를 근접해서 찍거나 저 투표용지를 찍거나 이거는 절대 안됩니다. 반드시 지켜주셔야 합니다. 만약에 안 지키시면 그거에 대하여 단호하게 대처하겠습니다. 그리고 개표사무원은 그런

경우 저에게 알려주세요." 〈출처: GIT4K 깃포케이〉[Q32]
참고로 이 건은 6월17일경 고발되었다.

개표장에 중국인 개표사무원이 투입되었습니다. 이러한 사실은 5월 9일경부터 확인이 되어 이슈화 되었습니다. 〈출처: 파이낸스투데이〉[Q33]
참고로 "공직선거법 제174조 개표사무원은 선거일전 3일까지 그 성명을 공고해야 한다"는 조항은 2018년 4월6일자 개정에서 사유가 기술되지 않은 채 개정되면서 사라졌습니다. 강한제약에서 약한 제약으로 변경된 것입니다.

4월15일 오후 6시 15분 공중파 방송3사의 출구조사발표 발표할 때만 해도 더불당은 출구조사 결과 승리에 대한 경계심, 미통당은 일말의 기대가 남아있는 모습이었습니다. 〈출처: YTN news〉[Q34]

투표지분류기(전자개표기)의 정상속도 분류 영상입니다. 분류부와 제어하는 LG그램 노트북으로 구성되어 있습니다.[Q35]
참고로 링크영상은 정상 분류속도에 대한 체감 영상입니다. 이후 이런 영상의 저속 재생 및 분석을 통하여, 여러 현상이 발견됩니다.

제 7일차 -2020년 4월 16일 (목)

사전투표가 박빙지역의 승부를 갈랐다. 사전투표가 당락을 결정지었다. 〈출처: 한겨레〉[Q36]
참고로 통계 교과서 이론에 의하면 많은 표본을 기반으로 하는 모집단에서는 사전투표 득표율과 당일투표 득표율은 유사한 값을 보여야 한다 (대수의 법칙, 통계와 확률 분야의 기본 개념). 21대 총선은 그렇지 않았다.

여주선관위 근처에서 파쇄된 투표용지 뭉치가 발견되었다 (4월15일). 이에 대해 여주 선관위 측은 자신들이 파쇄한 용지가 맞는다고 해도 그것들은 선거 전 테스트에 사용된 봉투와 일반 종이 등일 것이라고 밝혔다. 〈출처: 연합뉴스〉[Q37]

JTBC는 잘게 잘려 버려진 사전투표지에 대해 팩트체크 결과 역시 음모론에 불과하였다라고 하였습니다. 〈출처: JTBC〉[Q38]

중앙선관위는 4월16일 오전 10시45분에 개표가 마감되었다고 밝혔다. 그리고 그날 오후 4시 25분 42초 우한 마이너 갤러리에 "사전투표 정리한거 올린다"제목의 글이 게시되었습니다. 63:36 서울 경기 지역 더불당과 미통당의 사전투표 총 득표율이 소수점을 제외하면 같은 수치이고, 각 선거구별 더불당과 미통당 후보간 사전/당일 득표율 차이가 부호만 바뀐 채 거의 같게 나온 데이터이다. 이낙연 -16%, 황교안 15% 등 〈출처: 우한마이너갤러리〉[연결안됨]
참고로 게시글을 올린 PC의 IP 주소는 타국으로 추정되고 있으며 수치와 통계에 입각한 개표진실찾기 도화선이 되었다.

더불당 싱크탱크인 민주연구원 원장이자 총선대승 일등공신 양정철 원장은 대승을 이룬 다음날인 오늘 아침 총선결과가 너무 무섭고 두렵다며 원장직을 내려놓고 사퇴하였다.〈출처: 머니투데이〉[Q40]

그는 2019년 7월10일 중국 공산당 중앙당교와 교류 협력 추진 협약을 체결했고 11일에는 광둥성 선전 내 중국 최대 IT 기업인 텐센트를 방문하였다. 〈출처: 연합뉴스〉[Q41]

투표함 봉인지에 서명이 내 것이 아니다 라는 주장이 나왔습니다. 송파구 방이1동 정대연 참관인은 자신 서명을 사진 찍어 두었고, 개표 시 투표함 봉인지의 서명이 다르다고 하였다. 〈출처: 선구자방송〉[연결안됨] 참고로 정 참관인은 개표소로 이동하여 투표함을 확인해 보니 본인이 서명한 서명이 아니어서 항의하였으나, 경찰에 소란을 일으킨다고 투표장에서 쫓겨나기도 하였다고 합니다.

더불당의 이근형 전략기획위원장이 자신의 페이스북에 공개했던 '사전판세' 분석 자료에 따르면 더불당은 지역구 163석을 정확히 예측하였으며, 올린 자료 오른쪽 맨 위 부분에 '사전투표 보정값' 이라는 용어를 사용하여 의혹을 촉발시켰다. 논란이 일자 바로 해당 내용을 삭제하였으나 회수불가 디지털세상으로 퍼졌다. 〈출처: 파이낸스투데이〉[Q43]

공정선거연대는 선관위와 우체국의 대대적인 총선 조작정황을 좌시할 수 없어 대국민성명서를 발표하고 본격적인 부정선거 투쟁에 들어갔다. 〈출처: 국민주권신상민TV〉[Q44]

| Q36 | Q37 | Q38 | Q40 | Q41 | Q43 | Q44 |

제 8일차 -2020년 4월 17일 (금)

    415총선이 끝나자 마자 중소벤처기업부는 소상공인 금융대출한도를 축소했다가 심한 반발이 일어나자 공문을 보낸 다음날 취소하였다. 〈출처: 한국증권신문〉[Q45]

    미통당 서울노원구병 선거구 후보 이준석은 총선 참패는 사전투표 직전에 터졌던 막말파동의 영향이 컸으며 부정선거라고 주장하는 세력에게는 지고도 정신을 못 차리는 것이라 하였다. 〈출처: 머니투데이〉 [기사연결안됨]
참고로 9월 어느 날 저자에 의하여 노원구병에서 발생한 것으로 추정된 조작 유형은 L형으로 명명되었습니다.

    연합뉴스는 투표지내 QR코드 사용관련 선관위 답변을 보도하면서 QR코드에 담겨야 할 내용이 엄격히 제한되어 있으나 사전투표용지 QR코드에 법에 없는 투표용지 길이를 넣었다가 이번 총선에 시정이 된 사실을 알렸다. 〈출처: 연합뉴스〉[Q47]
참고로 QR코드는 의도하면 다른 정보를 넣을 수 있기 때문에 생성 소스코드의 검증이 필요하다.

    21대 총선 부정선거 의혹 정리 자료가 나왔습니다. 지역구는 더불당이 압도적 지지율을 기록하였는데 비례대표는 오히려 미통당 계열이 더 높게 나왔으며, 빳빳한 긴 비례투표용지, 투표함의 봉인지 서명 문제, 관외사전투표함의 부실한 관리 및 관내, 관외 득표율의 유사한 값 등 각 분야에서 집단지성이 작동한 물리적 증거, 숫자 및 통계적 데이터가 나오기 시작하였습니다. 〈출처: 자유바람 저장소〉[Q48]

더불당의 당일과 사전득표율이 고르게 10% 차이가 나고 있다는 것과 60대 이상 유권자가 30%이상임에도 불구하고 더불당표가 더 많이 나왔다. 또는 사전투표가 개표되면서 당락이 뒤바뀌었다. 심상정 후보 고양갑등 진보계 정당 후보의 당일과 사전득표율 차이는 비슷한데 보수계 야당은 차이가 많이 발생했다는 수치상으로 이상한 사실들이 발견되기 시작하였다. 〈출처: 파이낸스투데이〉[Q49]

수십만의 구독자를 가지고 있고 보수우파를 지향하는 가로세로연구소(이하 가세연) 유튜브에서 인천연수구을 관내/관외 사전투표비율이 더불당, 미통당, 정의당 세후보가 0.39로 동일한 것과 서울,경기,인천의 더불당과 미통당 총 득표율이 63:36이라는 놀라울 우연의 일치에 대하여 방송하였습니다. 〈출처: 가세연, 링크내 39분~ 〉[영상연결안됨]

Q45		Q47	Q48	Q49	

제 9일차 -2020년 4월 18일 (토)

　이준석은 더이상 사전투표 조작설을 이야기하는 사람은 유튜버 농간에 계속 놀아나겠다고 선언하는 것이라며 김어준의 더 플랜 다큐멘터리 영화(유튜브에도 무료 공개됨)내 K값을 운운하는 것과 다를 바 없다고 하였다. 〈출처: 중앙일보〉[Q51]

　YTN은 유권자에 의해 제기된 사전투표함의 봉인조작 관련 의혹을 팩트체크로 보도하면서 유권자의 과거이력에 대해 함께 기술하였습니다. 〈출처: YTN〉[Q52]

　180석 발언을 한 유시민과 인천동구미추홀구을에 출마하여 최소표차로 낙선한 더불당 남영희 후보가 서로를 위로하였습니다. 유시민의 범진보 180석 발언이 빌미가 되었다. 〈출처: 중앙일보〉[Q53]

　조선일보 팩트체크에서 인터넷과 유튜브에서 방송되고 있는 63:36 값이 사실이 아니고 66:33이라고 보도하였다. 〈출처: 조선일보, msn뉴스, 당시다운로드파일연결〉[Q54]
참고로 이 보도는 4/20일 오보로 정정됩니다.

　가세연은 맞지 않는 데이터를 자신의 SNS에 링크하며 "과거데이터 사례를 보여줘도 이상하다고 의심을 거두지 못하면 역대 우리나라 총선은 다 부정선거라는 가설만이 성립 하겠지요"가 게시된 이병태 교수 글을 소개 합니다. 〈출처: 가세연, 당시다운로드파일연결〉[Q55]

　여당과 제19대 대통령이 의도적으로 조작한 한국선거 라는 제목으로 사전투표 당일투표 득표율이 10~15% 차이, 사전투표 장소에

CCTV폐쇄, 봉인지 서명이 다르다는 증거 등으로 'Please help'로 백악관 청원이 등록되었습니다. 〈Created by Y.L.〉[Q56]
참고로 한달 내 10만명 이상의 동의를 얻으면 백악관으로부터 60일 내 공식 답변을 받을 수 있다.

전남여수시 월호동 관내사전투표에서 선거인투표용지 교부수보다 투표한 사람이 1명 더 많은 일명 '유령표'가 발생하였다. 관내사전투표는 신분증을 확인하고 프린터에서 투표지를 인쇄하여 투표하는 절차이므로 분실로 인해 모자랄 수 있으나 남는 것은 발생할 수 없는 구조이다. 여수 선관위는 노력했으나 원인 확인이 되지 않았다. 〈출처: 오마이뉴스〉[Q57]

인천연수구을 민경욱 후보 선거구 관외/관내 사전투표비율이 세 후보 모두 0.39가 나온 것과 같은 유형의 비정상 수치가 서울,인천,경기 및 경남 양산에서 확인 되어 방송 되었다.〈출처: 가세연, 링크내 5분부터~〉[영상연결안됨]

현역 국회의원으로 출마 후 낙선한 민경욱 의원에게 역정보들이 흘러 들어오게 됩니다. 그 정보내 국민의당 후보가 잘못 적용된 오류 정보로 강용석 변호사가 확인해 주었습니다. 〈출처: 가세연,당시다운로드파일〉[Q59]

Q51	Q52	Q53	Q54	Q55
Q56	Q57		Q59	

제 10일차 -2020년 4월 19일 (일)

　　미통당은 지지기반인 부정선거를 주장하는 보수우파 세력과 관계 유지에 딜레마가 있다고 한다. 이준석은 유튜버에게 휘둘리는 정당이 되어서는 안되며 음모론자들에게 공개토론회를 요청했다. 〈출처: 중앙일보〉[Q60]

　　길벗 필자는 사전투표 조작설은 음로론이다라는 글을 게시하였습니다. 조작을 한다면 왜 저렇게 티나게 관외/관내 비율을 일치시키고, 당일투표 득표율과 사전투표득표율 차이를 수도권 전지역구 대부분에 12~15% 정도 일정하게 나오도록 조작하겠는가? 당신이 조작한다면 저렇게 조작하겠는가? 설령 저런 결과대로 나오게 조작하려 해도 불가능하다고 하였다. 〈출처: 제3의길〉[연결안됨]

　　더불당 관계자는 연합뉴스와의 통화에서 중앙당 차원에서 171표차로 낙선한 남영희 후보 인천 미추홀을 선거구 재검표를 위한 증거보전신청을 하기로 하였다며 이를 위해 4월16일 미추홀구선관위에 투표함 밀봉을 신청하였다고 한다. 〈출처: 뉴스터치〉[연결안됨]

　　이승광은 자신의 SNS에 부정선거 "100 확실합니다. ...수치가 황당하네요... 조작이 이렇게 어설퍼서" 라고 하였습니다. 〈출처: 조선일보〉[Q63]

　　어떤 유튜버의 심정이 담긴 영상을 링크합니다. 부정선거 문제는 미통당이 나서야 하는데 하지 않음을 비판합니다. 〈출처: 황장수의 뉴스브리핑, 링크내 28분~〉[Q64]

　　가세연에서는 63:36비율과 인천연수구을 포함 관내,관외사전투표비율이 후보별로 거의 같은 값이 나오는 선거구에 대하여 조사한 결과를 집중적으로 보도하며 조선일보의 66:33 오보에 대한 지적을 합니다. 다음날 조선일보는 오보에 대해 정정을 합니다. 〈출처: 가세연, 링크 내 28분~〉[연결안됨]

참고로 주류 신문이 팩트체크라는 제목을 달고 63:36 과 같이 단순한 계산형태의 수치에 대한 오보를 함으로써 많은 독자에게 미친 영향은 생각해 보아야 합니다.

제 11일차 -2020년 4월 20일 (월)

민경욱 후보가 제기한 의혹에 대하여 미통당은 당의 입장과 관련이 없다고 선을 그었고 이준석은 "선거에 대한 아쉬움은 둘째 치고 아니면 아닌 거다"라며 "선거에 진 사람이 가져야 할 아쉬움이 있다면 내가 잠을 1분 더 줄이지 못해 유권자 한 명 더 설득하지 못한 것뿐이어야 한다"며 부정선거 의혹을 거듭 일축했습니다. 홍준표 당선인은 사전투표에서 저는 많이 이겼다"고 댓글을 달며 논란을 일축했습니다. 진중권 전 동양대 교수도 "요즘 그쪽이나 저쪽이나 음모론이 횡행한다" 하였습니다. 〈출처: KBS NEWS〉[Q66]

정규재 유튜버가 사전투표조작설이 참 부끄럽다는 유튜브 영상을 올렸습니다. 〈출처: 펜앤드마이크TV〉[영상연결안됨]

조선일보에서 63:36이 거짓이라는 보도에 대해서 63:36이 참이라는 정정보도를 냈습니다. 기사 제목도 변경하였습니다.
정정 전 : 팩트체크/여야 사전투표 득표 비율이 서울.인천.경기 모두 같다?...'거짓'
정정 후: 팩트체크/여야 사전투표 득표 비율 인천 63% 대 36% 〈출처: 조선일보〉[Q68]

각종 미디어에서 팩트체크라는 이름으로 415 총선 조작설에 대한 반박 보도를 합니다. 〈출처: NEWSTOF〉[Q69]

TV조선과 채널A 종편 방송 채널이 방송중단 하루를 남겨놓고 조건부 재승인을 받았다. 그러나 '철회권 유보 조건' 하에 승인이며 향후 공적책임?공정성에 영향을 미칠 수 있는 중대한 문제가 확인될 경우 재승인 처분을 취소할 수 있다고 한다. 〈출처: NewDaily〉[Q70]

씽크탱크를 추구하는 VON뉴스 유튜브에서 '부정선거 있다 없다'라는 방송을 하였다. 한양대 공대 교수 출신 맹주성 이사장의 프로그램적인 접근과 일반적인 시각을 가진 반대편의 생각을 소개하였습니다. 프로그램 조작 관점 이해를 위해 전체 영상 시청을 추천합니다. 〈출처: VON뉴스〉[Q71]

전광훈 사랑제일교회 목사가 선거가 끝나자 보석으로 석방되었습니다. 2020년 2월24일 공직선거법 위반사유로 구속이 되었습니다. 〈출처: 연합뉴스〉[Q72]
참고로 9월7일 다시 구속되었습니다.

공정선거국민연대, 자유당, 나라사랑고교연합 대전고구국동지회등

단체가 대통령, 중앙 및 각 지역 선거관리위원장을 피고발인으로 415 총선 부정선거에 대하여 고발을 하였습니다. 총선 후 유권자들에 의해 확인 및 제기된 각종 정보를 근거로 하였습니다. 〈출처: 미디어투데이〉[Q73]

민경욱 후보는 인천 송도에서 촬영된 가세연 유튜브 방송에서 재검표소송을 진행하겠다고 출사표를 던졌습니다. 자신의 지역구에서 발견된 관내/관외 후보자별 득표율 비율이 자신의 기자시절 경험상 이상하다는 것과 의혹이 있으면 풀어야 하는 것이 정상이라고 합니다. 〈출처: 가세연, 링크내 51분~〉[연결안됨]

제 12일차 -2020년 4월 21일 (화)

인천미추홀을 선거구에서 171표차이로 낙선한 남영희후보가 "선거 결과에 승복하지만 인정하진 않는다"는 묘한 말을 남기며 중앙당 차원에서 소송하겠다고 한지 2일만에 재검표를 포기하겠다고 하였습니다. 〈출처: 굿모닝충청〉[Q75]

MBC 뉴스에서는 '사전투표 조작' 도넘은 선동 ... 백악관청원까지? 제목의 뉴스를 방영하였습니다. 〈출처: MBCNEWS〉[Q76]

주류언론이 유튜브에서 제기되는 415총선 의혹들에 대한 조작설을 보도하면서, 2012년 총선, 대선 당시 나꼼수의 영향력과 가세연으로 대표되는 보수 유튜버를 비교하는 등 부정적인 사항들에 포커스를 맞추었습니다. JTBC는 음모론이라는 용어를 사용하며, 김영원 숙명여대 통계학과 교수의 '그럴수도 있다'는 언급도 전합니다. 이준석의 말도 전합니다.〈출처: 중앙일보, 조선일보, NEWSTOF〉[Q77,Q78,Q79]

조갑제씨는 자신의 홈페이지에 게시글을 통해 미래한국당의 공천관리위원장까지 했던 공병호 씨의 사전투표 조작 설에 대해 "그의 주장은 기본 수치부터 틀린 경우가 있어 신뢰하기 어렵고, 논리 비약이 너무나 심하다"고 하였습니다.〈출처: 조갑제닷컴〉[Q80]

양정철이 중국 공산당 당교와 정책협약을 맺었고, 2019년 7월부터 극비리에 민주 빅데이터 시스템을 만들었고, 투표결과, 0.39, 63:36 등 성의없이 드러난 패턴을 보고, 415총선 내 이러한 흔적들이 한국의 정치적 지형을 모르는 싸구려 프로그래머에 의해 저질러졌다고 추측 하였습니다.〈출처: Scott 인간과 자유이야기〉[연결안됨]
참고로 Scott 유튜버는 미국에 거주하는 교민입니다.

지만원 시스템공학 박사는 서울경기인천지역에서 평균 13%(10~15%)로 민주당이 우세할 수 있는 확률에 대해서 설명하였습니다. 42분짜리 영상이지만 시청 추천합니다.〈출처: 뉴스타운TV〉[연결안됨]

그룹 구피의 이승광이 SNS에 선거에 대해 자신의 의견을 개진한 것에 대해 "응원해 주신 모든 분들께 진심으로 감사드린다. 힘이 나고 용기가 난다. 최고 가까운 지인들도 저를 정신병자로 몰아가고 욕을 하고 있지만 지금 어떤 전화도 받지 않고 혼자 외로운 전쟁 중이다"

라고 말했다. 〈출처: 이데일리〉[Q83]

유튜버 조슈아가 사전투표 조작에 대하여 표갈기라는 구체적인 방법론이 포함된 방송을 하였다. 이 영상에서 엑셀을 사용하여 전체 선거구에 대하여 사전과 당일 득표율 차이가 시각적으로 일률적인 패턴을 보이는 것과 지역별로 3표당 1표, 4표당 1표등 사전조작에 대한 개념을 제시하였다. 링크영상 전체를 보기를 추천한다. 〈출처: 바실리아TV〉[Q84] 참고로 공병호 TV에서 영상이 소개되면서 널리 퍼지게 된다.

제 13일차 -2020년 4월 22일 (수)

이준석은 CBS김현정의 뉴스쇼에 출연하여 사전조작설에 대하여 유튜버의 조회수 장사속이라고 하였습니다. 코인팔이라는 용어와 유사어 입니다. 〈출처: 노컷뉴스〉[Q85]

중앙선관위는 보수진영 일각에서 부정선거 의혹 제기와 관련 근거 없이 의혹을 제기한 사람을 고발하겠다며 강경 대응 방침을 밝혔다. 또한 선거의 효력에 이의가 있는 선거인은 무책임하고 근거 없는 의혹만을 유포하지 말고, 선거소송을 제기해 의혹을 명백히 밝히자는 입장이라고 하였습니다. 〈출처: 동아일보〉[Q86]

Q77	Q78	Q79	Q80	
Q82	Q83	Q84	Q85	Q86

민경욱 후보의 투표조작설에 미통당 정진석 의원은 개별후보가 대응하면 될 일이라 하였으며 하태경 의원은 투표 조작 괴담 퇴치반을 만들어 보수혁신의 계기로 삼아야 한다고 했으며 이준석은 자신이 봐도 아무 문제가 없다고 하였다. 미통당(개명 후 국민의힘당)은 낙선한 당사자들이 개별적으로 의혹을 풀어나가는 것이 좋겠다고 하였습니다. 〈출처: 조선비즈〉[Q87]

중앙선거관리위원회는 유권자들에 의해서 제기된 각종 선거부정관련 내용들에 대하여 대응하는 보도자료를 배포하였습니다. 중앙선관위는 이번 국회의원선거에서 제기된 의혹들에 대해서도 상세하게 모든 자료를 공개할 의향이 있음을 알려 드립니다. 〈출처: 중앙선관위 보도자료,자체저장소〉[Q88]

김어준은 TBS 김어준의 뉴스공장에서 "관내든 관외든 후보 지지율이 비슷할 수도 있고 아닐 수도 있다. 대단한 게 아니다."라며 해당 수치와 선거부정 여부 사이에 연관성이 없다고 주장했다. 〈출처: 중앙일보〉[Q89]

민경욱 의원의 부정선거 증거보존신청 모금과 관련 우파 유튜버인 안정권은 국민들이 왜 그에게 모금을 해주어야 하느냐 부정선거가 의심된다면 가세연의 강용석,김세의,김용호에게서 갹출해서 하라고 했고, 서울의 소리 백은종 대표는 가세연은 사기 방송이다. 사기방송에서 얘기한 것을 갖고서 현직 국회의원이 이에 동조한다는 것은 말도 안 되는 얘기라고 했다. 〈출처: 뉴스웍스〉[Q90]

화공엔지니어이지만 정보시스템개발과 데이터분석을 주업으로 하는 저자도 바실리아 TV 조슈아의 유튜브영상 시청을 통해 415총선이 데이터 관점에서 조작이 있었음에 동의하며 관심을 가지고 보기 시작하였다. 링크내 그림은 저자가 직장 입사동기 SNS에 올린 내용이다. 〈자체저장소〉[Q91]

민경욱 후보는 국회정론관에서 부정선거 사례로 의심되는 정황이 있어 증거보전 신청과 재검표 등을 공식적으로 추진하겠다고 밝혔다. 민 후보는 재검표를 하기 위해 필요한 소송비용 6천만원도 확보했으며 재검표를 하려면 별도로 선거무효소송 또는 당선무효소송을 해야 한다고 하였다. 〈출처: 경기일보〉[연결안됨]

모비율의 추정 통계를 다루는 고등학교 수학으로 가보자. 링크영상을 시청 바랍니다. 수학쨈 유튜버는 종로 선거구 데이터를 통해 모비율추정을 설명 하면서 종로등 선거결과가 맞다면 통계교과서를 다시 써야 한다고 하였습니다. 〈출처: 수학쨈〉[Q93]

Q 87	Q 88	Q 89	Q 90	Q 91

	Q 93			

제 14일차 -2020년 4월 23일 (목)

오거돈 부산시장이 집무실에서 공무원 대상 성추행 사건으로 전격 사퇴하였습니다. 사건은 총선 일주일전에 발생하였으며, 발표가 4월 23일로 연기된 이유는 피해여성이 자신의 피해가 정치적으로 악용되는 것을 원하지 않기 때문이라고 하였습니다. 미통당은 (오 시장은) 주변 사람을 동원해 회유를 시도한 것도 모자라 자신의 사퇴 시점을 총선 이후로 하겠다는 제안까지 했다고 주장했다 〈출처: 서울경제〉[Q94]

유승민은 문화방송(MBC)에 출연하여 수도권과 중도층 청년이 외면하여 미통당이 자멸하였다며 사전선거조작설을 유포하는 극우 유튜버들을 향해 "선거조작설은 그만 좀 해주었으면 좋겠다. 그런 이야기를 할 때는 팩트와 증거를 갖고 해야 하는데 그 정도를 갖고 사전투표 부정선거 증거라고 말하기는 힘든 것 같다"고 하였습니다. 〈출처: 한겨레〉[Q95]

조선일보는 민경욱 의원이 22일 재검표를 추진하겠다는 선언에 대하여 제목을 '당은 그만 좀 하라는데' 라는 표현을 하였으며 하태경, 이준석 대응 내용을 보도하였다. 또한 더불당 대변인의 터무니없는 (투표) 조작설에 같은 당 인사들까지 진화에 나서는 웃지 못할 광경이 벌어지고 있다는 논평을 전했다. 〈출처: 조선일보〉[Q96]

"통합당에서도 민경욱 전 의원을 향한 싸늘한 시선" 영상입니다. 〈출처: 한국일보〉[Q97]

서울대 물리학과 (세부전공은 물리통계학과) 출신 명지대 박영아 교수는 서울 424개 동에서 발생한 더불당과 미통당의 사전/당일 득표율 차이가 발생할 확률이 2의424승분의 1이다. 마치 1000개의 동전을 동시에 던졌을 때 모두 앞면이 나올 경우를 볼 수 없는 것과 같다고 하였으며, 통계학적 해석으로 선거결과에 인위적인 작동이 있었다고 해석될 수 밖에 없다고 하였습니다. 〈출처: 보배드림〉[Q98]

민경욱 후보는 자신의 SNS에 어제 MBN에 나온 패널 한 명이 저의 증거보존신청 결정을 두고 선거에 패배한 저의 심리 상태에 기인한 이상행동이다 라며 '부정,분노,공포,흥정,체념..' 라고 하면서 '자신을 이상하다고 몰아 세워도 좋으니 수개표로 재검만 해 보자'라고 요구했습니다. 〈출처: 동아일보〉[Q99]

조선일보 '김광일의 입' 영상에서 통계 과학적 접근으로 사전투표의 조작 가능성에 대해서 분석 접근해 보겠다고 했습니다. 투표함 조작이 아닌 컴퓨터 온라인상의 조작에 대한 내용입니다. 지금까지 제기된 사전투표 조작설 내용들이 정리 되어있으니 전체 영상 시청을 추천합니다. 〈출처: 조선일보〉[Q100]
참고로 주류 보수언론에서 부정선거를 객관적 입장에서 처음 방송하였습니다.

공명선거국제포럼, 공명선거쟁취총연합회 등 공명선거시민단체 유권자 회원 관계자들이 '4.15 총선은 대한민국 사망한 날'을 외치면서 시위와 함께 선관위 앞에서 텐트를 치고 24시간 선관위 감시에 들어갔습니다. 〈출처: egloos〉[연결안됨]

제 15일차 -2020년 4월 24일 (금)

이준석은 전날 토론회로 부정선거 사실관계는 대부분 정리가 될 테니 나머지 정리에 나서겠다며 고소를 진행할 예정이라고 밝혔다. 유튜버들이 코인이 날아가게 생기니 "허위 사실을 총동원해서 저에 대한 인신공격에 나서나 보다. 시간이 걸리더라도 민형사로 철저하게 코인 번 것보다 더 회수해서 제가 다 천안함 재단에 넣겠다. 민경욱 의원을 포함해 유튜버들의 활극에 같이 이름이 거론된 우리 당 소속 정치인들은 제가 최대한 사적으로 연락해 며칠 설득하겠다. 이건 당 지도부에 소속된 제가 해야 할 책무다"라고 하였다. 〈출처: 여성신문〉[Q102]

서울대 언론정보연구소 홈페이지에 가세연의 4월19일자 서울경기인천 동일한 63 대 36 사전투표 득표율, 투표조작 증거다 영상에 대해 머니투데이와 서울신문의 기사를 링크하면서 팩트체크 결과 '전혀사실이 아니다'를 85%로 표시한 내용을 게시하였습니다. 〈출처: 서울대학교 언론정보연구소〉[Q103]

수도권의 63:36 비율이 투표조작이라는 주장에 대하여 계산방법이 자의적이라는 신율 명지대 정치학과 교수와 김동영 한국사회연구소 이사의 주장이 소개되었다. 〈출처: the300〉[Q104]

가세연 운영진이 415 총선과 관련해 인천시선거관리위원회에 의해서 4월 16일 공직선거법 위반 혐의로 인천지검에 고발되었다. 검찰은 고발 내용의 구체적 수사 상황은 밝힐 수 없다고 하였다. 〈출처: 매일신문〉[연결안됨]

최종선씨는 박정희시대에 발생한 부정선거 내용을 전하면서 부정선거 의혹을 제기하는 통합당 일부 인사들의 작태는 국민을 편 가르는 망국적 배신행위일 뿐이라고 하며 존귀하고 숭고해야 할 우리의 태극기를 왜 그렇게 아무 때나 아무렇게나 들고 나와 능멸하는지라고 하였습니다. 〈출처: 오마이뉴스〉[Q106]

　당일투표 출구조사에 따르면, 전체 유권자의 19.7%인 50대 865만명이 캐스팅보트 역할을 하여 민주당 49.1% 대 통합당 41.9%로 투표하였다. 60대 이상에서는 민주당 32.7% 대 미통당 59.6%로 압도적으로 보수적 성향을 드러냈다. 〈출처: Redian(열정과 진보 그리고 유혹의 미디어)〉[Q107]
참고로 선관위 연령별 사전투표자수 공개자료에 따르면 60대 이상이 30.77%에 달한다.

　맹주성 NPK이사장이 프로그래밍에 의한 사전투표 조작 방법에 대한 개념 영상을 올렸습니다. 더불당과 미통당의 사전 당일 득표율이 유사한 값으로 나오게 되는 원리를 설명하였습니다. 〈출처: VON뉴스〉[Q108]

　국민이여 깨어나라 대검찰청 White cap 인간띠 에워싸기 집회가 있었습니다. 〈출처: 국민주권신상민TV〉[Q109]

이과생 블로거의 게시글입니다. 좌파든 우파든 말도 안되는 소리하면 안 먹힌다. 말되는 소리나 근거를 충실히 하고 정확히 말해야 먹힌다. 자료가 매우 모순되어요. 진보/보수 정당이 모두 좌우로 나뉘고 중도가 중간에 있으면 이것이 말이 되요. 그런 성향이 나타났다는 것이에요. 그런데 이런 것에 정의당 놓고 보면 말이 안돼요. 정의당이 언제부터 중도 정당이었다고요...?? 〈출처: egloos〉[연결안됨]

사전투표 의혹을 파헤친다라는 제목으로 사전투표 조작을 제기하는 공정선거국민연대 참석자와 이준석, 경희대 이경전 교수가 토론 하였다. 링크 영상 시간이 장시간이나 시청을 권유한다. 〈출처: 펜앤드마이크〉[연결안됨]

제 16일차 -2020년 4월 25일 (토)

배종찬 인사이트케이 소장의 빅데이터 21대 총선 일등공신 기사에 따르면 대통령 지지율이 60%에 육박하였기 때문에 압승이 가능하지 않았을까 분석하였다. 대통령의 임기 후반기는 정권 평가 성격이 강하다. 하지만 이번에는 코로나 19 대응에 대한 평가 성격이 더 강했다. 〈출처: 미디어SR〉[연결안됨]

윈지코리아컨설팅 박시영 대표는 21대 총선의 또다른 승자로 불린다고 한다. 사전투표율 25%, 최종투표율 66% 정도, 더불당이 지역구에서만 150 ~ 163석을 예상했고 16일 새벽 개표 막판까지 뒤지던 김병욱(분당을), 정춘숙(용인병), 김남국(안산 단원을), 최인호(부산 사하갑) 후보가 결국엔 역전할 것이라고 예상했고 결과는 적중했다고 한다. 미통당의 비호감도가 60%정도로 높아서 어떤 말도 먹히지 않

앉다고 분석했다. 〈출처: 중앙SUNDAY〉[Q113]

MBC뉴스는 부정선거 투표조작 단어 집중검색 누가 퍼뜨렸나 기사에서 극우성향 유튜버가 가장 상위에 있다고 하였습니다. 권미경 데이터분석가는 유튜브라는 것이 시각적인 효과가 있기 때문에 그걸 지속적으로 보게 되면서 확증 편향을 얻게 되었다고 합니다. 〈출처: MBC〉[Q114]

이번 415 망국적 부정선거 앞에서 당신은 어디에 서느냐에 따라 당신의 진정한 정체는 결정이 될 것이다. 정치적 무관심의 대가는 자기보다 못한 사람의 지배를 받는 것이다. 젊은 마르틴 루터 킹 목사는 결국에 우리의 기억에 남는 것은 적들의 말이 아닌 친구의 침묵이 될 것입니다. 〈출처: 지만원의 시스템클럽〉[연결안됨]

자유대한호국단에서는 PRODUCE 415라는 명칭으로 415총선이 부정이 아님을 설명해 주시는 분에게 1000만 현상금을 지급하겠다고 하였습니다. 검증 항목중의 하나가 교차투표의 비밀, 즉 지역선거구에서는 여당후보에게 투표했는데 비례투표에서는 야당을 찍은 투표결과입니다. 〈출처: 자유대한호국단〉[Q116]

부정선거와 역사의 심판 컬럼에서 이긴 여당은 표정관리 때문인지 얼굴에 승리의 감격이 별로 없고, 하나같이 꼭 죄 지은 사람처럼 긴장하고 굳어 있다. 정말 떳떳하다면 성명서라도 발표해서 이번 415 선거는 하늘에 맹세코 깨끗한 공명 선거였으며 정정당당하다고 말해야 한다. 그렇다면 더 이상 부정선거라고 말할 필요가 없다. 〈출처: 본 헤럴드 정성구 칼럼〉[Q117]

저자는 부정선거에 반대의견을 견지하고 있던 유튜버에게 좌파성향의 구로구와 우파성향의 서초구 지역선거 투표결과와 비례대표 투표결과를 비교하여 21대 총선이 정상이 아니라는 메일을 보냈습니다. 근거는 20대 총선에서는 좌파 우파 정당간 교차투표가 보이지 않았는데 21대 총선에서는 많은 수가 교차 투표를 한 것입니다.〈출처: 저자〉[Q118]

제 17일차 -2020년 4월 26일 (일)

과거 한나라당이 재검표요청을 했다가 6억원을 날렸다는 것과 남영희 후보가 재검표 추진을 취소한 것, 매 선거마다 부정선거가 제기되었으나 바뀐 적이 없다. 마지막에는 선관위가 무모한 의혹에 대해서는 고발등 강경하게 대응할 것이라는 말을 잊지 않았다. 〈출처: 중앙일보〉[Q119]

미통당 여성 당선인들은 "오 전 시장은 20대 여성 공무원을 집무실에서 성추행 하고도 총선을 의식해 범죄 사실을 은폐하다 지난 23일 사퇴 입장을 밝혔다"며 "파렴치한 성범죄를 저지르고도 오직 정략적 계산뿐이었다"고 했다. 〈출처: 조선일보〉[Q120]

415총선에서 지지하는 정당(더불당)이 압승을 해서 기쁘다고 하신 분이 선거조작 얘기가 나와서 찜찜하다며 조작이라고 주장하는 항목들에 대해서 잘은 모르지만 이상하다는 느낌은 확실히 받고 있어 다른 분들의 견해를 구한다고 포스팅을 하였습니다. 〈출처: MileMoa.com〉[Q121]

기독자유통일당이 비례대표 득표율 3% 이상 확보를 통한 원내진출을 하고자 하였으나 2.63%를 득표하여 실패하였습니다. 〈출처: C헤럴드〉[Q122]

제 18일차 -2020년 4월 27일 (월)

이준석은 페이스북을 통해 지금까지 타진요식 투표조작설에 쏠리지 않도록 모든 노력을 다했다며 최종 결과가 나왔을 때 유튜버에 영혼을 위탁한 정치인이 국민에게 어떤 평가를 받을지 지켜보자고 말했다. 〈출처: 서울신문〉[Q123]

김택환 경기대 빅데이터센터 특임교수는 미통당의 대패가능성을 선거 이전 이미 엿볼 수 있었고 빅데이터가 21대 총선의 또다른 승자라고 합니다. 선거에서 비호감도가 높으면 낙마가능성이 크다는 패턴이 입증되었다는 것입니다. 〈출처: 국민일보〉[연결안됨]

Q 117	Q 118	Q 119	Q 120	Q 121

Q 122	Q 123			

황상민 '선거부정을 주장하는 민경욱 의원과 질문을 못하는 패널은 각자 어떤 심리를 가지고 있을까' 라는 주제의 영상입니다. 시간 되면 시청해 보시기 바랍니다. 〈출처: 황상민의 심리상담소: 황심소, 링크내 ~11분〉[Q125]

민경욱 의원은 인천지방법원에 제21대 총선 투표함 증거보전 신청서를 제출했다. 증거보전 신청은 증거 확보를 위해 법원에 투표지, 투표함 등에 대해 보전신청을 하는 법적 절차다. 이와 관련 이준석의 모든 노력을 다 했다는 말에 민경욱 의원은 이준석은 그냥 앉아서 굿이나 보고 떡이나 먹어라고 하였다. 〈출처: 한국경제〉[Q126]

가세연은 미통당 후보 중 당일투표에서는 이기고 사전투표에서 진 40개 선거구 중 이준석 선거구를 제외한 39개 선거구에 증거보전신청을 제기하겠다고 하였습니다. 이를 위하여 해당 선거구의 유권자를 대상으로 고발인을 모집하여 유권자 2000여명이 지원하였다고 합니다. 〈출처: 가세연, 링크내 59분~〉[연결안됨]

이봉규TV 유튜브에 출연한 전직 IBM 반도체 CPU 설계 매니저 벤자민 윌커슨 대표는 선관위에 투표지분류기의 소프트웨어 공개를 요청하였는데 선관위는 믿어 달라고만 하였다고 합니다. 소프트웨어는 얼마든지 조작이 가능하다고 합니다. 〈출처: 이봉규TV, 링크내 5분~12분〉[Q128]

제 19일차 -2020년 4월 28일 (화)

민경욱 의원이 투표조작이 프로그램으로 가능 하다는 맹주성 이사장의 간단한 프로그램 설명 내용을 SNS에 올렸는데 이에 대해 김강일 건국대 컴퓨터공학과 교수는 비쥬얼베이직이라는 사용언어의 부적절함을 얘기했고, 이경전 경희대 빅데이터연구센터소장은 개표기는 계수기에 불과하기 때문에 개표조작이 어렵다고 하였다. 〈출처: 연합뉴스〉[Q129]

참고로 과거 비쥬얼베이직으로도 복잡한 프로그램을 많이 만들었다. 단지 더 효율적인 프로그램이 나와서 도태되었을 뿐.

민경욱 의원은 SNS에 "국민 5백만명의 개인정보가 QR코드를 만드는 사전투표관리시스템에 들어있다는 사실을 아셨습니까?" 게시글과 선관위의 해명을 실었습니다. 또한 사전투표 망 구축 시 화웨이장비 사용 주장에 대한 LG유플러스의 해명도 실었습니다. 〈출처: 한국경제〉[Q130]

이준석은 한경닷컴과의 인터뷰에서 사전투표조작설을 제기하는 미통당 인원들에 대하여 보수전체에 먹칠을 하는 행동이라며 당장 멈추어 달라고 호소하였습니다. QR코드 일련번호 7자리에 전과, 병역등 그 많은 정보를 어떻게 넣을 수 있다는 것인지 모르겠다고 일축했다. 〈출처: 한경닷컴〉[Q131]

참고로 저자는 그에게 관계형 데이터베이스 강좌를 1시간만 받아 보라도 하고 싶다. 그게 얼마나 쉽게 구현되는지 알 수 있다. 투표지내 정보가 저장되는 것이 아니라 투표지 일련번호와 같은 일련번호로 별도 저장된 개인정보 데이터는 언제든지 연결하여 활용이 가능하다.

Q125	Q126		Q128	Q129	Q130	Q131

4월28일 발생한 내용사건으로 7월23일에 확인된 내용이다. 4월 28일 김소연 변호사(미통당 대전 유성을 후보)가 '금일 오전 11시 서울대검찰청에 중앙위원장 고발 예정(현재 서울로 이동 중)' 이라는 내용이 담겼다. 이 메일이 발송된 시간은 오전 9시 47분으로 김 변호사의 이동 내용이 담겼다. 즉 선거관리위원회가 민간인을 불법 사찰한 것이다. 〈출처: 세계일보〉[Q132]

미국 미시건 대학교 정치학과에 재직중인 선거부정여부를 밝히는 연구 분야의 최고 권위자인 월터 미베인교수의 논문이 선거가 끝난지 13여일만에 1차 보고서가 나왔습니다. 선거부정이 일어난 지역구가 244개, 전체투표수의 약 7% 200여만표가 기존에 없던 표를 당선자에게 주거나 상대후보로부터 표를 빼앗아서 당선자에게 주었다고 합니다. 요약한 내용에 대한 링크도 공유합니다. 〈출처:, YGOSU, 끄적끄적〉[Q133, Q134]

민경욱 의원의 투표함과 투표지등 증거보전해 달라고 낸 신청을 인천지방법원이 받아들였다. 하지만 법원은 디지털 범죄를 밝히는데 필수적인 투표지분류기, 중앙선관위가 보관 중인 선거관리시스템 서버 등 신청은 증거보전의 필요성이 없다며 기각했다. 〈출처: 경인일보〉[Q135]

가세연은 유튜브 방송에서 11개 선거구에 대해 선거구별 50인 이상 유권자를 고발인으로 모집하여 증거보전신청을 냈다고 하며 39개 중 나머지도 고발인이 확보되는 대로 신청을 한다고 합니다. 그리고 미국에서 지원하는 분들이 미통당의 대응에 대하여 매우 의아해하고 있다고 합니다. 〈출처: 가세연, 링크내 52분~ 〉[연결안됨]

제 20일차 -2020년 4월 29일 (수)

조규영 선관위 선거1과장은 CBS라디오 김현정의 뉴스쇼에 출연하여 부정선거 의혹에 대해 절대 있을 수 없다고하며 적법한 절차에 따라 자료를 요청하면 모두 공개할 예정이라고 하였다. 〈출처: 시사위크〉[Q137]

민경욱 의원은 자신의 SNS를 통해 자신이 제기했던 21대 총선 부정선거 의혹과 관련해 "통합당에서도 당 차원의 특위를 구성해 사전 선거조작 의혹을 파헤치기로 결정했다 환영할 일이다. 이제 우리는 외롭지 않다"고 하였으나 미통당은 당 차원에서 (특위 구성) 계획은 전혀 없다고 하였다. 〈출처: 시사포커스〉[Q138]

총선서버 5월1일폐기 선거조작 증거인멸 이라는 주제로 유튜브 방송에서 제기하는 주장에 대해 선관위 관계자는 혹시 모를 소송이 들어올 경우에 대비하여 모두 원본 보존 조치하고 있으며 법원에서 공개하라고 하면 바로 공개 할 수 있도록 준비 해둔다고 합니다. 〈출처: KBS 팩트체크K〉[Q139]
참고로 서버에 대한 법원의 공개조치는 받아들여지지 않았고 2020 추석 연휴에 무슨 일이 발생하는지 보시기 바랍니다.

인천연수구 선관위는 법원의 비례투표용지 증거보존 결정을 받았음에도 2시간동안 대치하면서 끝내 비례대표지 증거보전을 거부하였다. 다행이 이후 기독자유통일당의 증거보전으로 확보되었다. 〈출처: eToLand〉[Q140]
참고로 비례대표 투표지가 필요한 이유는 사전투표 일련번호의 일관성을 확인하기위함이다.

기독자유통일당은 21대 국회의원 선거과정에 대해 주권자인 국민들에 의한 선거부정행위 의혹이 증폭되고 있으며, 민경욱 의원의 용기 있는 투표함 보전 및 재검표 신청을 한 데 대해 적극 지지하며, 기독자유통일당도 이번 선거에 대한 국민적 의혹을 해소하고 민주주의 꽃이자 신성한 주권인 유권자의 권리를 보호하기 위해 투표함 보전신청을 한다고 하였습니다. 〈출처: 국민일보〉[연결안됨]

이준석은 사전투표 조작설이 사실이면 정계은퇴를 하겠다고 약속했습니다. 〈출처: 한국경제〉[Q142]

도태우 변호사는 로이킴이 선거시뮬레이터라는 엑셀프로그램을 통해 찾아낸 선거부정 수식이 전국 대부분의 선거구에서 유의미한 결과를 도출한 것을 근거로 서버파기금지 가처분 신청을 낸다고 하였습니다. 로이킴의 자료에 대한 링크는 해당 영상 아래에 있습니다. 〈출처: VON뉴스〉[Q143]

위키피디어 영문판 월터미베인 교수 항목내 References에 한국의 415총선 보고서가 등록되었습니다. (2020년 11월10일 기준 References 4임) 〈출처: 영문 위키피디어〉[Q144]

민경욱 의원은 중앙선관위 조해주 상임위원과 박영수사무총장등을 공직선거법 위반, 공무상 비밀누설 등 혐의로 대검찰청에 고발하였습니다. 〈출처: NewDaily〉[Q145]

제 21일차 -2020년 4월 30일 (목)

JTBC뉴스에서 백악관에 415총선 조작 청원을 하면 국제선관위가 나서서 지난 총선을 검증할 수 있다는 것과 관련 팩트채크 결과 역시 허위정보라 하였습니다. 〈출처:JTBC뉴스〉[Q146]

YTN은 사전투표용지 QR코드 음모론에 대한 팩트체크를 하였습니다. 김승주 고려대학교 정보보호대학원 교수는 암호기술이 들어가 있다고 입증하지 못하면 주장일 뿐이고 존재하지 않는다는 걸 증명하는 게 방법이 없다고 하였습니다. 〈출처: YTN 〉[Q147]
참고로 [QR코드 암호 기술에 대해서는 6월5일자 참조]

기독교 보수주의 가치를 표방하는 서울대 트루스포럼에서 4.15 부정선거를 철저히 조사하라는 성명을 발표하고 대자보를 통해 게시하였습니다. 〈출처: 더뉴스코리아〉[Q148]

바실리아TV 조슈아는 비례대표 개표 분석 결과 미래한국당, 더불어시민당, 우리공화당, 열린민주당, 기독자유통일당, 새벽당등에서 사전투표와 당일투표 득표율 차이가 일률적인 수치로 나타나고 미래한국당, 우리공화당, 기독자유통일당, 새벽당은 전국 어느 곳에서도 사전득표율이 당일득표율보다 적게 나온다고 하였습니다. 즉, 〈출처: MY BLOG〉[연결안됨]

전국 377개 대학 6094명의 교수들이 참여하고 있는 사회정의를 바라는 전국 교수 모임(이하 정교모)는 "중앙선관위는 21대 총선의 제반 의혹에 대해 엄중히 밝혀야 하고 선거 사무 수행의 정당성에 대한 최종적 입증책임은 의혹 제기 측이 아닌 중앙선관위 측에 있다. 전자개표는 결과의 조작가능성을 완전히 배제할 수도 없는 게 현실이다"라는 성명을 발표하였습니다. 이에 반대하여 이병태,주한규,이경전,강준욱 교수 등은 정교모 중앙집행위 성명에 반대해 정교모를 탈퇴하였습니다. 〈출처: 사회정의를 바라는 전국교수모임〉[Q150]

전북 전주시의 한 선거구에서 사전투표 교부수와 투표수가 10표 이상 차이가 발생한 것으로 나타났다. 즉 4674명이 투표하였는데 개표해보니 4684매 투표지가 있었다는 것이다. [추가 확인된 사항은 5월 19일자 참조] 〈출처: SkyDaily〉[Q151]

| | | Q 150 | | Q 151 | |

제 2 장

확 산

[5월1일 ~ 5월31일] - 1부 (~5/15)

20대 중반 시민이 대검찰청 앞 블랙시위 단상에서 말합니다. **자유가 무료인 줄 알았다. 당연히 주어지는 것이고 투표하면 정치인들에게 우리의 영향권이 담기는 줄 알았다. 자유는 무료가 아니며 시민의 감시, 물밑의 혈투, 진실의 검증이 필요하다.** 〈출처: 우갤 클럽〉[Q152]

제 22일차 -2020년 5월 1일 (금)

서울대 언론정보연구소는 유권자의 백악관 청원에 대하여 국제선관위가 한국을 조사할 수 있는지 팩트체크를 했습니다. 결과는 전혀 사실이 아닌 쪽으로 기울었습니다. 〈서울대학교 언론정보연구소〉[Q153]

부정선거 총선서버 보전 블랙시위가 5월 1일 경기 과천시 홍촌 말로 44 중앙선관위 앞에서 시작되었습니다. 대한민국 민주주의를 지킬 수 있는 마지막 선거가 될지도 모릅니다. 〈출처: nate판〉[Q154]

415총선 부정의혹을 밝히기 위한 젊은 변호사 모임등 연대모임이 시작되었습니다. 그들의 선언서를 들어 보시기 바랍니다. 〈출처: 뉴스타운TV, 링크 내 3시간 3분 ~ 10분〉[연결안됨]

민경욱 의원이 자신의 SNS를 통해 선관위가 선거업무 종사자라면서 500만명의 개인 정보를 관리하고 있었다는 근거자료를 공개하였습니다. 〈출처: 시사우리신문〉[Q156]

대전지법은 김소연 후보가 낸 지역구 투표함 증거보전 신청 항목 중 16개를 인용했다. 그러나 핵심쟁점인 중앙선관위에 있는 서버관련 항목은 기각되었다. 증거 보전 중 스티커가 미리 제거되는 등 문제점에 대하여 선관위가 고발 조치될 것이라 하였다. 김 후보는 선거불복이 아니며 국민적 의혹이 있으면 당사자인 선관위가 풀어야 할 것이라고 하였다. 〈출처: e세종경제〉[Q157]

Q152	Q153	Q154		Q156	Q157

제 23일차 -2020년 5월 2일 (토)

한국경제는 가세연이 이준석 선거구를 제외한 39개 선거구와 김소연 후보의 대전 유성을 선거구를 포함해 모두 40개 선거구에서 재검표를 통해 목숨을 건 승부를 걸겠다고 유권자들로부터 모금을 한 것에 대하여 미통당 일각에서는 시스템상 부정선거는 불가능한데 수익을 올리기 위해 무리한 의혹제기를 하고 있고 보수 전체를 더 어렵게 만들고 있다는 비판을 전했다. 〈출처: 한국경제〉[Q158]

에포크타임스 서울에서 415총선이 불복인지 부정인지 여전한 의혹인지 라는 제목의 기사를 작성하였으며 외국에 본사를 두고 있는 글로벌 언론매체로는 처음으로 415부정선거에 대하여 지금까지 각종 매체에서 이슈가 된 항목들에 대하여 상세히 기술하였다.
〈링크: https://kr.theepochtimes.com/4-15-총선-불복일까-부정일까-여전한-의혹_527832.html 〉 전문을 읽기위해서는 회원가입 필요

대전유성구을 후보인 김소연 변호사는 5월1일 증거보전 신청 시 확인된 투표함의 특수봉인지가 전부 훼손된 사실을 확인하고 고발하기로 하였으며 선관위는 국민적 의혹이 제기됨에 따라 시비를 가리고자 증거보전신청을 했으나 선관위는 이를 해소해 국민께 투표의 신뢰를 주기보다는 오히려 의혹만 더 가중시켰다며 이를 입증할 중요한 증거물이 사라졌기 때문에 형사적 책임을 물어야 된다고 하였다. 〈출처: 파이낸스투데이〉[Q160]

중앙선관위에서 사용한 서버를 임대해준 회사는 아이플러스텍이고 임대금액은 223,754,300원 이라고 합니다. 〈출처: 파이낸스투데이〉[Q161]

참고로 구인구직 사람인 웹사이트에 따르면 이 회사는 설립된 지 6년 차 회사로 임직원이 8명이라고 합니다.

제 24일차 -2020년 5월 3일 (일)

진중권씨는 자신의 SNS를 통해 선거조작이 가능하다고 믿는다면 그냥 미친 것이라며 그러니 그런 분은 저보다 의사 선생과 대화를 나누는 것이 더 생산적이라 하였다. 각 지역 투표율을 정확히 예측해야 하는 것 등이 필요하고 모든 지역 선관위 직원을 매수해야 한다고 하였다. 〈출처: 프라임경제〉[Q162]
참고로 저자는 선거구별 조작과 투표율과의 관계를 확인하여 9월7일 VON뉴스와 10월2일 이봉규TV에 공개하였다.

선관위는 화웨이 장비로 사전투표조작이 불가능하다며 6가지 의혹에 대하여 해명하였다. 선관위는 인천연수구을 증거보존신청시 투표함의 특수봉인지 부착상태에 이의 제기가 많게 되자 대전 유성구을 포함 이후 증거보존 시 대부분의 선거구에서 투표함의 봉인지를 제거하고 깨끗하게 청소까지 하였다. 이후 확인된 사항으로 이러한 행위가 불법임을 알고 지시를 따르지 않은 선거구가 있었다. 선관위는 사전투표 및 개표과정에서 조작·부정은 절대 있을 수 없음을 다시 한 번 강조했다. 〈출처: 한국일보〉[Q163]

Q158		Q160	Q161	Q162	Q163

신세돈 숙명여자대학교 경제학부 명예교수는 언론을 통해 본 미통당의 415총선 패배는 415 총선 전 실시한 여론조사에서 이미 미통당의 참패를 예고했으며 3월 말부터 4월 14일까지 시행된 여론조사들은 거의 모두 민주당의 압승을 예고했다고 하였다. 〈출처: ifs POST〉[Q164]

주간조선은 사전투표 조작설 관련 좌파들은 가만히 있고 우파들이 '조작이다 아니다' 로 나뉘어서 분열하고 있다며 정규재 대표는 이번 선거는 애초에 이길 수가 없었던 선거로 민주당이 180석을 가져갈 수도 있다는 사실은 이미 민주당도 알고 미통당도 알고 나도 알았다고 하였다. 이병태 교수는 공병호TV를 향해 사악하다는 표현을 했다고 전한다. 〈출처: 주간조선〉[Q165]

홍콩우산시위를 참고하여 415총선 부정선거의혹에 대하여 "우산혁명 이제는 대한민국이다"라는 모토로 청년 부정개표 의혹규명 시민위원회 블랙우산 시위가 본격적으로 시작되었습니다. 〈출처: nate 판〉[Q166]

미국과 호주에 거주하는 교민들이 단군이래 최악의 부정선거, 총선 전면 무효, 미통당은 즉시 TF팀을 꾸려라, 주류언론은 언론인으로서 도리를 다하라고 애국동포 대국민 성명서를 발표하였습니다. 〈출처: 시니어타임즈 US,다운로드파일〉[Q167]

제 25일차 -2020년 5월 4일 (월)

0.39, 63:36 투표조작설에 관련하여 미시간대 미베인 교수 논문이 불에 기름을 부었습니다. 미베인 교수 보고서 말미에 통상적으로 넣는 문구인 이 통계만으로는 선거에서 무슨 일이 일어났는지에 대해

증거가 될 수 없다고 합니다. 또한 박원호 서울대 교수와 이병태 교수의 언급도 전합니다. 〈출처: 중앙일보〉[Q168]

펜앤드마이크에서 사전투표선거조작과 개표조작은 불가능하다고 우파간의 분쟁을 정리하였다. 이병태 카이스트 교수는 음모론이라며 음모에 가담한 모든 이가 비밀을 지킨다는 것은 불가능하기 때문에 부정선거는 있을 수 없는 일이라며 부정선거 의혹을 일축했다. 〈출처: 펜앤드마이크〉[Q169]

마스터백 블로거는 415 선거부정의혹 관련 통계학과 교수들 중 지상파, 신문기사에 거론되었고 415 총선결과는 통계적으로 발생 가능하다고 주장하는 교수들 목록을 다음과 같이 정리하였다. 김영원 숙명여대 교수, 박유성 고려대교수, 이경전 경희대교수, 이병태 카이스트교수, 주한규 서울대교수, 신율 명지대교수 〈출처: 네이버 블로그 마스터백,다운로드파일〉[Q170]

WhyTimes는 아날로그 사고로는 이해하지 못하는 415총선 부정선거 의혹을 논술하였다. 소제목은 다음과 같다. [진중권이나, 정규재나.... 아날로그 개념으로는 부정선거 이해 못한다!],[부정선거 대응 방식, 투표함 재검표만 주장했다간 큰 코 다친다!],[중앙선관위, 부정선거 의혹 해소에 적극 나서야 한다] 〈출처: WhyTimes〉[Q171]

415총선 부정선거 의혹에 대한 탐사보도가 처음으로 나왔다. 최보식 기자가 박성현 서울대 통계학과 명예교수를 인터뷰하는 형식으로 철저하게 조선일보의 판단이 아닌 박성현 교수의 주장을 보도하는 형식을 취하였다. 박교수는 투표결과 나온 수치들이 통계적으로 일어나기 어려우며 신(God)이 미리 그렇게 해주려고 작정하지 않고는 일어날 수 없다고 하였다. 이 기사는 필수 완독 아이템이다. 부정선거를 주장하는 우파들은 조선일보가 본격적으로 부정선거를 보도에 참여하는 것으로 기대하였다. 〈출처: 조선일보〉[Q172] 참고로 이 기사는 11월 전까지 부정선거 탐사보도로는 조선일보 보도 기사 2개 중 1개였을 뿐이다. 중앙일보는 1개, 동아일보는 0개로 추정된다.

37개 선거구에서 투표한 유권자보다 투표지수가 더 많은 유령표현상이 보도되었다. 내용 중 전주 완산구 삼천3동에 10매 유령투표지에 대하여 선관위 해명인 서신동9투표소 당일투표지가 10매 모자라는 것으로 해명하였으나 QR코드가 사전투표지에만 있기 때문에 썪일 수 없다는 주장이 더 합리적이다라고 하였다. 〈출처: 스카이데일리〉[Q173]

김소연 변호사는 투표함의 상단에 부착된 봉인지는 개표과정에서 투표함을 개봉할 때 전혀 손댈 필요가 없는 위치에 있기 때문에 상식적으로 이 부분 봉인지는 개표가 끝나더라도 그대로 보존돼야 한다. 그러나 증거보전 집행 당시 투표함의 봉인은 깨끗이 제거되어 있는 상태였으며 "국민적 의혹이 제기됨에 따라 시비를 가리고자 증거보전 신청을 했으나 선관위는 이를 해소해 국민께 투표의 신뢰를 주기보다는 오히려 의혹만 더 가중시켰다"며 유성구선관위를 고발하였다. 〈출처: 충청뉴스〉[Q174]

제 26일차 -2020년 5월 5일 (화)

이병태 교수는 펜앤드마이크에 출연하여 사전투표에 민주당 지지자들이 쏟아져 나왔다는 증거를 설명하였다. 그가 주장하는 기준 데이터를 주목 바랍니다. 당일 투표만으로 당락을 결정한다면 더불당 123석, 미통당 124석, 관외사전투표를 기준 시 더불당 217석, 미통당 34석, 관내사전투표를 기준 시 더불당 198석, 미통당 49석이다. 〈출처: 펜앤드마이크〉[연결안됨] 참고로 6월16일 기사도 참조

홍준표 후보는 자신의 SNS에 2002년 노무현-이회창 대선 때도 재검표로는 안 뒤집혔다며 이론상으로는 부정 전자 개표가 가능하지만, 실제로 그런 일이 있을 수 있는지 지금도 의문이 간다고 하였다. 〈출처: 연합뉴스〉[Q176]

과천 중앙선관위 앞에서 부정선거를 규탄하는 집회가 어린이날 휴일임에도 개최되었습니다. 〈출처: 뉴스타운 TV〉[연결안됨]

0-40세대라면 같은 연배이자 대전 유성구을에 출마 후 선거무효소송을 제기 및 부정선거를 밝히고 있는 김소연 변호사의 의견을 청취해 보세요 〈출처: 공병호TV〉[Q178]

| Q172 | Q173 | Q174 | | Q176 | | Q178 |

제 27일차 -2020년 5월 6일 (수)

　30여년 선관위에 근무 후 퇴직한 전직 전라북도선거관리위원회 상임위원 문택규씨가 "415총선 개표 조작 확률은 2의 424제곱분의 1보다 낮다. 415 총선에서 개표조작 확률은 로또복권을 살 때마다 계속 1등에 당첨될 확률보다 낮다고 본다. 진실을 모르면서 무책임한 말을 함부로 하지 않는 풍토가 아쉬울 뿐이다" 라고 하였다. 〈출처: 한겨레〉[Q179]

　서울대 정치외교학부 박원호 교수는 미베인 교수의 1차 보고서에 대하여 Garbage in, Garbage out이라고 지적하였습니다. 서울대학교 정치외교학부 박종희 교수는 5월4일 유튜브를 통해 "미베인의 모형은 이미 부정선거일 가능성이 약 50%라는 비현실적인 가정에 의거하고 있다"고 하였습니다. 미베인 교수는 재반박을 통하여 사전투표소 문제는 415총선이 사기라는 결과에 영향이 없다고 하였습니다. 〈출처: 이코리아〉[Q180]

　울산대 이정훈 교수는 부정선거 논란에 대하여 의혹 제기자들은 이후 입증 여부에 대한 정치적 책임이나 사회적 책임을 질 필요가 없다. 일단 대중의 열광에 힘입어 여러 가지 정치적-경제적 이익을 누릴 수 있고, 설령 입증에 실패해도 얼마든지 책임 회피는 가능하고 대중은 이 논란을 금방 잊어버릴 것이라고 하였습니다. 〈출처: 크리스천투데이〉[Q181]

　서울 도봉구을 선거구 증거보전 집행 시 관내사전투표가 삼립빵 박스에 담겨 보관된 사실이 확인 되었습니다. 〈출처: 가세연, 링크 내 28분~31분〉[연결안됨]

서울 도봉구을 선거구 증거보전 집행일 저녁 강용석 변호사가 증거보전 집행에 참석한 후 느낌을 전한 가세연 저녁방송을 보시기 바랍니다. 〈출처: 가세연, 링크 내 59분 ~1시간9분〉[연결안됨]

문갑식기자의 삼립빵박스에 대한 평도 들어 보시기 바랍니다. 〈출처: 문갑식의 진짜 TV〉[Q184]
참고로 유튜브는 고배속 시청도 가능 합니다.

경남 양산을 증거보전신청 일부가 인용되었습니다. 디지털 항목들에 대한 항목들은 기각되었습니다. 후보없이 유권자들로 증거보존 신청을 냈던 울산 북구 선거구는 다음 사유로 기각되었습니다. 증거보전 신청권은 후보자를 추천한 정당이나 후보자에게만 있고, 선거인에 불과한 신청인들에게는 그런 자격이 없다. 〈출처: 연합뉴스〉[Q185]

5월6일 당시 일반 블로거가 각종 정보를 통하여 인지하고 있는 시각입니다. 제목은 '사전투표 부정선거 의혹을 진두 지휘하는 미국 CIA' 입니다. 〈출처: 성냥갑 속의 라이터 네이버블로그〉[Q186]

Q 179	Q 180	Q 181			
Q 184	Q 185	Q 186			

제 28일차 -2020년 5월 7일 (목)

진보논객 진중권씨는 박근혜대통령 당선 후 부정선거를 주장하였던 김어준과 뜻밖에 한편이 된 민경욱 의원에게 함께 개표개혁당을 만들라고 하였습니다. 〈출처: 영남일보〉[Q187]

이상언 논설위원은 "부정선거를 믿는 이도 국민이다"라는 논설에서 소송이 제기된 곳에 법원과 선관위가 신속히 재검표를 하도록 해 논란의 열기를 식히기 바란다. 물론 재검표에서 문제가 없다는 게 확인돼도 표 바꿔 치기를 했다며 주장을 굽히지 않는 사람이 부지기수일 것이다. 하지만 꽤 많은 이가 의심을 거둘 수도 있다. 국민 마음을 보듬는 것도 국가가 할 일이다라고 하였습니다. 〈출처: 중앙일보〉[Q188]

길벗 필자는 제발 사전투표 조작음모론을 거두시라고 부탁하였습니다. 조작설이 재판정에서 다루어지기 시작하면 통계, 수학, 선거, 여론 전문가들이 증인으로 불려가 조작설을 주장하는 사람들이 내세우는 조작의 증거들을 본격적으로 살펴보게 될 것이다. 이 과정에서 조작의 증거로 내세운 것이 역설적으로 조작이 없었다는 것을 반증한다는 사실이 드러날 것이다. 〈출처: 제3의길〉[연결안됨]

김진 전 중앙일보 논설위원은 우파에도 이근형 같은 선거 수재가 필요하다고 하였습니다. 이근형이 양정철과 함께 조작의 주역이라면 그 다음날 비밀문서(판세분석표)를 공개했겠나라고 하였습니다. 〈출처: 펜앤드마이크〉[Q190]

민경욱 의원은 대법원 앞에서 변호인단과 함께 415총선이 QR코드 전산조작과 투표조작으로 이루어진 부정선거로 재선거를 해야 한다고

하며 415총선 전체에 대한 선거무효소송을 제기하였습니다. 〈출처: 중앙일보〉[Q191]

부산 사하갑, 경기 안산단원을 증거보전 집행 시 확인된 봉인지 도장 부실, 또다른 삼립빵 박스 등 선거집행과정에서 발생한 특이한 사항들에 대한 방송입니다. 〈출처: 가세연, 링크내 1분~32분〉[연결안됨]

제 29일차 -2020년 5월 8일 (금)

YTN은 미베인교수와 인터뷰한 내용을 요약하여 보도하였습니다. 요약본을 보고 시간이 되면 YTN 풀버젼도 시청해보세요. 〈출처: YTN〉[Q193,Q194]
참고로 이어지는 가세연의 미베인 교수 인터뷰까지 포함하여 같은 내용에 대하여 매체별로 보도하는 행태 및 내용을 비교해 보세요.

채널A는 4월10일 저녁 종합뉴스에서 극우 유튜브 '신의한수-사전투표조작가능성' 방송 중 발언을 무비판적으로 인용하여 보도한 것에 대하여 선거방송심의위가 5월7일 이 안건을 심의하였고, 심의 결과 행정지도를 받았습니다. 〈출처: 민주언론시민연합〉[Q195]

가세연에서 미베인 교수 인터뷰한 영상입니다. "와우 이런 건 처음 본다" 라는 말이 나옵니다. 〈출처: 가세연〉[연결안됨]

'한국의 선거 부정 의혹, 새로운 선거 기술에 경종을 울리다' 라는 내용으로 미국의 공신력 있는 일간지 월드트리뷴이 주류언론으로서는 최초로 한국의 415 부정선거에 대해 보도했습니다. 〈출처: 네이버 Cafe 415부정선거 증거 모음〉[Q197]

민경욱 의원은 자신의 SNS에 21대 총선 선거부정에 대하여 이른바 대깨문(대가리가 깨져도 제19대 대통령이라는 뜻)들이 침묵모드에 돌입했다고 하며 선거에 대한 공소를 제기할 수 있는 시효가 만료되는 5월15일 전에 공방을 벌여봐야 이로울 게 없다는 명령이 내려진 것이라고 하였다. 〈출처: 서울경제〉[Q198]

조충열 기자는 평택시선관위에 따르면 서정동의 경우 관내사전투표에서 선거인수는 3,526명으로 동일한데 반해 비례대표 투표수는 3매가 더 많이 나온 것으로 확인했고 지역구 의원 투표수는 무려 11표가 적은 것으로 밝혀졌다고 보도하였다. 〈출처: 안동데일리〉[Q199]

수원지법 김정환 판사는 8일 용인과 화성지역 유권자 120여명이 용인시기흥구 용인시수지구 화성시 선관위를 상대로 낸 투표함 증거보전 신청을 각하했다. 〈출처: 연합뉴스〉[Q200]

제 30일차 -2020년 5월 9일 (토)

총선투표조작폭로 관련 민경욱 의원에 대하여 배꼽 빠지는 황당한 빼박증거 근거도 전혀 없는 상상 속 의심병 이쯤 되면 병원을 가야만

한다는 방송을 하였습니다. 〈출처: 뉴스반장 유튜브〉[Q201]

미베인 1차보고서에 대한 깐돌이의 탐구생활 유튜버의 해석을 시청해 보시기 바랍니다. 미베인 보고서를 보고 415총선이 사기라고 단정적으로 주장하는 사람들에 대하여 미베인 보고서를 읽었거나 읽었지만 무슨 말인지 이해를 못했거나 이해를 했지만 불리한 부분은 누락시키고 모른척하고 있거나라고 하였습니다. 〈출처: 깐돌이의 탐구생활〉[Q202]

415 대한민국 총선 개표에 중국인이 참여했다는 충격적인 사실이 보도되었다. 보수 유튜버 '하면되겠지' 채널 등에서 선관위가 개표사무원을 모집할 때 공개모집 절차를 거치지 않고 은평구의 경우는 의용소방대라는 민간단체를 특정 단체에서 위촉을 하고 이를 선관위에서 승인하는 방식으로 선정하였다는 것이다. 〈출처: 파이낸스투데이〉[Q203]

수상한 이병태? 증거사진까지 폄훼 이쯤되면 공범? 이런 기사가 보도되었습니다. 이병태 교수는 삼립빵 박스에 대해 SNS에 동영상에서 직접 갈무리한 사진을 보고 디지털 사진은 누구나 만들 수 있다고 하였습니다. 〈출처: 프리덤코리아닷컴 MY BLOG〉[Q204]

제 31일차 -2020년 5월 10일 (일)

　서울대 물리학과 출신 미통당 하태경 의원은 민경욱 선거부정 기자회견을 앞두고 사전투표가 수학, 즉 통계적으로 조작임이 입증됐다는 주장은 모두 오류였다고 하였다. 〈출처: 매일일보〉[Q205]

　청안백안 미션 임파서블 기사에서 법무법인 바른 소속 정인진 변호사는 자신의 선거관련 소송 경험을 바탕으로 사전투표함 바꿔치기와 득표수 전산 조작에 대한 시나리오를 설명한 후 선거부정 운운하며 백악관청원등 포퓰리즘에 빠져 있는 한 보수재건은 요원하다고 하였습니다. 〈출처: 경향신문〉[Q206]

　경기 안산 증거보전집행시 박주현 변호사에 의해 촬영된 무더기 삼립빵 사전투표 보관상자에 대하여 김용호 부장 유튜버는 방송하면서 선관위의 야식 담긴 상자라는 해명이 이상하다고 하였습니다.
〈출처: 가세연 김용호 유튜브, 링크 내 19분~24분〉[연결안됨]

　한상천 전 선거관리위원회 노조위원장은 공병호TV유튜브에 출연하여 전자개표기가 도입되는 과정과 현재 투표지분류기라고 불리는 개표기가 전자개표기임을 선관위 자료를 통하여 설명한다. 도입과정에서 조해주는 실무담당 과장이었으며, 2017년 9월 발간된 더불당 제19대 대선백서에 공명선거특보로 등재되었으며, 415총선 때 중앙선관위를 실질적으로 관리하는 상임위원이고 장관급 인사임에도 청문회 없이 임명이 강행되었다. 〈출처: 공병호TV〉[Q208]

제 32일차 -2020년 5월 11일 (월)

김대년 전 중앙선관위 사무총장은 총선 결과는 몹시 이례적이지만, 조작 가능성은 0%라고 단언한다. 개표과정에 모두 한통속이 돼야 조작이 가능하고 선관위가 음모론 확산의 여지를 주었다고 하며 말미에 재검표 후 개표당일과 결과가 다르게 나오면 그럴 확률은 전혀 없다고 보지만 만약 그렇게 나오면 국회에서 특별법을 제정해 다른 지역구들도 재검표를 하는 게 옳다고 하였습니다. 〈출처: 조선일보〉[Q209]

전 KBS PD출신 한정석은 유튜브에 출연하여 메베인 교수의 부정선거주장 나는 이렇게 본다는 주제로 보고서 내용을 분석 방송하였으며 벤포드의 법칙도 설명되었다. 〈출처: 펜앤드마이크〉[연결안됨]

참고로 벤포드의 법칙(Benford's law)은 실세계에서 존재하는 많은 수치 데이터의 10진법 값에서 수의 첫째 자리의 확률 분포를 관찰한 결과, 첫째 자리 숫자가 작을 확률이 크다는 법칙이다. 〈출처: 위키백과〉

미베인 교수의 한국 415총선 부정 의심 더 커졌다는 2차 분석 보고서가 발표되었다. 추가분석 결과 이번 21대 총선에서 선거부정 의혹이 더 강화되었다고 하였다. 이 보고서는 4월29일 1차 보고서 내용에 대하여 이의 제기된 내용을 수용 및 보완한 것이다. 〈출처: NewDaily〉[Q211]

한국의 선거조작 의혹을 밝혀달라는 미국 백악관 청원이 11일 오후 4시쯤 10만명이 서명했으며 게시된 지 약 3주 만이다. 백악관은 한 달 내에 10만명 이상이 찬성한 청원에 대해 정식으로 답변한다고 합니다. 〈출처: 조선일보〉[Q212]

참고로 지난 2012년 12월에 한국의 제18대 대통령선거가 조작됐다는 청원에 대하여 미국 정부는 청원에 대한 답으로 한국 정부를 신뢰한다고 게시했다.

민경욱 의원은 서초을 사전투표지가 분당을 지역에서 발견되었고 투표관리인 날인 없이 기표되지 않은 비례투표용지가 무더기로 발견됐다고 밝혔다. 또한 잉크로 쓴 거짓은 피로 쓴 진실을 결코 덮을 수 없고 그것을 검증조차 하지 못하게 하는 사람들은 모두 우리의 적이라고 하였다. 〈출처: the300〉[Q213]

애초 선거소송을 망설이던 통합당 낙선 후보들은 보수 유튜버의 지속적인 설득에 따라 재검표를 위한 보전신청을 법원에 잇따라 제기했고, 부산에서도 415 총선에서 낙선한 미통당 후보자의 선거 관련 증거보전 신청이 잇따랐으며, 법원이 증거보전 조치를 결정했다. 〈출처: 국제신문〉[Q214]

민경욱 의원은 투표지 분류기에 외부로 통신이 가능하다는 내부고발자와 인터뷰 영상을 공개하였습니다. cmd , ipconfig, DNS등 컴퓨터에 구조에 지식이 있으면 익숙한 용어가 나옵니다. 〈출처: 진보우파유튜브〉[Q215]

제 33일차 -2020년 5월 12일 (화)

진중권 전 교수는 민경욱 의원의 세상이 뒤집어질 부정선거 증거 제기한 내용에 대해 그 난리 바가지를 치고 증거는 쥐새끼 한 마리라고 하였다. 또한 민주당의 말대로 정말 20년은 집권하겠다. 하여튼 저 동네는 희망이 안 보이고 저렇게 망하고도 정신을 못 차리니 대책이 없다고 하였다. 〈출처: 한국경제〉[Q216]

김무성은 이날 한 언론사와 인터뷰에서 총선 참패 원인을 분석하며 아스팔트 태극기 부대가 엄청나게 큰 사이즈인 줄 알았는데 투표해보니까 아니라는 증명이 돼 버렸다며 극우 유튜버들에 대해 전부 조회수 올려서 돈 벌어먹으려는 나쁜 놈들이라 하였다. 〈출처: 조선일보〉[Q217]

선관위는 지금까지 논란이 된 사항들에 대하여 보도자료를 발표하였습니다. 그중 하나인 투표지를 빵상자에 보관한 이유를 상자가 부족하여 간식용 빵 상자에 보관한 것으로 확인 되었다고 합니다. 또한 내용 중 투표지분류기는 광학센서는 있으나 QR코드는 인식하지 못한다고 하였습니다. 5월12일 현재 제기된 선거소송 16건, 증거보존신청은 17건입니다. 〈출처: 중앙선관위 보도자료〉[Q218]
참고로 몇일 지나지 않아 투표지분류기 구매사양서에 QR코드 인식기능이 포함된 것이 확인됩니다.

중앙선관위는 선거인수보다 투표수가 더 많이 나온 선거구는 지역구 10곳, 비례대표 27곳 등 모두 37곳에 대해 다른 투표구 표와 섞여 발생한 것이라며 대수롭지 않다는 태도로 일관하고 있을뿐만 아니라 원인 및 조치 결과에 대해서는 확인해 줄 수 없다는 입장을 되풀이하고 있다. 〈출처: 스카이데일리〉[Q219]

민경욱 의원은 자신의 SNS에 전날 공개한 투표용지 유출 건에 대한 선관위의 검찰 수사의뢰에 대하여 "저를 경찰이나 검찰이 조사한다면 부정선거에 대한 수사가 되겠군요 땡큐, 자유민주주의 수호 제단에 기꺼이 제 피를 뿌리겠습니다. 저를 잡아 가십시요" 라고 했다. 〈출처: 서울경제〉[Q220]

제 34일차 -2020년 5월 13일 (수)

더불당 원내대표 김태년이 당최고원내회의에서 자꾸 선거부정에 관련된 얘기를 하고 있는 아직 19세기적 사람들을 보면 안타깝다고 하였습니다. 우리나라의 선거관리 및 투개표관리시스템은 전세계에서 아마 최고 수준일 것이라 하였습니다. 〈출처: 경향신문〉[Q221]
참고로 더불당 당직자가 부정선거를 언급한 거의 유일한 사례입니다.

선관위는 민경욱 의원이 공개한 투표용지는 구리시 선관위 청인이 날인된 비례대표 선거 투표용지이며, 확인 결과 구리시 수택2동 제2투표구 잔여투표용지 중 6장이 분실됐고, 분실 투표용지의 일련번호가 현장에서 제시된 투표용지와 일치한다며 대검에 수사의뢰 하였다. 〈출처: 연합뉴스〉[Q222]

이준석은 민경욱 의원의 서초을 투표용지가 분당을에서 발견된 것과 관련 "걸어라 나는 건다", 그리고 가세연에게는 "개표조작 아니면 문닫겠다고 걸어. 뭐그리 말이 길어" 라고 하였다. 〈출처: 서울경제〉[Q223]

진중권은 민경욱 의원이 국내에 거주하는 중국동포를 향해 부정선거를 제보하면 1500만원 현상금을 걸은 것과 관련 "팔자들 참 좋다. 참패했으면 반성하고 원인을 찾고 대책마련하기에도 시간이 부족할 텐데" 라고 하였다. 〈출처: 파이낸셜뉴스〉[Q224]

민경욱 의원은 자신의 SNS에 대통령부부가 60만원을 기부하셨는데 제가 가만이 있을 수 없어 제 돈 1500만원을 좋은 일에 쓰겠다며 국내 거주하는 중국동포에게 부정선거를 제보해달라고 하였다. 〈출처: 한국일보〉[Q225]

서울대 트루스포럼과 고려대 트루스포럼은 각 대학광장에서 부정선거에 대한 시위를 하였다. 하늘이 무너져도 정의를 세워라! 온몸으로 난타하라 정의의 종을!(서울대학교 포스터) 민주역적 몰아내자! 자유 정의 진리를 드높이자!(고려대학교 포스터) 그러나 피켓시위 현장이 썰렁하였다. 〈출처: 서울시정일보, topstarnews〉[Q226,Q227]

제 35일차 -2020년 5월 14일 (목)

제19대 대통령을 취임부터 3년동안 지근거리에서 보좌한 경호처장 주영훈이 "3년 동안 경호처장을 맡으면서 에너지가 많이 떨어져 있었다. 경질성 교체가 아니라, 주 처장 본인이 먼저 사의를 표명했다" 고 했다. 〈출처: 중앙일보〉[Q228]
참고로 훗날 415총선, 주영훈, 오거돈을 함께 검색해보고 싶다.

미통당 김세연 의원이 CBS라디오 '시사자키 정관용입니다'에 출연하여 부정선거의혹 관련 질문에 '이것(부정선거)이 현실에서 일어날 개연성을 확률로 따져보자면 거의 모든 사람이 다 공모를 해야 가능한 시나리오' 라며 '이것이 현실에서 벌어졌다고 믿고 있는 것이 큰 문제' 라고 했다. 서두에 민경욱의원을 향해 환상을 보고 있다고 생각한다고 하였다. 〈출처: 서울경제〉[Q229]

이준석은 MBC라디오 김종배의 시선집중에 출연하여 미통당 당지도부에서 415총선 부정선거의혹은 근거가 없다고 결론을 내렸다고 하였다. 미통당 당지도부는 황교안 전대표가 사퇴한 이후 와해된 상태라고 한다. 〈출처: 조선비즈〉[Q230]

중앙일보 인터넷판에서 처음이자 마지막으로 415총선 부정선거 탐사보고결과가 게시되었다. 부여군 개표참관인들이 당일 개표가 아닌 사전투표 개표가 먼저 된 상황이었다. 야당 우세지역임에도 1번 여당표가 지나치게 많이 나왔다고 생각한 참관인이 개표사무원에게 이의를 제기해 개표된 투표지를 확인 해 보니 2번표가 1번표 묶음에 포함되어 있었다고 한다. 참관인의 강력 항의에 의하여 분류기 노트북컴퓨터를 껐다가 켰고 전후 표차이는 정진석 미통당 후보가 100표 정도 뒤지고 있다가 11표 차이로 앞서면서 상황이 역전되었다. 이러한 현상은 읍면 단위별로 정진석 의원이 많게는 30~60장씩 되찾아 왔다고 한다. 〈출처: 중앙일보〉[Q231]
참고로 이 기사는 새벽 5시경 게시된 후 오후에 웹사이트에서 사라졌으며 다음날 종이신문으로 기사화도 되지 않았다.

―――

공선감 TV에서 성북구 개표소에서 촬영된 개표기 오류 및 분류기에서 무효표가 1번표로 적재되는, 슬로우 모션으로 찾아낸 영상, 중앙일보 부여 개표소 보도에 대한 김소연 변호사의 설명 및 봉인테이프가 얼마나 허술하게 제작되었는지를 알 수 있는 방송을 가세연에서 내보냈습니다. 필수시청입니다. 〈출처: 가세연, 링크내 47분 ~ 1시간 04분〉[연결안됨]
참고로 이후 투표지분류기 분류 적재 영상들에 대하여 저배속으로 탐색하는 시발점이 되었습니다.

―――

민경욱 의원이 14일 경기도 구리시 투표용지 분실사건과 관련해 "잔여투표지에 도장만 찍으면 적법한 기표지가 된다. 그러므로 투표가 끝나는 순간 잔여투표지는 화약이요 투표함은 불이 된다. 둘은 될수록 멀리 떨어뜨려야 한다. 그런데도 선관위 직원들은 그 화약을 불바다인 개표장에 들여놓았다" 고 SNS에 올렸다. 선관위는 관리부실은 인정하면서도 선거조작과 인과관계는 없다고 했다. 〈출처: 조선비즈〉[Q233]

Q228	Q229	Q230	Q231		Q233

미베인 교수가 서울대 박원호 교수의 조언을 반영하여 보다 완전한 데이터를 사용한 분석 결과를 발표하였습니다. 결론적으로 21대 총선에서 선거부정이 감지되었다는 결과가 달라지지 않았고 오히려 강화되었습니다. 〈출처: 배세태의 소셜 마케팅〉[연결안됨]

제 36일차 -2020년 5월 15일 (금)

진보논객 진중권씨는 미통당 토론회에 이준석의 설득으로 초대에 응하여 참석하였다. 그 자리에서 진중권씨는 이자리에서 야당 노릇은 야당이 아닌 자신이 했다고 하였다. 그리고 '요즘 (진보 진영의) 비리는 신라젠, 라임 사태처럼 금융 자본 범죄로 변해가고 있다' 고 하였다. 〈출처: 중앙일보〉[Q235]

선관위는 제21대 총선 당시 송파구선관위 개표소에서 사전투표참관인의 서명이 위조됐다고 주장한 A씨를 오늘 서울동부지검에 고발했다. 당초 A씨와 함께 자신의 서명이 위조됐다고 주장했던 B씨는 이후 선관위에 자진 출석해, 문제가 된 두 개의 서명은 위조된 게 아니라 둘 다 자신의 것이 맞다고 인정하며, 동영상 유포는 잘못된 것이라는 내용의 자술서를 제출했다. 〈출처: MBC뉴스〉[Q236]

가세연의 정보 응집력을 보여주는 영상으로 공선감TV에서 공개된 영상 중 서로 붙어 있는 관외사전투표, 양천을 투표소에서 무효표가 1번 더불당으로, 지역구가 다른 사전투표지가 다른 지역구에 혼입되는 것, QR코드 인식 기능이 없다고 했던 선관위 보도자료를 반박하는 내용이 포함되어 있습니다. 필수 시청 영상입니다. 〈출처: 가세연, 링크내 10분~49분〉[연결안됨]

민경욱 의원은 당일투표용지가 사전투표 개표함에서 무더기로 나왔고 그중 6장을 가지고 있다고 했다. 구리시선관위가 따로 보관하고 있었다는 해명은 거짓이라고 하였다. 〈출처: 뉴데일리〉[Q238]

비례정당인 미래한국당 조수진 대변인이 철통 보완속에 보관되었을 거라 믿었던 상식이 무너졌다며 투표용지 관리부실문제를 제기 했다. 선거 부정 의혹과 관련해 논평이 나온 것은 미통당과 미래한국당을 통틀어 이번이 처음이다. 이에 대해 민경욱 의원은 미래한국당에서 드디어 논평을 내줘서 고맙다고 하였다. 〈출처: 더뉴스코리아〉[Q239]

기독자유통일당은 이번 제21대 국회의원선거는 중앙선관위의 선거 과정 부실관리와 통계조작에 대한 국민적 의혹을 일으키고 있고 한국사회의 갈등과 분열을 확산시키고 있으며 민주주의의 꽃이라 불리는 선거가 공정하게 관리되지 못하고 특정정당과 특정진영에 의해 농락당했다는 유권자들의 의심과 분노가 시간이 흐를수록 가중되고 있기 때문에 사법부 최고 기관인 대법원에 제21대국회의원선거 전체 무효소송을 제출했다. 〈출처: 기독자유통일당〉[연결안됨]

	Q235	Q236		Q238	Q239	

[끝]

부록
415총선 소송 참여 일반 국민들
- 사건번호순, 서면 원고 표기 순서 기준

비례대표1 : 김O영, 김O희, 임O빈, 서O숙, 위O순, 강O주
비례대표2 : 황O수, 김O식, 오O진, 김O재, 손O선, 구O회, 김O오, 정O영, 김O아, 김O동, 이O솔, 강O국, 조O지, 정O임, 김O찬, 최O희, 정O은, 김O샘, 이O환, 조O아, 김O이, 김O겸, 안O구, 하O영, 이O숙, 홍O희, 이O동, 나O수, 김O현, 양O숙, 박O우, 김O정, 김O연, 이O명, 오O택, 김O동, 김O우, 최O란, 이O민, 권O숙, 조O경, 강O모, 김O수, 이O연, 정O석, 이O름, 강O민, 이O라, 최O별, 남O윤, 하O철, 박O호, 이O아, 김O진, 안O제, 장ㅊ, 황O원, 이O호, 박O운, 홍O빈, 김O범, 이O윤, 박O한, 채ㅁ, 이O건, 서O솔, 유O원, 노O훈, 이O하, 김O규, 장O조, 임O경, 변O원, 김O윤, 이O영, 김O숙, 이O은, 류O민, 전O희, 이O범, 오O영, 신O예, 신O영, 윤O철
원주시갑 : 김O일, 서O주, 조O석, 유O애, 장O열, 임O숙, 이O일, 장O복, 박O택, 이O향, 최O민, 변O택, 강O순, 김O우, 이O환, 강O원, 송O숙, 구O락, 최O자, 이O행, 박O경, 강O순, 김O완, 신O철
원주시을 : 이O현, 박O자, 김O순, 이O영, 안O성, 김O규, 김O섭, 김O례, 류O현, 심O보, 서O우, 박O철, 김O호, 김O희, 윤O화
춘천시갑 : 길O수, 김ㅎ, 조O희, 김O진, 김O진, 양O순, 최O상, 김O식, 김O현, 하O옥, 홍O표, 강O미, 권O정, 김O래, 신O재, 조O엽, 이O환, 허O선, 안O원, 황O진, 심O섭, 최ㅎ, 배O한, 권O율, 이O훈, 이O길, 한O희, 박O순, 강O주, 김O미, 김O철, 박O호, 박O진, 박O길, 손O준, 안O상, 엄O미, 허O수, 윤O근, 이O정, 이O순, 조O호, 조O제, 조O산, 최O일, 최O희, 허O수, 이O현
고양시정 : 박O희, 김O무, 설O원, 이O호, 박O아, 최O욱, 이O섭, 성O미, 박O준, 정O환, 김O정, 장O봉, 김O경, 지O주, 이O민, 김O순, 박O주, 목O문, 성O진, 박O희, 이O녕, 정O원, 김O오, 최O희, 최O욱, 정O주, 이O복, 김O식, 이O형, 엄O원, 우O훈, 김O일, 민O원, 김O진, 이O만, 이O두, 임O경, 이O현, 김O현, 이O

민, 윤O영, 지O희, 서O연, 조O준, 손O주, 전O연, 서O성, 권O영, 이O현, 이O숙, 허O영, 이O준
안산시 단원구을 : 김O미, 신O상, 현O숙, 김O진, 서O인, 조O인, 송O진, 서O순, 임O란, 이O인, 이O란, 김O일, 윤O로, 박O숙, 남O자, 이O구, 이O진, 백O숙, 신O미, 이O원, 이O원, 황O자, 변O복, 김O식, 김O훈, 한O헌, 김O호, 홍O철, 최O은, 성O숙, 이O연
안성시 : 이O석, 홍O의, 고O희, 이O호, 김O석, 정O연, 최O숙, 강O현, 주O하, 윤O옥, 이O경, 이O수, 박O선, 윤O영, 조O창, 정O준, 정O진, 이O미, 문O용, 김O복, 성O애, 강O정, 정O자, 김O호, 한O현, 임O준, 조O란, 허O구, 송O정, 황O숙, 이O일, 이O민, 허O선, 심O숙, 이O명, 박O호, 김O임, 정O규, 한O연
용인시병 : 김O청, 고O경, 심O현, 김O중, 최O철, 윤O곤, 최O영, 박O규, 강O경, 김O영, 김O나, 유O상, 문O현, 김O완, 조O미, 정O주, 조O희, 이O희, 이O화, 김O진, 이O식, 남O석, 이O재, 강O영, 고O원, 윤O노, 김O경, 이O택, 김O현, 고O경, 고O경, 유O선, 윤O열, 허O안, 김O우, 김O혁, 최O운, 김O우, 김O진, 김O남, 이O숙, 한O수, 한O희, 이O기, 임O순, 남O표, 이O숙, 조O희, 유O희, 전O영, 안O조
용인시정 : 박O혜, 김O수, 최O화, 권O원, 이O자, 김O미, 오O정, 배O한, 송O빈, 박O환, 김O영, 박O호, 장O호, 김O국, 조O정, 한O산, 오O숙, 손O연, 강O애, 박O민, 박O순, 박O규, 임O진, 박O웅, 신O용, 박O우, 박O생, 이O원, 김O애, 이O경, 정O진, 이O임, 손O희, 윤O식, 김O자, 박OO내, 임O붕, 이O섭, 권O현, 김O성, 하O희, 문O열, 김O경, 김O진, 유O엽, 황O철
평택시갑 : 류O훈, 최ㅎ, 한O훈, 이O희, 최O기, 김O연, 김O기, 김O숙, 김O윤, 임O선, 장O령, 최O영, 안O식, 노O희, 오O세, 박O영, 최O숙, 조O신, 김O규, 공O광, 서O수, 양O성, 김O진, 윤O중, 반O문, 윤O수, 김O호, 임O혜, 최O록, 고O비, 박ㅎ, 김O라, 이O순, 신O이, 홍O오, 김O호, 조O범, 최O영, 맹O정, 김O욱, 오O희, 남O이, 이O자, 최O혜, 최O혜, 이O리, 문O진, 최O혜, 엄O희, 박O자, 이O애, 김O협, 남O원, 이O이
화성시갑 : 천O욱, 이O규, 김O소, 이O주, 정O춘, 이O일, 고O식, 김O우, 고O원, 김O일, 김O선, 김O현, 김O우, 김O선, 김O중, 차O준, 최O자, 김O영, 최O만, 정

O석, 신O경, 정O문, 김O분, 임O두, 방O준
의왕시 : 한O선, 박O경, 장O희, 김O연, 조O형, 조O순, 홍O택, 양O정, 유O호, 임O희, 유O종, 이O환, 김O리, 정O재, 김O철, 김O수, 최O숙, 이O현, 이O옥, 이O학, 곽O진, 김O형, 옥O호, 김O영, 신O영, 정O수, 이O식, 김O희, 백O주, 정O진, 김O호, 유O정, 김O중, 김O용, 강O원, 홍O용, 김O원, 이O형, 임O건, 김O태, 최O경, 최O범, 연O옥, 이O훈, 금O진, 이O록, 서O희, 소O섭, 김O우, 김O형
동구 미추홀구갑 : 이O한, 홍O호, 이O철, 정O일, 김O정, 이O분, 안O연, 고O순, 이O성, 김O인, 김O희, 김O길, 유O근, 권ㅎ, 조O주, 정O희, 박O원, 이O순, 이O석, 신O섭, 정O미, 신O연, 신O윤, 전O자, 김O대, 김O우, 전O준, 김O우, 민O천, 이O철, 윤O주, 백O철, 박O경, 차O숙, 김O수, 황O환, 안O자, 정O영, 김O원, 강O식, 최O민, 이O희, 백O정, 이O수, 전O정, 신O라, 정O환, 김O선
강동구갑 : 이O훈, 이O분, 이O철, 김O진, 이O용, 조O주, 신O화, 이O주, 김O경, 박O원, 장O훈, 정O문, 황O실, 배O련, 강O형, 김O희, 김O두, 노O옥, 신O철, 조O민, 김O은, 김O영, 김O기, 전O욱, 김O희, 이O경, 이O근, 이O범, 최O선, 오O두, 오O영, 최O선, 박O대, 지O민, 김O채, 박O혜, 정O나, 민O심, 오O은, 조O성, 박ㅎ, 양O일, 김O진, 강O근, 이O훈, 김O일, 안O욱, 염O식, 이O진, 배O련
광진구을 : 김O연, 이O규, 허O이, 김O성, 이O준, 강O식, 고O순, 이O석, 조O신, 김O숙, 임O충, 박O근, 김O중, 임O현, 안O균, 서O원, 이O영, 윤O숙, 정O숙, 민O권, 윤O숙, 고O아, 김O옥, 한O규, 석O인, 김O인, 이O신, 신O자, 왕O욱, 나O식, 강O춘, 이O기, 박O근, 이O은, 김O준, 배O혁, 최O길, 서O오, 김O지, 이O희, 조O행, 박O화, 민O원, 이O현, 정O진, 김O국, 김O현, 박O옥, 박O경, 오O덕, 김O순, 김O숙
강서구을 : 이O원, 배O완, 심O민, 김O근, 이O수, 김O여, 양O재, 유O학, 이O동, 김O호
동작구을 : 장O성, 박O환, 신O기, 양O현, 이O연, 이O옥, 오O근, 윤O철, 이O선, 유O주, 정O철, 문O태, 장O문, 안O용, 김O현, 이O현, 이O우, 김O희, 장O나, 오O욱, 한O숙, 임O석, 이O진, 조O보, 안O섭, 임O영, 장O문, 김O훈, 강O정, 김O준, 노O환, 박O동, 김O국, 권O완, 김O도, 강O수, 이O주, 최O욱, 이O화, 김O경, 정O숙, 한O우, 이O태, 임O자, 김O희, 지O현, 김O용, 강O현, 최O경, 임O

경, 김O란, 김O호, 조O희, 이O희, 라O진
비례대표3 : 이O영
송파구병 : 김O갑, 김O희, 장O훈, 정O자, 장O임, 박O순, 강O용, 박O환, 강O태, 천O홍, 김O례, 천O양, 천O오, 김O현, 방O환, 이O영, 이O운, 안O서, 문O화, 박O례, 김O관, 최O호, 조O형, 이O우, 유O나, 신O철, 장O자, 손O녁, 김O갑, 권O동, 김O선, 박O결, 박O률, 이O국, 최O식, 고O석, 윤O숙, 이O원, 김O정, 주ㅁ, 성O식, 이O환, 이O원, 최O화, 이O준, 이O화, 이O윤, 구O수, 전O영, 신O린, 이O윤, 최O우, 윤O옥
금천구 : 김O희, 정O수, 최O영, 서O주, 이O재, 전O구, 백O기, 박O순, 김O연
관악구을 : 최O태, 김O인, 고O성, 유O민, 조O주, 곽O은, 김O연, 신O철, 박O희, 남O수, 윤O나, 윤O훈
안산시 상록구을 : 강O연, 박O영, 여O우, 신O윤, 지O구, 이O선, 이O연, 한O욱, 박O연, 유O덕, 김O미
서대문구을 : 이O희, 이O지, 이O연, 이O언, 김O미, 김O중, 박O화, 조O은, 오O석, 윤O혜, 권O일, 유O진, 이O이
동구 미추홀구을 : 이O호, 황O환, 김O수, 김O훈, 소O희, 이O명, 서O녀, 신O숙, 최O현
비례대표, 김해시갑,을 : 석O근, 이O성, 유O열, 오O배, 이O로, 정O배, 임O수, 하O식, 유O열, 이O혜, 황O숙, 황O길, 윤O열, 박O순, 전O수, 최O인, 황O희, 박O규, 김O은, 최O용, 김O희, 박O채, 우O용, 지O연, 원O순, 강O선, 이O옥, 강O자, 이O원, 민O희, 임O일, 이O기, 김O선, 정O신, 전O우, 이O탁, 임O미, 김O경, 최O경, 박O정, 김O희, 박O민, 최O인
인천 서구갑 : 나O은, 조O형, 송O우, 조O림, 조O정, 박O진, 김O원, 김O선, 최O규, 김OO미, 윤O희, 김O엽
의정부시갑 : 김O준, 손O희, 방O정, 석O일, 박O아, 양O련, 김O범, 김O필, 진O수, 이O연
계양구갑 : 박O연, 김O환, 박O단, 안O석, 박O원, 강O정, 김O은, 이O자, 방O정
계양구을 : 강O연, 도O희, 곽O현, 김O희, 권O명, 이O열, 정O호, 최O옥, 박O미
논산시 계룡시 금산군 : 김O익, 오O환, 박O원, 민O식, 홍O표, 정O윤, 홍O희, 주

O찬, 심O권, 손O우, 이O규, 김O순, 정O옥, 남궁O옥, 권O중, 권O일, 김O환, 전O이, 백O성, 윤O여, 이O현, 김O예, 장O희, 이O환, 강O영, 함O분, 원O임, 박O호, 김O숙, 석O승, 박O상, 배O환, 박O준, 조O국, 임O식, 천O옥, 조O희, 석O남, 배O환, 서O식, 김O순, 장O동, 박O호, 황O애, 김O구, 이O우, 김O섭, 유O식, 현O석, 박O지, 안O수, 박O신, 박O종, 박O자, 김O호, 윤O건, 임O하, 윤O병, 임O대, 공O민, 문O근, 정O준, 최O한, 박O훈, 전O배

세종시을 : 김O혜, 주O섭, 박O범, 박O철, 이O준, 이O열, 김O자, 표O실, 표O복, 유O순, 권O욱, 맹O만

청주시 상당구 : 김O기, 오O례, 김O수, 성O비, 양O선, 김O분, 한O학, 노O균, 윤O호, 정O순, 신O순, 최O자, 김O옥, 박O미, 박O덕, 오O선, 윤O순, 이O오, 박O숙, 최O규, 최O원, 변O일, 김O정, 이O정, 김O은, 김O호, 권O수, 손O배, 이O희, 김O수, 민O구, 변O남, 이O희, 강O철, 이O운

남양주시병 : 이O란, 김O란, 김O애, 정O자, 김O태, 박O민, 김O철, 최O희, 박O휘, 박O영, 김O옥, 백O상, 이O성, 유O혁, 정O균, 김O희, 김O숙, 임O열, 이O민, 박O형, 채O현, 강O주, 김O준, 장O식, 백O훈, 민O록, 김O정, 정O진, 진ㅇ, 함O수, 안O병, 홍O욱, 강O희, 신O자, 성O동, 안O주, 오O영, 박O훈, 오O진, 오O희, 방O숙, 이O무, 서O호, 이O자, 홍O례, 김O성, 이O심, 변O영, 김O숙, 송O우

중구 성동구을 : 엄O식, 신O수, 한O혜, 유ㅈ, 최O보, 박O현, 김O주, 강ㅇ, 이O규, 김O영, 이O윤, 이O훈, 신O화, 이O주, 김O용, 정O리, 성O택, 박O진, 조O희, 전O희, 이O령, 김O영, 김O암, 김O훈, 문O경, 최O경, 장O옥, 김O국, 김O원, 양O영, 김O선, 이O섭, 김O영, 고O범, 김O화, 김O심, 정O영, 김O윤, 이O근, 설O선, 서O석, 김O숙, 이O전, 이O아, 박O규, 김O영, 최O준, 이O숙, 황O익, 김O섭

종로구 : 이O영, 김O현, 김O영, 유O범, 서O희, 손O원, 오O현, 고O희, 고O희, 김O희, 박O식, 이O재, 김O호, 성O호, 박O현, 강O연, 황O희, 한O양, 현O주

중구 성동구갑 : 김O령, 윤O현, 김O진, 김O림, 이O현, 한O은, 정O선, 윤O규, 최O찬, 유O민, 오O석, 김O영, 여O희, 이O실, 박O민, 송O희

노원구갑 : 김O희, 이O윤, 이O민, 전O원, 전O영, 박O철, 김ㅇ, 박O혜, 이O중,

박O성
마포구갑 : 심O미, 임O영, 심O라, 윤O원, 박O경, 김O현, 기O진, 박O원, 구O민, 유O기, 유O영, 임O재, 박O미, 이O아, 이O라, 김O희, 박O현, 장O희, 하O수, 박O애
마포구을 : 유O희, 김O배, 김O진, 안O림, 최O선, 김O섭, 조O현, 양O혁, 오O훈
동대문구갑 : 이O수, 정O자, 이O빈, 이O하, 신O희, 정O주, 정O효, 문O석, 이O만, 김O훈
연수구갑 : 노O균, 김O성, 방O훈, 하O철, 양O례, 신O란, 전O현, 이ㅎ
동대문구을 : 진O영, 석O호, 김O경, 이O석, 구O현, 이O순, 유O희, 이O영, 이O곤, 조O희
부천시을 : 서O룡, 이O희, 한O석, 윤O중, 전O수, 정O찬, 최O진
당진시 : 김O환, 편O원, 윤O수, 배O희, 박O원, 김ㅅ
강북구갑 : 김O환, 김OO라, 우O제, 장O자, 우O승, 김O연, 유O애, 박O봉, 권O욱, 권O상, 유O선, 노O수, 이O현, 공O희
청주시 청원구 : 최O길, 심O희, 이O형, 연O현, 안O의, 류O숙
양천구을 : 조O연, 이O미, 김O완, 김O희, 정O윤, 김O연, 조O화, 조O희, 박O영, 김O영, 김O찬
구로구갑 : 여O희, 고O용, 김O희, 김O완, 최O근, 이O욱, 박O미, 김O훈, 방O식, 정O이, 엄O주, 권O수
시흥시갑 : 임O하, 박O학, 김O익, 신O영, 조O제, 이O규, 전O희, 정O숙, 최O식, 정O구
안산시 단원구갑 : 박O수, 김O규, 백O선, 이O택, 장O식, 정O영, 장O영, 권O석, 김O준, 강O삼, 강O영, 이O복
광주을 : 최O래, 김O현, 이O범, 황O정, 김O만, 이O희, 이O희, 문O원, 한O표, 양O혁
김포시갑 : 이O임, 이O국, 이O형, 여O나, 박O훈, 구O준, 김O진, 박O정, 조O운
김포시을 : 전O남, 김O웅, 김O륜, 조O영, 심O훈, 석O용, 주ㄹ, 김O숙, 김O석, 최O혁
안양시 만안구 : 송O순, 한O우, 고O경, 김O우, 이O희, 최O영, 최O성, 조O현,

어O우, 이O영
안양시 동안구갑 : 박O용, 이O구, 임O선, 오O훈, 김O아, 홍O선, 이O훈, 권O근, 김O주, 김O보, 고O규
광주시갑 : 김O래, 김O중, 김O숙, 김O영, 이O수, 정O미, 정O경, 강O원, 김O원, 유O경
김해시갑 : 권O국, 김O실, 신O빈, 공O형, 정O선, 김OO주, 김O호, 오O영, 황O기, 정O우, 이O흠, 홍O원, 공O경, 안O미, 김O희, 정O동, 곽O극, 우O순, 김O무, 이O미, 김O경, 김O신, 김O숙, 이O원, 박O애, 이O성, 정O경, 박O이, 박O연, 박O심, 송O교, 설O표, 방O건, 이O경, 안O연, 윤O주, 강O수, 박O숙, 김O수, 박O순, 남O환, 문O규, 박O자, 권O찬, 김O진, 반O애, 김O서
울산 북구 : 이O찬, 김O호, 권ㅎ, 전O환, 윤O영, 차O정, 장O성, 이O희, 정O홍, 김O태, 박O우, 이O탁, 김O철, 김O분, 김O솔, 김O호, 라O준, 김O아, 권O태, 김O성
북구 강서구갑 : 박O재, 박O진, 장O숙, 서O통, 이O희, 김O일, 오O진, 정O운, 박O지, 하O수, 권O학, 허O균, 한O름, 이O주, 전O영, 한O희
증평군 진천군 음성군 : 곽O현, 주O복, 김O우, 윤O용, 정O화, 이O연, 정O한, 김O수, 이O옥, 이ㅈ, 전O성, 고O희, 이O임, 유O미, 김O주, 김O길, 이O섭, 지O구, 이O숙, 이O찬, 최O일, 변O영, 변O진, 장O식, 노O곤, 배O수, 송O분, 김O숙, 황O분, 배O열, 배O철, 오O자, 이O, 송O호, 황O철, 황O영
대덕구 : 정O남, 이O아, 박O용, 박O진, 최O덕, 최O경, 윤O숙, 심O보, 고O우, 김O엽
수성구을 : 안O준, 박O자, 원O선, 최O이, 안O수, 최O우, 김O미, 채O묵, 강O남, 채O동
안산시 상록구갑 : 심O별, 고O윤, 홍O기, 장O희, 강O원, 김O희, 박O성, 이O숙, 최O진, 백O일, 손O현
청주시 서원구 : 이O영, 황O환, 문ㅎ, 황O윤, 이O롱, 주O경, 박O순, 이O민, 최O호, 김O옥, 이O희, 홍O후, 유O현, 곽O민, 조O형, 송O은, 윤O민, 황O인, 황O우, 장O환, 김O숙, 장O림, 연O옥, 신O정, 이O란, 조O환, 조O영
천안시병 : 유O연, 이O정, 이O희, 이O민, 박O원, 도O주, 허O희, 최O두, 김O중,

유O희, 신O균, 배O식, 이O귀, 김O악, 이O숙, 강ㅎ, 이O수, 노O연, 이O형, 신O혜, 원O권, 송O용

천안시갑 : 윤O민, 이O우, 박O경, 김ㅈ, 호O권, 정O원, 류O례, 유O석, 조O휘, 김ㅈ, 서O정, 최O수, 김O선, 서O용, 김O자, 신O철, 호O기, 윤O석, 백O창, 노O림, 허O회, 최O하, 박O범

양천구갑 : 허O일, 나O희, 김O문, 김O훈, 우O영, 정O래, 김O영, 최O환, 조O연, 이O미, 최O균, 정O일, 정O원, 류O희, 박O미, 김O호, 강O희, 이O규, 오O웅, 박O희, 박O경, 이O규, 현O재, 김O순, 김O원, 홍O화, 오O성, 김O숙, 원O연, 우O준, 백O희, 김O수, 노O구, 이O로, 김O준, 한O택, 윤O근, 윤O나, 강O인, 최O일, 김O주, 유O렬, 윤ㅍ, 오O미, 이O택, 장O영, 권O숙, 김O미

유성구갑 : 박O연, 최O남, 오O현, 이O경, 김O실, 정O정, 정O지, 정O철, 이O양, 이O복

아산시을 : 박O석, 황O원, 김O환, 김O영, 장O미, 이O하, 윤O섭, 정O순, 강O민

대전 서구갑 : 장O호, 강O돈, 박O중, 이O욱, 류O혜, 황O완, 이O임, 김O훈, 이O수, 이O연, 임O웅, 맹O섭, 이O준, 고O화

의정부시을 : 김O환, 허O범, 김O성, 어O수, 오O규, 정O봉, 김O우, 이O진, 한O수, 박O영, 이O효, 김O진

관악구갑 : 김O운, 나O민, 민O영, 민O식, 송O우, 조O석, 이O정, 정O진, 조O성, 김O자, 박O준, 신O정, 양O영

성남시 중원구 : 김O하, 김O영, 안O영, 박O성, 조O연, 유O윤, 김O주, 허O석, 이O우

안양시 동안구을 : 장O호, 이O은, 임O희, 김O근, 이O령, 김O진, 조O연, 윤O지, 양O아, 정O원, 심O성

강동구을 : 하O경, 이O우, 엄O미, 육O진, 호O숙, 지O환, 이O생, 김O기, 박O일

김해시을 : 조O진, 김O진, 신O희, 서O자, 백O령, 이O식, 이O동, 김O형, 박O태

강릉시 : 권O녀, 하O우, 배O선, 최O길, 박O동, 최O영, 정O실, 이O헌, 박O지, 이O호

유성구갑, 유성구을 : 이O우, 정O기, 이O권, 양O규, 이O규, 장O혁, 김O연

성남시 분당구을 : 한O균, 김O현, 이O섭, 전O준, 이O구, 박O연, 박O준, 김O희,

정O봉, 성O준, 이O현, 김O연, 김O완, 이O현, 장O호, 장O아, 이O라, 민O원, 전O선, 조O순, 황O현, 정O경, 박O희, 김O복, 함O용, 양O희, 윤O섭, 박O자, 송O훈, 장O은, 이O영, 송O기, 박O경, 김O태, 윤O규, 박O주, 이O호, 조O래, 방O태, 최O희, 양O희, 배O영, 김O희, 김O지, 신O마, 이O환, 박O홍, 김O화, 장O철, 김O수

송파구을 : 노O우, 이O영, 유O중, 김O찬, 정O혜, 허O진, 박O준, 한O수, 이O익, 박O석, 남O필, 황O익, 이O아, 김O중, 최O아, 최O웅, 장O후, 황O준, 정O영, 임O상, 한O범, 심O연, 최O학, 이O재, 이O자, 정O돌, 김O순, 김O철, 이O숙, 연O현, 박O실, 이O희, 김O주, 윤O림, 현O민, 김O화, 이O리, 송O환, 유O원, 서O정, 박O근, 류O란, 김O태, 최O호, 변O선

성남시 분당구갑 : 최O희, 곽O용, 서O하, 김O영, 서O람, 이O규, 원O원, 김O신, 민O희, 김O경, 정O우, 한O현, 한O미, 한O준, 홍O진, 김O숙, 김O호, 우O선, 김O부, 김O규, 이O은, 최O락, 도O선, 김O민, 김O현, 한O구, 김O라, 김O현, 김O진, 최O옥, 강O동, 유O한, 홍O문, 강O우, 오O선, 이O영, 지O민, 박O홍

하남시 : 송O호, 정O극, 이O희, 홍O필, 조O희, 김O희, 정O숙, 이O욱, 이O현, 성O욱, 이O자, 최O선, 손O숙, 김O식, 한O희, 김O학, 이O희, 김O래, 조O화, 김O우, 강O수, 윤O선, 이O진, 백O정, 조O수, 김O민, 정O중, 정O비, 이O숙, 김O진, 박O찬, 이O현, 지O금, 우O미, 정O영, 노O완, 최O종, 이O윤

파주시갑 : 한O도, 이O환, 이O한, 이O영, 복O수, 김O순, 최O재, 김O연, 변O연, 박O애, 안O이, 윤O연, 양O숙, 강O진, 공O경, 백O난, 김O훈

비례대표, 전체 지역구 : 성O경, 민O욱, 신O홍, 김O규, 서O석, 이O성, 김O길, 윤O환, 손O기, 손O윤, 노O한, 박O혁, 이O승, 박O송, 김O진, 차O호, 김O철, 이O수, 김O철, 박O부

고양시병 : 최O아, 김O경, 진O애, 황O현, 양O현, 신O지, 김O영, 이O희, 홍O표

강남구병 : 김O홍, 전O식, 정O원, 우O찬, 이O경, 고O성, 이O진, 이O화, 김O동, 유O경, 오O석, 김O경, 권O대, 이O욱, 김O영, 김O수, 김O국, 박O윤, 민O기, 박O경, 이O태, 한O희, 최O석, 한O일, 조O희, 이O경, 조O국, 김O숙, 임O근, 김O대, 한O현, 김O영, 장O식, 류O작, 주O현, 김O정, 강O원, 이O영, 선O주, 홍O윤, 김O진, 한O영, 박O용, 민O진

성북구갑 : 이O희, 이O미, 안O선, 조O진, 신O우, 한O희, 이O현, 임O희, 황O혜, 김O완, 정O경, 김O윤, 안O위, 최O성, 윤O규, 신O호, 배O경, 백O희, 여O미, 강O민, 이O아, 이O화, 이O윤, 이O진, 임O준, 서O철, 김O아, 안O원, 장O진, 신O식, 이O희, 권O민, 오O식, 박O현, 왕O영, 김O희, 전O준, 조O일, 정O진, 이O수, 김O정, 장O식

성북구을 : 김O숙, 배O형, 김O숙, 구O민, 정O식, 배O지, 조O형, 조O연, 김O자, 노O호, 김O희, 김O현, 최O길, 유O숙, 한O섭, 한O호, 김O욱, 하O자, 김O연, 박ㅎ, 서O원, 권O창, 원O진, 정O정, 이O만, 이O건, 최O영, 정O희, 이O원, 김O윤, 황O용, 노O경, 윤O석, 김O훈, 홍O훈, 송O환, 이O희, 한O용

[부록 끝]

대한민국 선거의 진실을 파헤친

엔지니어의 눈물

제1권 : 2020년 415총선

발 행   2024년 9월 30일(초판1쇄)
저 자   장영후
펴낸이   장영후
펴낸곳   주식회사 반구오엔엠솔루션즈
등록번호   251002024000020 (2024-09-04)
주 소   울산광역시 남구 번영로 124번길21, 217-1호
전화   010-4020-7959
네이버카페   https://cafe.naver.com/engineerstear

ⓒ 장영후, 2024
ISBN 979-11-989335-0-8 03340
책값 20000원

* 이 책의 저작권은 저저와 주식회사 반구오엔엠솔루션즈에 있으므로 무단전재를 금합니다.